추천의 글

**쾌락의 신학!
하나님이 본래 우리에게 주시려 한 삶은
쾌락이 넘쳐흐르는 삶이다!**

우리는 하나님이 행복하게 해 주시는데도 죄책감이 들 때가 있다. 그런 우리에게 게리 토마스는 예수께서 요한복음 10장 10절에 약속하신 풍성한 삶이 우리의 상상을 초월하는 행복한 삶임을 보여준다. 게다가 그 삶은 사후의 삶이 아니라 살아생전에 누리는 삶이다!
데이비드 제러마이어 | 섀도우 마운틴 커뮤니티 교회 담임목사

게리 토마스가 탁월하게 보여주고 있듯이 순전한 쾌락이란 성경의 모순어법이 아니라 오히려 하나님을 경외하고 영혼을 만족시켜 주는 삶의 중요한 특징이다. 그는 육신적인 탐닉과 육신적인 금욕의 위험을 경고하면서 우리를 거룩한 쾌락으로 안내한다. 쾌락을 온전히 수용하는 법과 우리의 쾌락을 하나님의 쾌락과 연결시키는 법을 보여준다.
랜덜 로버츠 | 웨스턴 신학교 총장 겸 영성계발 교수

쾌락의 신학이다! 정말 멋진 발상이고 즐거운 책이다. 쓰는 책마다 활기와 지성이 넘치는 게리 토마스는 "하나님은 겁을 주셔서라도 우리가 행복해지기를 원하신다"라고 한 제레미 테일러의 경고를 마음에 새긴 사람이다. 쾌락을 누릴 줄 모르는 사람이나 쾌락을 좇아 사는 사람, 쾌락을 엉뚱한 데서 찾는 사람이나 쾌락과 담을 쌓고 사는 사람 할 것 없이 우리 모두에게 필요한 책이다. C. S. 루이스의 말처럼 기쁨은 천국의 중대한 사업이다.
벤 패터슨 | 웨스트몬트 대학 교목

게리 토마스가 쓴 책은 반드시 읽어야 한다. 그는 영적인 진리들을 보는 놀라운 통찰력이 있고 그 진리들을 누구나 이해할 수 있게 풀어내는 재주가 있다. 이 책에서 그는 그리스도인들이 행복하고 재미있게 살아도 괜찮다는 것을 보여준다. 이 시대의 그리스도인들을 시원하게 해 줄 적시의 메시지다. 당신도 이 책을 즐기게 될 것이다.
에드 영 | Second Baptist Church 담임목사

하나님과 그분 앞에 있는 충만한 기쁨과 그분의 오른쪽에 있는 영원한 즐거움을 수용하고 경험하게 해 주는 책이다. 성경적인 관점의 진정한 쾌락과 기쁨을 누리며 살고 싶다면 이 책을 꼭 읽어볼 것을 강력히 추천한다.
성영 탠 | 풀러 신학대학원 심리학 교수

기존의 책들과는 다른 책이다. 게리가 찾아낸 진리의 숨은 보화는 틀림없이 많은 그리스도인들을 해방시켜 하나님의 풍성한 복을 누리게 해줄 것이다. 그의 다른 저서들처럼 일대 혁신을 가져다 줄 책이다. 하나님의 마음을 더 깊이 알기 원하는 그리스도인이라면 누구에게나 추천한다.
줄리 슬래터리 | Focus on the Family 가정심리학자

결혼, 성, 가정, 돈, 시간, 웃음, 기쁨, 운동은 다 하나님이 자녀들에게 즐거이 누리라고 주신 선물이다. 한 번 잡으면 손에서 놓기 힘든 이 책은 그 모든 선물로 인하여 하나님을 경배하게 하는 도전과 감화와 해방의 책이다. 게리는 건강하지 못한 쾌락에 대한 경고와 건강한 쾌락을 지키기 위한 실제적인 해법 사이에 성경적인 균형을 잘 이루고 있다.
마일즈 맥퍼슨 | Rock Church 담임목사

쾌락

하나님이 주신 순전한 즐거움

쾌락 하나님이 주신 순전한 즐거움

지은이_ 게리 토마스 | 옮긴이_ 윤종석 | 만든이_ 김혜정 | 함께 만든이_ 김건주, 정인숙
마케팅_ 윤여근, 정은희 | 디자인_ gnalendesign | 초판1쇄 펴낸날_ 2012년 4월 25일
펴낸곳_ 도서출판 CUP | 등록번호_ 제22-1904호
(140-909) 서울특별시 용산구 이촌2동 212-4 한강르네상스빌 A동 102호
T.(02)745-7231 F.(02)745-7239 | www.worldview.or.kr | cup21th@paran.com
총판_국제제자훈련원 T.(02)3489-4300 마케팅_ 김겸성, 송상헌, 양보람, 고태석

Originally published in the U.S.A. under the title *Pure Pleasure*
Copyright ⓒ 2009 by Gary L. Thomas
Pubished by permission of Zondervan, Grand Rapids, Michigan
All rights reserved.

Translated and used by the permission of Zondervan
through the arrangement of rMaeng2, Seoul, Korea.
Korean edition ⓒ 2012 by CUP, Seoul, Korea.

본 저작물의 한국어판 저작권은 알맹2를 통해 Zondervan사와 독점 계약한 도서출판 CUP에 있습니다.
신저작권법에 의하여 한국 내에서 보호 받는 저작물이므로 무단 전재와 무단 복제를 금합니다.

값 15,000원
ISBN 978-89-88042-58-8 03230   Printed in Korea.

잘못된 책은 언제든지 교환해 드립니다.
독자 여러분의 의견을 기다립니다. cup21th@paran.com

쾌락

하나님이 주신 순전한 즐거움

게리 토마스 지음 | 윤종석 옮김

CUP

PURE PLEASURE

Gary Thomas

E. J. 토마스와 제네바 토마스, 두 분 부모님께

두 분 밑에서 자란 것은 나에게 큰 복이다. 어머니는 성령의 인도하심에 남달리 민감하신 분이다. 아버지는 성품이 워낙 훌륭하신 분이라 내가 그 성품을 절반만 따라가도 성경의 표현대로 내 자녀들이 '일어나 감사할' 것이다. 그동안 나는 세상에서 과분한 칭찬과 상을 많이 받았지만 두 분의 아들이 된 것보다 더 큰 영광은 없다.

차례

프롤로그 나는 안전지대에 있는가?_쾌락 필요지수 진단지   11

I부 왜 쾌락이 필요한가?

1. 신앙이 채워 주지 못하는 목마름   33
2. 쾌락의 자리를 확보하라   47
3. 쾌락은 우리를 강하게 한다   69
4. 우리가 즐거우면 하나님도 즐거우시다   85

II부 순전한 쾌락은 예배가 된다

5. 쾌락은 더 큰 목적을 위해 있다   111
6. 성경처럼 파티를 벌이라   133
7. 세상을 사랑하지 않으면서 누리는 법   155
8. 당신의 쾌락은 어디서 오는가?   185

III부 쾌락은 삶을 풍성하게 한다

9. 하나님 앞에서만 즐겨야 할 쾌락들   211
10. 쾌락의 비용, 낭비가 아니다   239
11. 가족들을 기쁘게 하는 종이 되라   259
12. 역경 중에도 쾌락을 찾으라   283
13. 하나님이 웃으시기에 우리도 웃는다   309

에필로그 하나님이 허락하신 쾌락을 즐기라   331

감사의 말   337

주   338

프롤로그

★ 나는 안전지대에 있는가?
★ 쾌락 필요지수 진단지

영적인 양치식물

"여기 이 양치식물이 보입니까?" 우리의 관광 가이드는 자못 불길한 목소리로 힘주어 말했다.

"이것이 하와이 전체에서 가장 위험한 식물입니다."

모두들 한 발짝 뒤로 물러났다.

한 발짝 물러난 모든 사람들의 예상과는 달리 이 특정한 양치식물이 그토록 위험한 것은 독 때문이 아니다. 위험은 그보다 훨씬 간접적인 데 있다. 가이드는 이렇게 설명했다.

"이 양치식물은 아주 가파른 비탈에서만 자랍니다. 지금 여러분은 수직으로 깎아지른 벼랑 옆에 서 계시지요. 그런데도 그 양치식물 때문에 경사가 완만한 곳이라고 착각하게 됩니다. 그래서 사람들이 거기를 밟다가 굴러 떨어져 죽는 겁니다."

어떤 '영적인 양치식물'도 똑같이 치명적이다. 그것들 자체는 당신을 죽이지 않지만 그것들은 당신이 지금 위험한 낭떠러지 옆을 걷고 있다는 신호와 같다. 내가 보기에는 그런 위험한 영적인 양치식물이 적어도 세 가지가 있는데 모두 쾌락을 보는 우리의 관점과 상관 있다. 이것들 말고도 당신이 아는 것들이 더 있을 수 있다.

❶ 피곤함

나는 쾌락의 영적인 위력을 힘들게 배웠다. 사실 지난 **몇 년 동안** 내 삶의 스케줄이 지혜롭지 못했음을 최근에야 깨달았다. 몇 년 동안 휴가도 없이 쉬지 않고 달려오다가 마침내 두 주 동안 휴가를 내어 떠나 있는 중에, 하나님이 내 속도를 한참 늦추시며 내 삶을 객관적으로 보게 하셨다. 정직하게 바라보니 기가 막히기도 하고 겁도 났다. 내가 나의 영성 스승이었다면 아마 이렇게 말했을 것이다.

"게리, 지금처럼 살다가는 심장마비, 신경쇠약, 외도, 이 셋 중 하나를 자초하게 된다."

휴식과 레크리에이션이 필요함을 무시한 채 의무에만 매달려 살아가면 우리는 스스로 영적인 파국을 **선택하는** 꼴이다. 물론 자신은 그렇게 생각하지 않겠지만 우리가 내리는 모든 작은 선택들이 우리를 정확히 그리로 몰아간다.

많은 선의의 그리스도인들이 이 부분에서 심각한 문제를 자초한다. 건강을 해치는 스케줄 속에 살아가면서도 자신에게 아무런 대가가 따르지 않을 거라고 믿는 것이다. 이것은 믿음이 아니라 신경증이며 교만한 마음에서 비롯된 자세다.

우리 중에는 이런 무리한 삶을 오히려 자랑으로 생각하는 사람들이 많이 있다. 정신분석가 카렌 호니는 이렇게 말한다.

"자신에 대한 기대가 너무 높은 환자에게 그 사실을 말해주면 대개 본인도 그것을 주저 없이 인정한다. … 그러면서 명시적으로든 암시적으로든 흔히 덧붙이는 말이 있다. 자신에 대한 기대가 너무 낮은 것보다는 차라리 너무 높은 게 낫다는 것이다."[1]

그래서 성실한 학생이 공부를 많이 시키는 대학에 들어가면 하루에 다섯 시간밖에 자지 않고 카페인 기운으로 살아가면서 서서히 기쁨을 잃어간다. 그러다 기도도 뜸해지고 결국은 저녁 때 이상한 행동을 하게 된다. 이전의 자신 같았으면 아마 그런 행동에 기겁했을 것이다. 그러면서도 그는 '내가 **어쩌다** 이렇게 되었지?' 라며 새삼스럽게 놀란다.

젊은 엄마가 수면, 휴식, 영양가 있는 음식 등 자신에게 기본적으로 필요한 것들조차 무시한 채 직장생활과 가정생활을 병행하느라 괴력을 발휘한다. 비명을 질러대는 코흘리개 아이한테서 가끔씩 떨어져 있는 시간도 내지 않는다. 그래 놓고는 남편을 향한 사랑이 식거나 아이를 거칠게 막 대하는 자신을 보며 놀란다.

선의의 장로나 집사가 생업을 위해 희생하고 아내를 위해 희생하고 자녀를 위해 희생하고 교회를 위해 번번이 저녁 시간까지 포기하고 희생한다. 그러고는 자신의 몸이 망가지거나 영적으로 무너져 내려 외도나 중독에 빠지게 되면 그제야 놀란다. 카렌 호니의 말대로, 그런 사람은 "나에게만은 시간과 에너지의 한계가 존재할 수 없다는 고집이 이성보다 더 강하다."[2]

성 중독 분야에서 최고의 권위자 중 하나인 패트릭 칸즈 박사는 중독의 사이클과 위력을 끊으려면 건강한 쾌락을 통하여 긴장을 풀고 여가를 즐기는 삶이 반드시 필요하다고 보았다.

> 중독의 재발은 대부분 균형 잃은 생활방식에서 발단된다. 무리하게 살다 보면 정신없이 바쁘고 과로하고 고갈되면 내게 권리가 있다는 느낌 "나는 이럴 자격이 있어"과 부정의 논리 "조금만 하면 괜찮아"에 중독된다. 그런 상황에서는

건강한 관계나 안정된 회복은 요원해 보인다. 간단히 말해서 직간접의 중독자들은 대개 놀거나 즐길 줄을 모른다. 걸음을 멈추어 장미꽃 향기를 맡는 일이 어색하고 무가치하고 비생산적인 일로 느껴지는 사람들이 많다.[3]

'종교적인 중독자들'도 조심해야 한다. 항상 자신에게 가장 힘든 일이 곧 하나님의 뜻이라는 생각은 잘못된 것이다. 나도 그런 생각의 덫에 빠진 적이 많다. 즐겁거나 재미있는 일은 무조건 '타협'으로 통한다. 이러한 사고방식이 참으로 위험한 것임을 나는 프랑소아 페넬롱이라는 대가를 통해서 비로소 깨달았다.

"매사에 항상 나한테 괴로운 쪽을 선택하고 싶어하는 것만큼 잘못되고 무분별한 일은 없다. 이 원칙대로 산다면 금세 자신의 건강과 사업과 평판과 대인관계를 망치게 된다. 나아가 하나님이 주신 모든 선한 일을 망치게 된다."[4]

당신이 휴가를 또는 그냥 주말의 휴식을 계획해 놓았는데 누가 '급한' 일로 당신에게 전화를 한다고 하자. 당신은 항상 자신의 주말을 포기하고 그 일을 돕는 것이 '경건한' 일이라고 생각하는가? 사탄은 당신의 섬김을 막으려고 브레이크를 밟게 만들려고 하지만, 그 방법이 통하지 않으면 거꾸로 당신을 벼랑으로 추락시키려고 가속기를 밟게 만들기도 한다.

여기서 교만이 특히 위험해진다. 교만은 영적인 성숙으로 위장하고 와서 "너는 남보다 강하다"든지 "너는 특별한 기름 부음을 받았으므로 원칙을 어겨도 넘어지지 않을 수 있다"고 말한다. 그래서 우리는 휴식과 쾌락의 시간은 '연약한' 사람들에게나 필요하지 내게는 필요 없다고 생각할 수 있다. 심지어 원칙을 어기는 것을 '믿음'이라 부르며 오히려 그것을 영적으로 미화할 수도 있다.

그러나 분명히 말하지만 삶의 원칙들은 우리에게도 **똑같이** 적용된다. 운동도 하지 않으면서 하루에 5천 칼로리씩 먹으면 누구나 비만이 되고 명도 짧아진다. 부부관계에 소홀해지면 아내와 멀어지게 되어 있다. 부부관계에 소홀해진 이유가 설교 준비 때문이든 자녀에게 홈스쿨을 하기 때문이든 성경공부를 인도하기 때문이든 골프 실력을 높이려다 그렇게 되었든 그것은 중요하지 않는다. 부부관계에 소홀해지면 서로 멀어질 수밖에 없고 그만큼 외도나 이혼으로 치닫기가 쉬워진다. 휴식을 취하지 않고 자신의 몸을 계속 혹사시키면 결국 몸이 고장나는 것은 당연한 이치다.

하나님은 우리를 참되고 지속적인 쾌락이 필요한 존재로 지으셨다. 우리는 그 사실을 겸손히 인정해야 한다. 쾌락의 필요성을 부정하고 마치 그런 욕구가 없다는 듯 자신을 녹초가 되도록 부려먹으면 결국 우리의 심리상태가 반기를 든다. 그래서 우리는 용두사미가 무엇인지를 보여주는 또 하나의 가련한 예가 되고 만다.

당신이라고 다른 이들과 다를 바 없다. **자신을 너무 혹사시키며 정당한 쾌락을 거부하고 의무와 책임과 본분에만 매달려 살아간다면 결국 당신은 영적으로 쓰러지거나 육체적, 정신적으로 무너지거나 정서적으로 쇠약해질 것이다.**

형편상 막간의 휴가나 순수한 쾌락을 생각만큼 자주 즐기지 못할 수도 있다. 하지만 그렇다고 그것을 완전히 거부하면 실패를 자초할 뿐 아니라 하나님의 기쁨마저 빼앗기게 된다. 하나님은 우리가 즐거워하는 모습을 보고 즐거워하시는 분이다.

당신 자신을 위해서 잘 듣기 바란다. **삶의 원칙들은 당신에게도 똑같이 적용된다.** 당신은 슈퍼맨이나 슈퍼우먼이 아니다. 하나님은 당신을 휴식과 수면과 영양가 있는 음식과 기분 전환이 필요한 존재로 지으셨으며, 정기적으로 속도를 늦출 것을 명하시기까지 하신다안식일. 순리와 하나님의 명령을 무시하면 고통스러운 대가가 따른다. 당장은 아니더라도 반드시 대가를 치르게 된다. 무모하게 자신을 혹사시키고도 부작용이 없거나 멀쩡할 것이라고 생각한다면 그것은 믿음이 아니라 교만하게 현실을 부정하는 태도다.

피곤함을 '영적인 양치식물'로 생각하기 바란다. 우리는 그 경고 신호를 존중해야 하며 자칫 그것을 무시하다 추락할 수 있음을 알아야 한다.

❷ 외로움과 소외

삼위일체 하나님은 우리를 공동체와 관계 속에 살도록 설계하셨다. 그래서 소통하고 친해지려는 수고는 그만한 가치가 있다. 그것이 없으면 우리의 심신은 각종 병에 걸릴 수 있다. 어떤 작가의 표현대로, "성직자들은 대개 매우 외로우며 그 외로움 때문에 삶 속에 수많은 비참한 일들이 벌어진다."5

다른 사람들과의 소통은 내성적인 사람과 외향적인 사람을 가리지 않고 모두에게 필요하다. 사람들과 함께하고 싶은 **시간의 양**이나 그 시간을 보내는 **방식**시시콜콜한 잡담, 즐거운 농담, 깊은 나눔과 소통 등은 사람마다 다를지라도 하나님은 우리 모두를 사회적인 존재로 지으셨다. 하나님은 아담을 지으신 후에 "사람이 혼자 사는 것이 좋지 아니하니"창 2:18라고 말씀하셨다.

대인관계도 정원을 가꾸듯이 가꾸면 가장 좋다. 이 세상이 서로 어울려 살아가는 곳이다 보니 누구나 여러 종류의 관계에 '걸려들게' 마련이지만 지혜로운 사람은 그것까지도 의지적으로 관리한다. 한 연구 결과에 따르면 행복은 "다른 어떤 환경적인 요인보다도 **대인관계**와 더 밀접한 관계가 있다."6 깊고 오래가는 쾌락, 지속적인 쾌락에는 관계라는 요소가 들어 있다. 하나님은 우리를 외부와 연을 끊고 살도록 짓지 않으셨다. 대인관계는 인간의 행복감에 근본적인 영향을 미친다.

죄가 어떻게 사람과 사람을 갈라놓는지 유심히 본 적이 있는가? 성경은 우리에게 모이기를 폐하지 말라고 했는데히 10:25 대부분의 죄는 그 정반대가 목적인 것 같다. 예전에 어떤 남자에게서 이런 고백을 들었다. 그는 자신이 음란물 웹사이트에 들어가는 버릇 때문에 가족들과의 관계가 점점 소원해졌다고 털어놓았다. 한 번은 그가 영상물에 심취해 있는데 현관문이 열리면서 아내와 자녀들이 집에 들어오는 소리가 들렸다. 그런데 그는 가족들이 와서 오히려 **실망이었다고** 한다. 그 나쁜 버릇 때문에 가족들이 집에 들어오는 것이 오히려 **싫어지다니**, 정말 생각만 해도 아찔하다.

그런데 모든 죄가 바로 그런 일을 한다. 음식을 걸신들린 듯이 먹는 사람들의 말을 들어 보면, 그들은 먹을 것을 감추어두고 몰래 옆방이나 옷장에 들어가 아이스크림 한 통을 항상 혼자서 다 먹는다. 흔히 알코올 중독자들은 자신이 술을 마실 때마다 사람들을 피한다는 사실을 알고 나서야 비로소 자신이 중독되었음을 깨닫는다. 외도에 빠진 남녀들은 동네에 버젓이 돌아다니지 못하고 어디론가 자기들을 알아볼 사람이 없는 곳으로 간다.

사랑하는 사람들 옆에 있는 것이 오히려 싫어질 때마다 우리는 영적인 양치식물 바로 옆에 있는 것이다. 그렇게 자꾸만 고립되고 숨는 것은 내가 건강하지 못한 상황이나 습관, 생활방식에 빠지고 있다는 신호다. 물론 우리는 고독한 시간을 보내야 할 때도 있다. 나도 내성적인 사람이라 그것을 잘 안다. 하지만 고독 속에서 삶을 '반추하는' 것과 무조건 '숨는' 것은 엄연히 다르다.

모순처럼 들릴지 모르지만 대인관계에 **특별히** 더 힘써야 할 사람은 커플들이다. 커플이나 심지어 가정도 외부와 단절될 수 있다. 커플들은 처음에 서로에게 푹 빠진 상태일 때는 외부 사람들을 멀리할 수 있다. 하지만 그런 감정이 시들해지거나 막상 결혼을 생각하게 될 때는 친구들이 필요한 법인데, 그렇게 단절되어 있다 보면 친구들을 잃을 수 있다. 지혜로운 선배 커플들의 시각이 가장 필요할 때 그것을 잃고 마는 것이다. 그러다 보니 이들은 객관적인 친구들이 미리 주의를 줄 겨를도 없이 너무 서둘러 결혼을 결정하기도 한다.

건강한 관계는 바깥으로 그 폭이 넓어지게 마련이다. 본래 고립이란 건강하지 못한 관계의 건강하지 못한 부산물이다.

커플이 고립될 위험은 결혼한 후에도 계속된다. 평소에 공동체를 가꾸지 않으면, 피치 못할 어려움이 닥쳐와 한동안 부부 사이가 멀어질 때 당신을 떠받쳐주고 지지해줄 하나님의 공동체가 없게 된다. 아내와 나는 붕괴되기 직전의 상태로 겨우 버티고 있는 부부들을 많이 보았다. 끝까지 견뎌내고 현재 만족한 결혼생활을 누리고 있는 부부들은 예외 없이 소그룹에 속해 있던 사람들이다. 소그룹이 기도와 우정으로 그들을 감싸주었던 것이다.

소그룹에 속하는 일을 '결혼생활 보험'에 든다고 생각하면 된다. 자동차 보험 없이도 몇 년씩 지낼 수 있지만 그래도 계속 보험료를 내는 이유는 세상이 험한 곳이다 보니 당신에게도 한 번쯤은 사고가 날 수 있기 때문이다. 관계에도 똑같은 일이 벌어진다. 10년, 20년 순조롭게 잘 가다가도 세상이 당신을 갈라놓으려 할 때면 주변의 도움이 필요하다. 그런 위기는 사실상 모든 부부에게 찾아온다. 그러므로 당신의 가정을 고립시키지 말라. 지역 교회에 적극적으로 참여하라.

개인이든 커플이든 외로운 삶은 영적인 낭떠러지 곁을 걷는 것과 같고, 낭떠러지 곁을 오래 걷다 보면 결국 떨어지게 되어 있다. 하나님은 당신을 정서적으로나 관계 면에서나 혼자 숨어 살도록 짓지 않으셨다. **우리는 시간을 내고 노력을 기울여 대인관계라는 거룩한 쾌락을 가꾸어야 한다.** 이전의 상처에 연연해서는 안 되며 가끔씩 고통과 실망도 감수해야 한다. 대인관계란 운동과 같아서 늘 하고 싶은 기분이 내키는 것은 아니다. 그러나 하기 싫다고 매번 그냥 있으면 건강이 아주 나빠지고 당신은 몹시 불행해진다.

❸ 삶의 기쁨이나 하나님을 기뻐하는 마음이 없음

두뇌에 관한 최근의 연구들을 보면 인간의 뇌와 감정이 작용하는 원리를 많이 알 수 있다. 예컨대 행복감이라는 것도 신경학적으로 말해서 인체에 흐르는 뇌의 화학물질들을 통해 얻어내고 관리하고 웬만큼 설명할 수 있다. 운동을 하면 엔도르핀이 분비되어 행복감이 높아지는데, 창의적인 활동이나 성관계옥시토신이 분비된다도 마찬가지다. 웃음은 온갖 긍정적인 화학작용을 낳는다. 거품이 나오는 따뜻한 욕조에 들어가 있기만 해도 엔도르핀이 분비된다.

몸과 마음의 이러한 원리를 의지적으로 잘 활용하는 것이 우리의 지혜이자 또한 본분이다. 좌절감이 높은 성도들이 하나님을 잘 섬기지 못하는 것은 당연한 일이다. 삶에 기쁨이 없거나 매일의 실존이 그저 고역으로 느껴진다면 우리는 걸어 다니는 시한폭탄이 되고 만다. 그 상태에서 누가 나를 비난이라도 한다면 그때의 내 반응은 경건함과는 거리가 멀 것이다. 평소에 따분하고 낙심에 찬 삶을 살고 있는 상태에서 누가 나를 실망시키거나 나에게 잘못을 저지르면 내게서 그리스도를 닮은 반응이 나오기란 요원한 일이다.

하지만 **평소에 선하고 거룩한 쾌락을 의지적으로 추구하면 놀랍게도 내 인내심과 이해심이 훨씬 많아진다.** 그럴 때는 누가 나를 부당하게 비난해도 상처 받거나 복수심에 차기보다 오히려 상대방의 빈곤하고 불안정한 모습에 연민을 느끼게 된다.

물론 때때로 감정의 기복은 있게 마련이다. 평소에 쾌락을 추구한다고 해서 사람이 늘 실없이 헤헤 웃으며 다닌다는 말은 아니다. 하지만 만일 당신이 예수님을 아는데도 오랫동안 기분이 시무룩하고 저기압이었다면, 마지막으로 웃었던 때가 언제인지 모르겠다면, 당장이라도 폭발해버릴 것 같다면, 그렇다면 그 상태 자체가 엄밀히 말해서 '죄'는 아닐지 몰라도 죄가 당신을 칠 기회만 노리며 문 앞에 엎드려 있을 수 있다. 아마도 조만간 죄가 당신을 찾아낼 것이다. 당신은 이 상태를 영적인 양치식물, 즉 위험 신호로 보고 적절한 조치를 취해야 한다.

신앙생활도 즐거움을 바탕으로 가꾸어 나가면 이런 저기압을 퇴치하는 최선의 방책 중 하나가 된다. 내 책 「영성에도 색깔이 있다」CUP에서 강조했듯이 하나님은 우리 모두를 지으실 때 저마다 다른 영적인 기질 내지 색깔을 주셨다. 내가 하나님과 가장 잘 통할 때가 언제인지를 알면 그분과 함께 꾸준히 풍성한 시간을 보내는 데 도움이 된다. 하지만 매일 하나님을 만나는 시간이 의무로 변하면 그 시간은 우리를 회복시키는 능력을 다분히 잃을 수 있다.

훈련은 늘 필요한 법이다. 나는 **기분이 내킬 때만** 경건의 시간을 갖지는 않는다. 하지만 하나님을 집중해서 만나는 그 시간에 내가 즐기는 일을 하면 거의 항상 **기분이 내켜서** 하게 된다. 나는 평생 동안 기독교 고전을 애독해 왔다. 옛 지혜의 글들을 읽는 일만큼 내 마음을 만져주는 것은 별로 없다. 지금까지 전수되어온 그 글들을 성령께서 내 현재의 삶에 적용시켜 주신다. 당신의 영성은 묵상주의, 열정주의, 박애주의, 행동주의, 그밖에 다섯 가지 기질 중 하나일 수 있다. 그렇다면 당신이 하나님을 만날 때 하고 싶은 활동은 나와는 다를 것이다. 이렇듯 자신의 기질을 알면 도움이 된다.

평소에 하나님을 만나는 시간을 가꾸고 지키며 그분과 가까이 동행하고 있으면 나는 왠지 사람들을 훨씬 더 사랑하게 된다. 한 번은 내가 주말에 유난히 풍성한 사역을 경험한 후에 비행기에 탔는데 모든 사람들을 사랑하고 축복하고 싶어 그야말로 가슴이 **터져버릴** 것 같았다. 내 입에서 이런 기도가 절로 나왔다.

"주님, 제가 누구를 격려해 줄까요? 누구를 축복해 줄까요? 누구를 섬길까요?"

그런 기쁨을 맛보고 나면 일부러 남을 해치거나 더럽히거나 속이거나 이용하는 일이 '즐거울' 수 있다는 것이 상상이 되지 않는다.

우리는 마음에 죄가 가득한 죄인이며, 따라서 우리 힘으로는 사랑과 관용과 섬김의 마음을 유지할 수 없다. 하지만 하나님을 즐거워할 줄 알면 다른 사람들을 즐거워할 수 있고 삶 자체도 즐거워할 수 있다.

고역스런 삶, 시무룩한 태도, 긴장에 찬 마음은 모두 경고 신호와 같다. 이때 돌아서지 않으면 우리는 추락할 수도 있다.

회복을 가져다주는 습관을 찾으라

달리기에 노련해진 사람들의 말처럼, 당신을 주저앉히는 것은 첫 번째 부상이 아니라 두 번째 부상이다. 가벼운 부상은 대개 그냥 참고 달릴 수 있다. 하지만 계속 너무 무리하면 결국 심한 부상을 자초하게 된다. 그런 식으로 몸은 필요한 휴식을 스스로 보충한다.

한 번은 마라톤 훈련을 하던 중에 오른쪽 엉덩이에 가벼운 점액낭염이 생긴 적이 있다. 둔탁하게 저릿한 감각이 느껴져 불편하긴 했지만 통증은 쉽게 견딜 만한 정도였다. 실전에 임하기 2~3주 전에 거리를 단축해서 달리는 기간이 있는데, 그 기간이 한 달 앞으로 다가올 때까지 나는 그 증세를 그냥 무시했다. 그러다 하루는 아침에 일어났는데 오른쪽 무릎 속이 화끈거렸다.

그런 비슷한 이야기를 나는 수없이 들었다. 종아리 근육이 욱신거리는데도 그냥 훈련을 밀고 나갔다가 어느 날 아침에 깨어 보니 아킬레스건에 염증이 생긴 사람도 있다. 대퇴 사두근이 뻐근해서 힘주는 부위를 살짝 바꾸었는데 나중에 그 압력 때문에 발의 뼈가 갈라진 사람도 보았다. 우리가 몸에 휴식을 주지 않으면 몸이 **반드시** 그것을 보충한다. 가벼운 부상이라고 무시하면 대개 그것이 더 큰 부상으로 발전한다.

우리의 영혼도 마찬가지다. 약간 우울하고 시무룩한 것 자체는 죄가 아닐지 몰라도 그 때문에 우리는 어떤 사건에 죄로 반응할 때가 많다. 소외는 치욕이 아니지만 우리를 유혹하여 치욕스러운 행동에 빠뜨릴 수 있다. 피곤함은 영적인 결함이 아니지만 심각한 추락을 유발할 수 있다.

외로움과 소외와 피곤함을 무시해도 한동안은 그런 대로 지낼 수 있다. 하지만 조만간 당신은 훨씬 큰 문제로 고생하게 된다. 그것은 해가 동쪽에서 뜨는 것만큼이나 **기정사실**이다. 당신이 쉼과 기쁨을 주지 않으면 영혼이 이렇게 말하며 스스로 보충한다.

"네가 쾌락에 시간을 내지 않겠다면 나 스스로 찾겠다. 네가 쉴 생각도 없이 이렇게 나를 마구 몰아붙인다면 내가 전혀 다른 형태의 쉼을 탐하겠다. 네가 진정한 친밀함을 가꾸지 않겠다면 내가 거짓된 친밀함을 찾겠다."

영혼을 회복시켜주는 건강한 취미를 가꾸지 않는다고 해서 당신이 천국에 가지 못하는 것은 아니다. 하지만 어느 날 당신은 인터넷에서 우연히 뭔가를 보게 되거나 불법 도박의 스릴에 마음이 끌릴 수도 있다. 그러잖아도 삶과 사역의 스트레스와 짐에서 잠시나마 '벗어나고' 싶었는데 그 요긴한 욕구를 그런 다른 것들이 순식간에 채워준다.

우리들 대부분은 이런 '가벼운 부상'을 감지할 만큼 평소에 자신을 잘 인식하고 있지 못하며, 따라서 결국 문제가 터졌을 때는 중간과정 없이 이미 파멸에 이르러 있다. 그러면 우리는 파멸을 부른 과정은 싹 무시한 채 결과만 손보려 한다. 그러다 보니 회피의 삶이 불가피해진다. 병의 원인은 치료하지 않고 증상만 없애려 하는 것이다.

쾌락의 영적인 위력을 존중하면 피곤함이나 외로움, 고역스러움^{정신없이 돌아가는 타락한 세상에서 이 모두는 이따금씩 찾아오게 마련이다}이 위험 수위에 이르기 전에 자신의 삶을 미리 관리할 수 있다. 우리 부부는 아직 집에 거품이 나오는 온수 욕조를 두는 호사를 누려보지 못했지만, 우리와 대화한 많은 커플들에 따르면 부부가 매주 며칠씩 함께 뜨거운 물에 몸을 푹 담그고 있으면 그 즐거움의 위력이 대단하다고 한다. 그렇게 함께 앉아 그날 있었던 일을 이야기하며 서로 소통도 하고 몸도 풀면 엔도르핀이 분비되면서 기분이 좋아진다는 것이다. 부부에 따라 밤에 베란다에 나가 앉아 가볍게 한잔하거나 함께 헬스클럽에 다녀오거나 그밖에 다른 일을 할 수도 있다. 이런 단순한 습관들을 통하여 우리는 일정량의 쾌락과 대인관계와 기쁨이 있어야만 내 영혼이 건강하게 제구실을 할 수 있음을 겸손히 인정하게 된다.

그런데 무슨 일이든 습관으로 굳어지지 않으면 대개 흐지부지해진다. 사이가 멀어지기로 일부러 계획하는 부부는 없다. 그냥 '잊어버리고' 계속 소통하지 않으면 그렇게 된다. 내가 조깅에 그렇게 공을 들이는 것도 같은 원리에서다. 매주 닷새씩 즐기는 이 습관은 내게 회복을 가져다주는 작은 휴가다. 나는 아침에 일어나면 말씀을 묵상한다. 그리고 일주일에 5일씩 신발끈을 묶고 밖으로 나가 한동안 달린다. 당신에게는 그것이 즐거움이 아니라 고문처럼 들릴지도 모른다. 요지는 당신에게 회복을 가져다주는 당신만의 습관을 반드시 찾으라는 것이다. 그런 습관이 없어서 당신이 쓰러지기 전에 말이다.

나는 당신이 '영적인 양치식물'의 비유를 경고로 삼아 위험한 벼랑에서 한 발짝 뒤로 물러나기를 기도한다. 자신에게 다음 세 가지 질문을 던져보라.

- 나는 항상 피곤한가?
- 나는 정말 외로운가?

• 현재 나의 삶과 예배와 사역은 주님을 기뻐하고 즐거워하는 마음에서 나오는 것인가? 아니면 좌절감과 부담감과 의무감에 쫓기고 있는가?

이중 하나라도 당신에게 문제가 된다면 조심해야 한다. 당신은 지금 위험지대로 들어서고 있다. 그중 두 가지가 문제라면 당신은 이미 벼랑 끝에 서 있다. **지금 당장** 당신의 삶에 중대한 변화가 필요하다. 만일 당신의 삶이 셋 다에 해당된다면 상담을 해줄 수 있는 사람을 **오늘이라도** 찾아가 도움을 받으라고 권하고 싶다. 그래서 다시 안전한 길로 돌아와야 한다.

위험은 크고 싸움은 치열하다. '영적인 양치식물'을 심각하게 대하자. 영적인 병이 재앙으로 커지기 전에 서로 도와 그것을 진단해 내자.

| 쾌락 필요지수 진단지 |

당신은 얼마나 피곤한가? 오늘만이 아니라 지난 몇 달 동안을 쭉 돌아볼 때 당신은 충분히 쉬어 가뿐한 상태인가, 아니면 쉬지 못해 짜증이 극에 달한 상태인가?

저자는 "자신을 너무 혹사시키며 정당한 쾌락을 거부하고 의무와 책임과 본분에만 매달려 살아간다면 결국 당신은 영적으로 쓰러지거나 육체적, 정신적으로 무너지거나 정서적으로 쇠약해질 것이다"라고 말한다.

중요한 것은 균형이다. 이 진단지는 삶의 균형을 들여다 볼 수 있는 지표로 만들어졌으며, 이 진단지의 결과는 영적 성숙도와는 무관하다.

삶의 균형을 위한 쾌락 필요지수 진단지

- ☐ 1. 잠을 많이 자도 피곤함을 느낀다.
- ☐ 2. 영양가 있는 식사를 정해진 시간에 하고 있다.
- ☐ 3. 규칙적으로 운동을 하고 있다.
- ☐ 4. 취미생활을 즐기며, 그 일을 할 때 행복하다.
- ☐ 5. 잘 웃는 편이며 감사한 일이 많다.
- ☐ 6. 눈물을 흘리는 것도 괜찮다고 생각한다.
- ☐ 7. 나는 자신이 꽤 괜찮은 사람이라고 생각한다.
- ☐ 8. 예배 시간이 기다려진다.
- ☐ 9. 예전에는 즐겁던 일들이 하기 싫고 흥미가 없다.
- ☐ 10. 사람을 만나는 게 부담스럽게 느껴진다.
- ☐ 11. 함께 삶을 나누는 공동체가 있다.
- ☐ 12. 요즘은 기쁜 일이 없다.
- ☐ 13. 매사에 집중이 안 되고 일의 능률이 떨어진다.
- ☐ 14. 휴일이나 주말에도 일에 대한 생각을 한다.
- ☐ 15. 충분한 잠과 휴식을 취하고 있다.
- ☐ 16. 식욕이 없어 안 먹거나 갑자기 폭식을 한다.
- ☐ 17. 깊이 있는 대화를 나눌 수 있는 상대가 있다.
- ☐ 18. 조그만 일에도 쉽게 짜증이 나거나 화가 난다.
- ☐ 19. 시간적으로나 비용적으로 과도하게 빠져드는 일이 있다.
- ☐ 20. 최근에 외롭거나 슬픈 감정이 자주 든다.

전혀 그렇지 않다	거의 그렇지 않다	가끔 그렇다	자주 그렇다	거의 매일 그렇다
0	1	2	3	4

질문 A

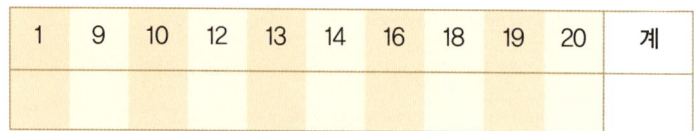

질문 B

A - B = ☐

```
  -40         -20          0          20          40
              위험 ←              기준점              → 안전
```

0을 기준으로 -40을 향해 갈수록 쾌락 필요지수가 높습니다.
쾌락 필요지수는 영적 성숙도와는 무관하며, 삶의 균형에 관한 진단입니다.

- -40~-20 : 위험한 수준입니다. 스트레스 지수가 상당히 높습니다.
- -20 ~ 0 : 불안한 수준입니다. 약간의 주의가 필요합니다.
- 0 ~ 20 : 비교적 양호합니다. 적절한 균형을 유지하세요.
- 20 ~ 40 : 안정적인 수준입니다. 행복 지수가 상당히 높습니다.

I부 왜 쾌락이 필요한가?

1. 신앙이 채워 주지 못하는 목마름

진정으로 행복해지려면 진정한 인간이 되어야 하고 진정한 인간이 되려면 진정으로 경건해져야 한다. 제임스 패커

이에 내가 희락을 찬양하노니. 전도서 8:15

우리에게 필요한 것은 무엇인가? … 다른 사람들의 필요를 채워 주기에 바빠 자신의 필요를 무시해서도 안 되고 자신의 필요에 파묻혀 있느라 다른 사람들의 필요를 무시해서도 안 된다.
프랑소아 페넬롱

행복을 처음 맛보고 나서야 그동안 내가 얼마나 불행했는지를 알게 되었다. 알베르토 살라자르

그들이 주의 집에 있는 살진 것으로 풍족할 것이라 주께서 주의 복락의 강물을 마시게 하시리이다. 시편 36:8

목을 축일 수만 있다면…

"물… 물… 물 좀 마셨으면!"

텍사스의 휴스턴은 더위를 먹은 데다 습도마저 높아 끈적거렸고 여름 땡볕이 섭씨 35도의 열기로 거리를 뜨겁게 달구고 있었다. 오후 한낮이었으니 제정신이 붙어있는 사람이라면 누구나 시원한 에어컨을 틀어놓고 집 안에 앉아 있을 시간이었다. 그런데 북서부 지방에서 온 피부가 백짓장처럼 하얀 중년의 남자가 그 더위 속에서 땀을 뻘뻘 흘리며 조깅을 하고 있었으니 정말 미련하고 어이없어 보였을 것이다.

그 때 나는 두 교회의 초청으로 텍사스에 가있던 참이었다. 일요일 오전에 두 번의 설교를 하고 저녁 때 교역자 모임을 인도하도록 되어 있었기 때문에 조깅은 설교와 저녁집회 사이인 오후에 끼워 넣는 수밖에 없었다.

날이 더워서 10킬로미터 정도만 달리기로 하고 물은 가져가지 않았다. 다 뛰는 데 50분도 안 걸릴 텐데 목이 마르면 얼마나 마르겠는가 싶었다. 하지만 15분도 안 되어 답이 나왔다. 뜨거운 모래를 10분 동안 씹다 뱉고 나서 다시 5분 동안 헤어드라이어로 목구멍에 정통으로 바람을 쏘인다고 상상해 보라. 그때의 내 기분이 바로 그랬다.

불행히도 아직 30분을 더 뛰어야 했다.

30분쯤 지나자 나는 꼭 90세 노인이 된 기분이었다. 도랑에 버려진 마시다 만 콜라병이 반가워 보일 정도였으니 사태가 심각했다.

마침 어떤 여자가 집 쪽으로 들어가는 모습이 보였는데 그 집 앞에

긴 호스가 둘둘 말려 있었다. 할렐루야! 나는 그 여자에게 다가가 말라붙은 목구멍으로 겨우 말했다. "실례지만 이 물 좀 마셔도 될까요?"

"얼마든지요." 여자의 말에 나는 호스를 틀고 잠깐 물이 나오게 한 다음 입을 벌리고 받아 마셨다. 그렇게 석회와 고무 맛이 심한 물은 처음이었다.

생각해 보라. 그 물은 고무호스 속에서 며칠째 끓고 있었다. 박테리아가 득실거리며 알을 까 수백, 수천 마리로 번식하고 있었을지도 모른다. 그 물이 목구멍으로 넘어가는데 마음 한구석에서 조그맣게 이런 소리가 들렸다. "이 물을 계속 마시다간 너는 대가를 **톡톡히** 치르게 될 거야. 앞으로 세 시간만 지나면 차라리 죽고 싶어질지도 몰라."

하지만 나는 그 소리를 무시했다. 목이 타서 죽게 생긴 마당에 중요한 건 당장의 만족이었다. 목을 축일 수만 있다면 나중에 복통으로 고생하는 것쯤이야 아무 일도 아닐 것 같았다. 그래서 계속 마셨다.

마침내 차에 돌아온 나는 당장 근처의 편의점으로 차를 몰고 가 얼음장처럼 차가운 음료수를 잔뜩 샀다.

그러고는 이 책의 도입부에 쓸 완벽한 예화를 건졌구나 싶어 회심의 미소를 지었다.

갈증이 믿음을 이길 때

나는 그 물을 마시면 배탈이 날 수도 있다고 **생각하면서도** 상관하지 않고 마셨다. 워낙 갈증이 심했기 때문에 나중에 고생을 하든 말든 당장의 만족부터 얻고 싶었던 것이다. 설령 이 나라의 모든 과학자들이 우르르 달려들어 온갖 도표와 파워포인트, 사례와 경험담, 검증된 연구 자료를 들이대며 그 물을 마시는 것이 얼마나 미련한 짓인지를 밝혔다 해도 나는 그 호스를 입에 대고 그 액체가 주는 위안을 빨아마셨을 것이다. 나는 **그 정도로** 목이 말랐다. 발등에 불이 떨어지니 다른 건 걱정할 겨를이 없었다.

그날의 내 행동은 많은 사람들의 영적, 관계적, 정서적 상태를 대변해 준다. 영적으로 목마른 사람들도 단지 갈증을 풀기 위해 온갖 독을 입안에 들이붓는다. 비그리스도인들은 하나님을 즐거워하도록 지음받은 존재인데도 그분을 몰라서 초자연적으로 목마르고, 많은 그리스도인들은 하나님과 그분이 주신 생명을 **누릴 줄 몰라서** 목마르다.

교회에는 쾌락을 의혹의 눈초리로 보는 사람들이 있다. 우리는 **쾌락**을 **죄**의 동의어로 여기고, 당연히 마귀와 한패라고 생각한다. 그래서 우리의 삶은 의무와 책임과 도리를 중심으로 돌아갈 뿐 일상의 활력소가 되어줄 진정한 쾌락은 별로 없다. 이렇게 거룩하고 선한 쾌락이 결여된 삶은 시간이 가면서 심한 '갈증'을 느끼게 되고, 그리하여 우리는 거룩하지도 않고 선하지도 않고 하나님을 영화롭게 하지도 않는 해갈의 방법을 찾아 나선다. 우리의 영혼을 세워주는 것이 아니라 오히려 영혼을 대적하여 싸우는 쾌락으로 갈증을 풀려고 하는 것이다.

이렇게 오염된 쾌락으로 영혼을 해쳐서는 안 된다는 조언과 경고와 성경말씀을 우리는 주일 아침마다 교회에서 설교를 통해 듣는다. 하지만 목마른 영혼이 워낙 시끄럽게 소리를 질러대는 통에 그런 말들이 귀에 잘 들어오지 않는다. 간편한 쾌락으로 도피하는 것은 오히려 덫과 같고 중독과 불행과 파멸로 넘어가는 음흉한 문턱과도 같다는 간증을 아무리 들어도 **정말** 목이 마르면 귀에 들어오지 않을 수 있다. 그러므로 **그 정도로** 목이 마를 때까지 자신을 방치하면 우리는 여러 가지 영적인 병에 걸리기 쉬워진다. 독이 든 물도 마다않고 마시게 되는 것이다.

오늘 아침에 일어나서 나는 물도 마시고 차도 한 잔 마셨다. 지금이라면 몇 달 전의 나 자신을 보며 "어이, 그 호스를 내려놓으시지!"라고 말할 수 있겠지만, 그건 내가 지금 갈증으로 목이 타지 않기 때문이다. 지금 생각하면 도랑에 버려져 있던 그 마시다 만 콜라병이 그렇게 역겨울 수가 없다. 아마 두 번 다시 쳐다보지도 않을 것이다. 사실 지금은 그 호스를 생각만 해도 속이 메스꺼워진다. 물론 그 물을 마신 행위 자체를 탓할 수도 있다. 하지만 **그거라도 마셔야 할 만큼 스스로 목마르게 만든 잘못을 탓하는 것이 더 현명하지 않을까?**

그래서 당신에게 묻는다. 이 글을 읽고 있는 지금 당신은 영적, 관계적, 정서적, 신체적으로 얼마나 목마른가? 당신의 신앙은 온통 의무와 책임과 도리로 변하고 말았는가? 당연히 혐오감이 들어야 할 것에 도리어 마음이 솔깃해지는 자신을 보며 스스로도 충격을 받을 때가 있는가? 당신의 삶에 기쁨이 없어 그 때문에 너무나 유혹에 빠지기 쉬운 상태는 아닌가?

그런 유혹에 자꾸만 굴복하는 자신을 질책만 할 것이 아니라 한 걸음 물러나 생각해 보라. 그리고 아무 물이나 달라고 막무가내로 졸라

대는 갈증에서 당신을 해방시켜줄 삶, 그런 삶을 가꾸는 법을 찾아보라. 바람직한 쾌락을 의지적으로 가꾸는 그 배후에는 거룩한 목적이 있다. 당신은 그 사실을 받아들일 수 있겠는가?

더 좋은 삶의 길이 있다

오랫동안 교회는 만족스런 삶을 보여주기보다 오히려 사람들에게 겁을 주어 죄를 멀리하게 하려고 했다. 예를 들어 당신은 외도를 물리칠 힘을 기르려고 외도에서 비롯될 수 있는 온갖 해악을 생각할 수 있다. 외도를 하면 성병에 걸릴 수 있고, 발각되면 창피하고, 직장이나 평판을 잃을 수 있고, 배우자에게 상처를 입히고, 자녀들의 존경심을 잃거나, 배우자가 복수를 벼를 수도 있다는 것을 생각하며 자신을 잠재우는 것이다.

그런 방법도 일리는 있다. **죄 짓지 않는 삶**이 당신의 목표라면, 그런 방법에 영적인 유익이 있다는 주장도 가능할 것이다.

하지만 다른 방법도 있다.

진정 친밀하고 만족스런 결혼생활을 가꾸는 데 주력하는 것이다. 그러면 한눈팔 생각이나 바람피울 상대 따위가 빌붙을 자리가 없어진다. 시간을 들여 자녀양육에 적극적으로 임하며 자녀들의 삶에 참여할 수 있다. 당신의 마음에 가족들을 향한 사랑이 넘쳐흐르면 가정이 깨진다는 것은 생각만 해도 몸서리가 쳐진다. 그렇게 하나님이 부르신 일에 늘 충실하면 외도 같이 더러운 일에 마음이 내키지도 않고 그럴 시간도 없어진다.

두 방법의 차이가 보이는가? 우선 우리는 참되고 지속적인 쾌락의 삶을 가꾸어 그 힘으로 악을 물리칠 수 있다. 악이 이미 그 매력을 다분히 잃어버렸기 때문에 그것이 가능해진다. 반대로 우리는 철혈의지로 스스로 '겁을 주어' 악을 멀리하면서도 속으로는 여전히 그 악을 간절히 탐할 수 있다.

당신은 둘 중 어떤 삶을 원하는가?

둘 중 어떤 삶이 결국 성공할 것 같은가?

19세기 스코틀랜드의 설교자 토머스 차머스는 죄가 '헛된' 것임을 묵상하면서 후자의 방법이 '전혀 무능하고 무력하다'고 보았다. '인간의 속성상' 우리의 마음을 잘못된 애정 대상으로부터 "구해내고 회복하려면 새로운 대상의 위력으로 그것을 쫓아내야 한다"는 것이다.[1]

그와 비슷하게 G. K. 체스터튼(1874~1936)_영국의 시인, 언론인, 소설가, 영성 작가로 『브라운 신부 미스터리 전집』(북하우스), 아시시의 프란시스 전기, 영성 고전 『정통』(상상북스) 등의 대표작이 있다. 그의 작품은 C. S. 루이스의 회심과 작품 활동에 큰 영향을 미쳤다도 '현대 윤리의 일대 괴리'는 '순결함과 영적인 승리를 보여주는 생생한 그림들이 없는 것'이라 했다.[2]

우리는 미련한 삶의 위험만 줄기차게 가르칠 것이 아니라 영혼에 참된 만족을 주는 그 영광스러운 삶을 전해야 한다. 자녀를 대학으로 떠나보낼 때 술 취한 학생들이 3층 발코니에서 떨어져 죽었다는 끔찍한 이야기를 들려줄 수도 있다. 성생활을 하는 대학생들 중 성병에 걸린 사람의 비율을 도표로 보여줄 수도 있고, 돈을 사랑하다 영혼을 망쳤던 사람들의 간증을 들려줄 수도 있다. 하지만 반대로 우리 자녀들 안에 비전을 심어줄 수도 있다. 하나님께 쓰임 받는 도구가 되는 데서 오는 영혼의 비할 데 없는 만족, 평생지기가 될 사람들과 관계를 가꾸어 나갈 수 있는 좋은 기회, 잘 준비되어 하나님이 예비하신 일생의 직업에 들어서는 영광, 그런 것들을 보게 해주는 것이다.

나는 내 자녀들이 자신의 삶을 **좋은** 것들로 가득 채우기를 원한다. 그러면 나쁜 것들을 멸시하는 데 도움이 될 것이다. 영혼을 망치는 습관들을 멀리하게 하려고 겁을 주기보다는 오히려 '순결함과 영적인 승리를 보여주는 생생한 그림들'로 자녀들의 마음을 매료시키고 싶다.

어느 신학자는 "자유가 다가오면 사슬이 약해진다"[3]고 썼다. 예수님은 더 즐거운 **삶의 길**을 통하여 **죽음의 길**이 고통임을 보여주신다. 하나님을 영화롭게 하는 참되고 거룩한 쾌락을 우리가 부끄러움 없이 전하면, 죄가 더럽고, 영적 반항이 미련하며, 중독이 고통이라는 사실이 명백히 드러난다.

차머스는 '의지력'만으로는 '옛 애정의 대상'인 죄의 정욕을 '거의 절대로' 이길 수 없다고 주장한다. 넘어지지 않겠다는 '의지'뿐인 젊은이는 거의 언제나 결국은 죄에 넘어지게 되어 있다. 이 19세기의 설교자는 머릿속의 논리"이래서는 안 되는데," "끝이 안 좋을 텐데," "부모님이 알면 노발대발할 거야," "내 장래에 영향을 미칠지도 몰라" 등로는 절대로 정욕의 위력을 당해낼 수 없다고 말할 것이다.

"하지만 정욕을 **죽일** 수는 없어도 다른 것으로 **대체할** 수는 있다. 이전의 기호嗜好가 새로운 기호에 밀려나면서 우리의 생각을 지배하는 위력을 완전히 잃는 것이다. 이렇게 그 청년은 자신의 욕망에 노예가 된 상태에서 벗어난다."4

맨 앞의 이야기로 다시 돌아가 보자. 나는 휴스턴에서 그 뜨거운 호스로 물을 마시면 위험하다는 것을 **알았지만** 상관하지 않았다. **뭔가** 갈증을 달랠 것이 강렬히 필요했다. 마찬가지로 이와 같은 그리스도인들에게도 뭔가가 필요하다. 그들에게 비전을 주자. **더 좋은** 것, 더 고귀한 것으로 심령을 채울 수 있음을 보여주자. '순결함과 영적인 승리를 보여주는 생생한 그림들'을 강조하는 길로 나아가자. 참된 만족을 얻은 영혼의 살아있는 예들이 되어 행복한 삶을 광고하자.

쾌락은 하나님의 선물이다

영적인 승리의 시작과 끝은 우리의 만족을 그 무엇보다도 하나님에게서 얻는 데 있다. 우리가 섬기는 하나님은 마음이 후하신 분이다. 그분은 다른 많은 쾌락들로 우리에게 복 주시기를 간절히 원하신다. 그분의 손에서 오는 그 선물들은 우리를 기쁘게 하고, 우리를 기쁘게 함으로써 다시 그분을 기쁘시게 해드린다. 우리는 이런 선물을 우리 마음을 하나님에게서 빼앗으려는 경쟁상대로 볼 것이 아니라 오히려 감사함으로 받을 수 있다. 그러면 하나님이 그것을 사용하여 우리를 세상의 풍조에 대하여 죽게 하신다.

기도와 교제도 삶의 가장 풍성한 쾌락에 속하지만, 거기서 그치지 말자. 우리의 영혼을 아름다움, 예술, 고결한 성취, 좋은 식사, 풍성한 관계, 영혼을 정화시키는 웃음 등으로 채우는 법을 배우자. 이런 쾌락들을 인정할 때 우리는 하나님을 그런 기발한 발명품들을 지어내신 최고의 창조자로 인정하는 것이다. 이런 복들이 마치 하나님의 작품이 아니라 사탄의 작품인 냥 그것을 '세상적이고' 잘못된 것으로 보고 부정하는 신앙을 조심하자. 원수의 계략에 빠져, 하나님이 주신 좋은 쾌락들을 스스로 거부하지 말자. 그러다가는 결국 부도덕한 쾌락에 빠져들기 십상이다.

사실 하나님이 우리를 지으신 일차적인 목적은 **그분 자신의** 즐거움을 위해서다. 우리가 거룩한 쾌락의 삶을 살면 그것이 하나님께 즐거움을 드리게 된다4장 참조. 그런 맥락에서 이해한다면 쾌락은 경건함과 선을 이루는 강력한 자원이 될 수 있다.

쾌락의 자리를 회복하자

이 책에서 우리는 그리스도인의 삶에 쾌락을 되찾을 수 있는 길을 모색하고자 한다. 건강한 쾌락을 가꾸면 그 속에 엄청난 잠재력이 숨어 있다. 그 잠재력을 탐색하고 싶지 않은가? 하나님은 건강한 쾌락이 우리를 지탱해 주도록 설계하셨다. 어떻게 하면 그런 쾌락에서 힘을 얻기 위해 더 잘 준비될 수 있을까? 아버지들이 크리스마스 날 아침에 자녀들이 기뻐 환호성을 지르는 모습을 잠잠히 바라보며 좋아하는 것처럼 하나님도 자녀들이 기쁘게 살아가는 것을 보며 좋아하신다. 그것을 더 잘 알고 싶지 않은가?

당신의 삶이 의무와 책임과 부정否定으로 점철되어 있다면 이제부터 눈이 번쩍 뜨이는 진수성찬이 펼쳐질 것이다. 당신의 갈증이 극에 달해 영혼을 죽이는 온갖 유혹에 빠지기 쉬운 상태라면 이제부터 당신은 죄를 물리칠 힘이 생겨날 것이다. 당신의 삶이 맥을 잃었고 당신의 마음이 기쁨을 잃었다면 지금부터 새로운 소생을 기대하라.

어쩌면 당신은 자신의 쾌락을 하나님과 연결시키지 못한 채 '창조 질서에 내재된' 쾌락과 예배 사이에 벽을 쌓았는지도 모른다. 지금부터 우리는 최선을 다해 그 벽을 허물 것이다. 반대로 당신은 전혀 다른 싸움에 마주서 있는지도 모른다. 즉 당신은 쾌락의 노예가 되었고, 그래서 쾌락을 거부할 때가 거의 혹은 전혀 없을지도 모른다. 따라서 쾌락을 제자리에 놓고 바른 시각으로 보려면 도움이 필요하다. 이 책에는 그에 대한 내용도 들어 있다.

쾌락이 하나님과 **경쟁관계**가 아니라 오히려 우리를 **하나님께로** 이끌어준다면 어떻게 될까? 어떤 사람들에게는 그것이 두려운 일로 느껴질 수도 있다. 당신은 그것을 탐색할 준비가 되었는가?

★ 생각해 보기

1. 저자는 조깅하다 너무 목이 마른 나머지 배탈이 날지도 모르는 물을 자청하여 마셨다. 하지만 그 물을 마신 것 자체를 탓한 것이 아니라 그렇게 위험을 무릅쓰면서까지 그거라도 마셔야만 하는 상황을 자초한 것을 더 큰 잘못으로 보았다. 이 비유는 유혹과 중독을 대하는 데 어떤 도움이 되는가?

2. 이 책을 읽기 전에 당신은 쾌락이라는 말을 듣거나 생각하면 즉시 부도덕한 쾌락이 떠올랐는가? **쾌락**이라는 단어가 악한 정욕을 이야기할 때 자주 사용되는 이유가 무엇이라고 생각하는가?

3. 저자는 우리의 삶을 선하고 경건한 쾌락으로 채우는 것이 더 도움이 되며, 그러면 부도덕한 쾌락을 좇으려는 욕심을 완전히 없앨 수는 없어도 줄일 수 있다고 보았다. 당신은 여기에 동의하는가? 아니면 이런 방법은 실패할 수밖에 없다고 보는가? 다른 대안이 있다면 무엇인가?

4. 지금까지 쾌락이 당신의 삶에서 너무 큰 역할을 하거나 너무 작은 역할을 했는가? 그렇게 된 원인이 무엇이라고 보는가?

2. 쾌락의 자리를 확보하라

쾌락을 순전히 육신적인 일로 보고 멸시하는 것보다 더 육신적인 태도는 없다. G. K. 체스터튼

쾌락을 경멸하는 태도는 고차원의 영성이 아니라 오히려 교만한 죄다. 쾌락은 하나님의 선하심을 더 인식하게 하고 그분께 더 깊이 감사하게 하고 내세의 더 풍요로운 쾌락에 소망을 두게 하시려고 하나님이 친히 설계하신 것이다. 제임스 패커

정욕의 쾌락이라는 불은 하나님의 쾌락이라는 불로 꺼야 한다. 정욕의 불을 금령과 위협으로만 끄려고 하면 아무리 예수님의 무서운 경고까지 동원한다 해도 실패할 수밖에 없다. 하나님이 주신 최고의 행복이라는 귀한 약속으로만 그것을 끌 수 있다. 정욕의 쾌락이라는 작은 불은 거룩한 만족이라는 큰 불로 꺼야 한다. 존 파이퍼

또 여호와를 기뻐하라 그가 네 마음의 소원을 네게 이루어 주시리로다. 시편 37:4

해답을 제대로 찾아야 한다

늦은 밤에 나는 삐 소리에 잠이 깼다.

"화재경보기 배터리는 왜 꼭 잠자는 시간에만 나가는 거야? 낮에 저 소리가 나면 안 되는 건가?"

그런 생각과 함께 처음에는 그냥 무시하려 했지만, 삐 소리의 타이밍이 그보다 더 완벽할 수는 없었다. 다시 달콤한 잠에 빠지려는 찰나에 두 번째 삐 소리가 나를 흔들어 깨웠다.

나는 투덜거리며 침대에서 나와 차고로 갔다. 우리 방은 천장이 둥글게 솟아 있어 화재경보기가 무려 3.5미터 높이에 달려 있다. 그래서 사다리가 필요했다.

사다리를 놓고 올라가 화재경보기의 배터리를 갈아 끼운 다음 다시 침대로 기어들어갔다.

다시 삐---

엉뚱한 것을 갈았던 모양이다.

나는 이불을 걷어치우고 방 한복판에 서서 경보기가 다시 울리기를 기다렸다. 다음번에 어느 것을 공략해야 할지 확실히 알아야 했다.

하지만 경보는 울리지 않았다.

잠시 고장으로 그랬으려니 하고 다시 침대로 기어 들어갔다. 금방이라도 곯아떨어질 것 같았다.

그때 또 삐 소리가 났다.

'그레이엄의 야구방망이가 어디 있지?' 하는 생각부터 들었다.

침대에서 기어 나와 다시 기다렸다. 소리가 울릴 때 경보기 바로 밑에 서 있으려고 무작정 버티고 있을 참이었다. 그런데 그 멍청하고 마귀처럼 사악한 경보기는 한참을 지나서야 다시 울렸다.

우리 방 천장에서 나는 소리는 분명히 아니었다.

몸을 질질 끌고 복도로 나갔더니 또 다른 화재경보기가 보였다. 어쩔 수 없이 다시 부엌으로 무거운 발걸음을 옮겨 배터리를 더 가져다가 새로 산 에너지원을 집어넣어 주었다.

얌전히 기다리다 다시 이불 속으로 파고들었는데 그때 또 삐 소리가 한밤의 정적을 갈랐다.

"무슨 일이에요?" 아내가 물었다. 내가 침대에서 확 튀어나오느라 매트리스가 크게 요동친 것이다.

"별 일 아니오. 경보기가 자꾸 삑삑거려서 말이오." 나는 그렇게 대답했다.

나는 복도의 화재경보기 밑에서 다시 망을 섰다. 그런데 그 철천지 원수 같은 경보기가 다시 삐 소리를 낼 때까지 기다리고 기다려도 소식이 없었다.

아! 이것도 아니로구나!

얼른 딸아이의 방으로 가보니 복도에 있는 경보기로부터 일직선으로 2미터도 안 되는 거리에 다른 경보기가 또 하나 달려 있었다. 나는 천장의 경보기를 잡아 뜯다시피 열고는 다시 새 배터리를 쑤셔 넣었다. 그러면서 어디 나머지 경보기들도 덤빌 테면 덤벼보라고 전의를 불태웠다.

내가 침대로 다시 뛰어들 때 힘이 들어갔나 보다. 아내가 공중으로 솟구칠 정도였다.

"고쳤어요?" 아내가 물었다.

"**고친** 정도가 아니라 **정복해** 버렸소. 난 이 집의 주인이고 대장이니까."

그런데 다시 삐 ---

"그럼 저건 뭐예요?"

아내는 어둠 속에서도 내 얼굴 표정을 보고 기겁했다. 나와 함께 산 지 20년이 넘은 아내는 그때 내가 터지기 일보 직전이라는 것을 직관적으로 알아차렸다.

"여보, 지금 당신이 무슨 일을 하려는지 잘 모르겠지만 제발 그러지 마세요."

"집에 있는 화재경보기를 다 떼어 버리고 싶은 심정이오."

그 말을 마치기가 무섭게 또 삐 소리가 났다.

리자는 웃었다.

세 번 더 삐 소리가 났을 때 아들이 집에 들어왔다. 그레이엄은 자신이 정해진 귀가시간 전에 돌아왔음을 알리려고 우리 방문을 두드렸다.

"잘 갔다 왔니?" 아내가 그렇게 묻자마자 그 지긋지긋한 삐 소리가 또 끼어들었다.

그레이엄이 대뜸 내 서랍장 쪽을 보았다. 그러더니 내 휴대전화를 집어 들고 이렇게 말했다.

"아빠, 안 받으신 전화가 있네요."

내가 핸드폰의 소리를 잠결에 지긋지긋한 화재경보기 소리로 오진한 것과 똑같이 그리스도인들도 영적인 병들을 오진할 수 있다. 우리는 엉뚱한 것을 고치려 할 때가 너무 많다. 해답이 지극히 실제적이고 물리적인 것일 수도 있는데 무조건 '영적인' 답을 찾으려 하는 것이다.

쾌락의 위력을 동원하라

내가 지금까지 들어 본 가장 심오한 영적 조언 중의 하나는 19세기의 유명한 침례교 설교자인 찰스 스펄전의 펜에서 나왔다. 그는 "하룻밤 푹 자고 나면 수백 가지의 영적인 병들이 해결될 수 있다"고 썼다.

스펄전의 말은 답이 전혀 '영적인' 데 있지 않고 오히려 실제적인 데 있을 때가 많다는 뜻이다. 당신은 우울한가? 피곤한가? 탈진 상태인가? 해답을 찾아 '금식 기도'를 할 것이 아니라 좀 더 쉴 생각을 해 보았는가?

임상상담자 더글러스 와이스의 「쾌락의 위력」 *The Power of Pleasure*이라는 책에 아주 좋은 예가 나온다. 더글러스는 우울과 탈진으로 힘들어하는 어느 교육감과 상담하던 중에 그 사람의 삶에 쾌락이 거의 없음을 알게 되었다.[1] 그의 삶에는 온통 일과 의무와 책임뿐이었다. 함께 과거를 더듬어 보니 그에게도 어린 시절의 따뜻한 추억들이 있었다. 어릴 때 앨라배마 주의 비교적 가난한 동네에서 자랐는데 차들이 대부분 아주 낡아 자주 수리를 해야 했고, 그래서 저녁마다 동네의 남자들이 모여 배터리나 점화 플러그, 브레이크 패드를 갈곤 했는데, 정말 즐거운 일이었다.

그런데 교육감이 된 지금 하루에 9시간씩 건물 안에 갇혀 열심히 일하다 보니 스포츠나 삶 전반에 대한 대화조차 나눌 겨를이 없었다. 그러다 보니 그 중책의 한복판에서 자신이 녹아내리는 기분이었다. 그는 늘 결정을 내려야 하는 상황이 아니라 그냥 편하게 사람들과 어울리는 시간이 그리웠다.

그가 선택할 수 있는 해법은 간단히 몇 가지가 있었다. 항우울제를 복용하거나 직장을 그만둘 수도 있었지만, 바쁜 한 주간 속에 적당량의 쾌락을 배합하는 법을 배우는 방법도 있었다. 지혜롭게도 이 교육감은 집에 가서 사촌에게 전화를 걸었다. 그 사촌은 1년 전에 자동차 부품 세트를 구입했는데 아직 작업에 손대지 못하고 있었다. 그때부터 두 사람은 일주일에 한 번씩 만나 함께 열심히 차를 조립했다.

답은 그렇게 쉬운 곳에 있었다. 우울이 걷히면서 교육감은 새로운 활력을 얻었다. 매주 한 번의 작은 투자만으로도 그는 가정생활이 더 즐거워지고 직장에서도 더욱 활기가 넘쳤다. 훨씬 행복한 사람이 된 것이다. 그렇다고 임상적으로 우울증 진단을 받은 사람을 적절한 투약으로 치료하는 데 이의를 제기하려는 것은 아니다. 하지만 투약이 필요한 상황에서도 생활방식의 변화는 언제나 회복에 도움이 된다.

영적인 조언을 구하러 참신한 '도사'를 찾아다니지 말고 먼저 이 간단한 방법부터 시도해 보기 바란다. 즉 당신의 삶에 좀 더 의지적으로 쾌락의 위력을 동원하는 것이다. 하나님이 설계하신 이 쾌락의 욕구를 존중하면 결국 당신은 더 건강하고 행복해진다. 당연히 당신의 소명과 사역을 감당하는 데도 더 능률이 오른다. 하지만 장기간 이 욕구를 억

압하면 당신의 건강도 위태로워질 뿐만 아니라 기쁨도 줄어들고 대개는 능력과 의욕도 떨어진다. 그럴 때 우리는 무딘 톱날처럼 된다. **한때** 잘 들던 톱날은 간데없고 초라한 모조품만 남는 것이다. 그런 상태에서는 노력을 더 한다고 일이 되는 것이 아니다. 오히려 노력을 더 할수록 상황은 더 악화된다. 그럴 때는 시간을 내서 톱날을 갈아야 한다.

당신의 결혼생활이 시들시들한가? 그렇다면 부부가 함께 마지막으로 재미있는 시간을 보낸 것이 언제인지 점검해 보라. 정성들여 성적인 친밀함을 가꾸거나 그냥 단 몇 시간이라도 양쪽 모두 좋아하는 일을 하며 보낸 것이 마지막으로 언제인가?

당신은 십대 자녀와 대화가 끊겼는가? 그렇다면 함께 즐겁게 웃을 수 있는 일을 해 보면 어떨까? 잔소리나 충고는 접어두고 그냥 함께 있는 시간을 즐기기만 하면 된다. 하룻밤만이라도 재미에 푹 빠져 보라.

당신의 직장또는 교회 동료들이 서로 물어뜯고 있는가? 경쟁을 일삼으며 비생산적이고 무책임한 행동을 보이는가? 그래서 당신이 몇 주째 '숨은 죄'를 찾으려 애도 써 보고 '영적 전투'가 걷히게 해달라고 금식기도도 해 보았지만 아무 일도 일어나지 않았다면, 내가 훨씬 간단한 해법을 제안하고 싶다. 그중에 조금이라도 즐겁게 사는 사람이 있는가? 아니면 모든 사람이 거의 비참한 지경인가? 비참한 사람들이 모여 있는 곳에서 즐거운 분위기를 기대한다는 것이 말이 되는가?

내 친구 케빈 하니는 코린트 개혁교회Corinth Reformed Church에서 섬기는 자신의 교역자들이 빡빡한 스케줄, 과중한 사역, 그밖에 교회에 으레 있는 문제들로 인하여 고생이 이만저만이 아님을 알았다. 지혜롭게 그는 다음번 교역자 회의를 아이스크림을 먹으며 친교를 나누는 시간으로 대치하기로 했다. 그는 다른 부교역자와 함께 여러 가지 스무디와 몰트 밀크와 건강식 셰이크를 만들어놓고 그런 걸 좋아하는 사람들을 위하여 다 같이 그냥 어울려 지냈다. 케빈은 "그날 우리는 가장 절실한 일 하나를 빼고는 정말 아무 일도 하지 않았다. 가장 절실한 일이란 바로 아이들처럼 아이스크림을 먹으며 노는 일이었다"고 말했다. 케빈이 보기에 그렇게 즐겁게 지내는 시간이 오히려 전환점이 되었다. 그는 "또 하나의 전략 회의가 필요 없었다. 우리에게 필요한 건 아이스크림과 웃음의 성례였다"고 말했다.

뭔가 즐거운 일을 만들어 보라! 당신을 위해서, 하나님을 위해서, 가족들을 위해서, 그리고 당신이 자초한 비참한 상태를 견뎌야 하는 모든 사람들을 위해서 그렇게 해 보라. 지금부터 유혹이 느껴지거든 그것을 당신의 삶이 오그라들어 있어 실제적이고 물리적인 의미에서 다시 잡아 펴야 할지도 모른다는 신호로 받아들이라 영적인 면을 완전히 무시하지는 않는 상태에서 말이다. 요컨대 언제든 죄의 유혹이 느껴진다면 그때가 바로 거룩하고 건강한 대안을 찾아야 할 때다.

쾌락은 회복제다

사탄이 당신의 쾌락을 막으려 할 수도 있다는 생각을 해 본 적이 있는가? 대부분의 사람들은 사탄이 **쾌락으로** 우리를 유혹한다고 생각한다. 물론 맞는 생각이다. 하지만 많은 경우에 사탄은 하나님이 우리를 위하여 예비하신 진정한 쾌락을 막는 데 더 열을 올린다. 일부 열심히 믿는 그리스도인들의 경우에 특히 그렇다.

삶에 쾌락이 없으면 어떤 사람들은 신경이 곤두서고, 피곤해지고, 남들이 몰라준다는 생각이 들고, 그래서 남들을 사랑하지 않고 원망하게 된다. 또 어떤 사람들은 주변 모든 사람들의 죄를 지적하고 비판하게 된다어쩌면 속으로는 나도 저렇게 해 봤으면 하고 바라면서 말이다. 쾌락은 이런 영적인 병들을 물리치는 좋은 해독제가 될 수 있다. 쾌락은 우리에게 새 힘을 주고 원기를 회복시켜줄 수 있으며 그래서 우리는 더 인내심과 여력이 많아져 더 너그럽게 시간과 애정을 베풀게 된다. 그러니 사탄이 우리에게 진정한 쾌락을 막으려 하는 것은 당연하다. 사탄은 쾌락이 주는 그런 긍정적인 효과들이 싫은 것이다.

그런데 열심히 믿는 수많은 그리스도인들이 빠지는 종교의 덫이 있다. 죄나 유혹에 빠질 때마다 종교적인 방법으로 거기서 벗어나려 한다는 것이다. 우리는 더 훈련에 힘쓰고 더 충성과 헌신을 다하고 더 열심히 사역에 임하기만 하면 된다고 생각한다. 물론 그런 면도 있을 수 있다. 하지만 당신의 영혼에 필요한 것이 진정한 쾌락과 안식일 같은 휴식인데 오히려 일이 더 필요하다고 잘못 단정한다면, 그것은 재난을 자초하는 꼴이다.

그 재난에 가장 빠지기 쉬운 사람들은 누구일까? 누구보다도 열심히 믿는 그리스도인들이다. 더글러스 와이스의 말처럼 과식하는 사람이 음식량을 줄이는 것보다 거식증이 있는 사람이 음식을 입에 대기가 더 어렵다.[2] **훈련이 자신을 영적으로 병들게 해도 우리는 교만하게 그 훈**

련을 자랑할 수 있는 존재다. 어떤 그리스도인들은 자신이 정말 좋아하는 일예를 들면 그림 그리기, 정원 손질, 영화 보기 등에 일주일에 딱 5시간만 내도 그것이 이기적이고 나약하고 부끄러운 일로 느껴진다. 끝내 '유혹에 져서' 그 일을 하고 나면 그들은 거기서 쉼과 안식을 얻는 것이 아니라 오히려 후회와 수치심 때문에 싸워야 한다. 원인이 교만이든 성격이든 유혹이든 결과는 똑같다. 경건한 쾌락의 영적인 유익들을 저버리는 것이다. 이 딱한 그리스도인들은 쾌락에서 새 힘을 얻지 못하고 오히려 죄책감만 느낀다.

쾌락이 오히려 고통이 된다면, 즐기고 나면 죄책감과 후회가 너무 많아 아예 즐길 수도 없다면, 당신은 사탄의 압제 아래 놓일 수 있다. 뭔가 비상한 조치를 취해야 한다. 쾌락을 즐기고 귀히 여기는 일은 싸울 가치가 있는 일이다.

현재 당신이 회복을 가져다주는 쾌락에 일주일에 5시간도 내지 **않고 있다면**이 말의 의미와 그 시간을 확보하는 구체적인 방법에 대해서는 7장에서 살펴볼 것이다, 당신의 삶에는 쾌락이 결핍되어 있을 소지가 높고, 따라서 당신은 여러 가지 영적인 병에 걸리기 쉽다. 5시간은 임의의 숫자지만나는 전문 치료사가 아니다 일주일에 그 정도면 적당한 비율일 것이다. 일주일에 5시간이라는 것도 어쩌면 쾌락 욕구를 줄잡아 말한 정도에 지나지 않을 것이다.

인간이 영적인 목마름이나 따분함 때문에만 죄를 짓는 것은 아니다. 우리가 죄를 짓는 것은 우리 속에 남아 있는 죄성 때문이다. 우리는 죽는 날까지 이 죄와 심각하게, 의지적으로, 끊임없이 싸워야 한다. 죄와 싸우는 방법 중의 하나는 거룩한 쾌락의 삶을 가꾸는 것이다.

저자 쇼나 니퀴스트는 삶이 어려움에 처했을 때 '바비큐의 치유 효과'를 발견했다.[3] 그녀는 친한 친구들과 함께 모여 좋은 음식을 먹으면서 낙심에서 헤어났다. 당신의 경우는 그런 치유 효과를 다른 데서 얻을 수도 있다. 이를테면 혼자서 골프를 칠 수도 있고, 오후 내내 소설책 한 권을 단번에 끝낼 수도 있고, 아침에 정원 일을 할 수도 있다. 이런 실제적인 도움을 경시하지 말라.

당신도 기억하겠지만 성경에 아람 왕의 군대장관 나아만의 이야기가 나온다. 그는 한센병을 치료받으려고 엘리사를 찾아갔다. 그런데 엘리사가 요단강에 몸을 일곱 번 씻으라고 하자 나아만은 기분이 잔뜩 상했다. 다행히 나아만에게 지혜로운 종이 있어 이렇게 말했.

"내 아버지여, 선지자가 당신에게 큰일을 행하라 말하였더면 행하지 아니하였으리이까 하물며 당신에게 이르기를 씻어 깨끗하게 하라 함이리이까" 왕하 5:13.

당신은 자신의 아픈 영혼에 신비의 영약을 원할지 모르지만 정작 당신에게 필요한 것은 좋은 바비큐일지도 모른다.

육체 없는 영혼

강조해서 말하건대 우리는 좀 더 민감해질 수 있으며, 육체의 **정당한** 욕구에 대처하도록 동료 그리스도인들을 더 잘 도울 수 있다. 하나님은 아담과 함께 친밀하게 걸으시던 그때에도 그 정당한 욕구를 인정하시며 이렇게 말씀하셨다. "사람이 혼자 사는 것이 좋지 아니하니" 창

2:18. 하나님은 "아담아, 너에게는 하와가 필요 없다. 나만 바라보면 된다"라고 하지 않으셨다.

그분이 하지 않으신 말을 왜 우리가 하고 있는가?

'종교적인' 사람은 당당히 이렇게 되묻는다.

"예수님으로 충분하지 **않은가**? 그 이상이 왜 필요한가?"

누가 감히 대뜸 그렇지 않다고 하겠는가? 뉘라서 예수님으로 충분하지 않다고 말하고 싶겠는가? 하지만 그 질문 자체에 의문을 달아야 할지도 모른다. 일단 "예수님으로 충분한가?"라는 질문의 정답은 무조건 "그렇다!"이다. 하지만 "빵과 물만 있으면 내가 생존하는 데 충분한가?"라는 질문의 정답도 무조건 "그렇다!"이다. 그렇다면 과일과 고기와 가끔씩 케이크 조각이 내 앞에 있다 해도 그런 음식은 멸시해야 한단 말인가? 물론 이 비유는 한계가 있다. 예수님은 겨우 목숨만 부지시켜 주는 빵과 물 정도가 아니라 당연히 '풍성한 진찬' 이시기 때문이다. 여기서는 다만 내가 말하려는 의도를 이해해 주기 바란다.

아담은 하나님과 함께 걸으며 대화했고 그분을 즐거워하며 경배했다. 오늘날 우리보다 훨씬 더 친밀하게 직접 그분을 대면하며 살았다. 그런데도 **하나님 쪽에서** 먼저 "사람이 혼자 사는 것이 좋지 아니하니" 창 2:18라고 말씀하셨다.

잘 보라. 하나님은 아담에게 이렇게 말씀하신 셈이다. "내가 보기에 네 삶은 나하고만 살아가는 것으로는 충분하지 않다. 적어도 지금은 아니다. 네가 친구도 없이 여기에 나하고만 있는 것은 **좋지 않다**. 그래서 내가 다른 사람 곧 여자를 지어줄 테니 너는 그 여자와 함께 살면서 나를 대하면 된다."

형제자매들이여, 어떤 의미에서 **하나님 자신이** 아담에게 "나만으로 충분하지 않다"고 하셨다. 이것은 **내 말이 아니라** 그분의 말씀이다.

물론 '예수님만으로' 족해야 할 삶과 상황도 있다. 하나님은 우리의 배우자와 자녀와 가정과 우리에게 있는 모든 즐거움을 가져가실 수 있다. 그런 상황에 처하면 그야말로 그분만으로 충분함을 경험하게 될 것이다. 하지만 지혜가 우리에게 가르쳐주듯이 그런 삶은 먼저 하나님이 우리를 거기로 불러주실 때에 가능하다. 즉 **하나님의 섭리 아래 그런 삶에 들어갈 수 있다는 말이다. 그런 삶을 스스로 자기에게 의무로 부과해서는 안 된다.** 초대 교회는 순교를 구한 젊은 그리스도인들을 꾸짖었다. 최악의 박해인 순교가 내 앞에 닥쳐올 때 거기에 겸손히 순복하는 것은 마땅한 일이다. 하지만 다분히 자신의 성숙을 입증해 보이려고 교만하게 스스로 신앙의 위인으로 높아지는 것은 전혀 다른 문제다.

나는 여기에 대한 프랑소아 페넬롱의 시각이 마음에 든다.

"십자가를 일부러 바라지 말라. 그러다 자칫 하나님이 주실 마음도 없으신 십자가를 당신 스스로 구하게 된다. 그런 십자가는 당신을 향한 하나님의 계획에 들어맞지 않는다. 하지만 그분의 손이 매순간 당신 앞에 내놓으시는 것은 무엇이나 주저 없이 받아들이라. 생활필수품에도 하나님의 섭리가 있듯이 십자가에도 하나님의 섭리가 있다."4

다시 말해서 우리 그리스도인의 본분은 하나님의 섭리와 공급을 그대로 받아들이는 것이고, 그분이 섭리 가운데 원하신다면 어떤 쾌락이라도 기꺼이 포기하는 것이다. 그러나 동시에 우리는 넘어지는 그리스도인들을 육체 없는 영혼으로 대하는 태도만은 버려야 한다. 좀 더 영적인 사람만 되면 된다는 식으로 그들을 보아서는 안 된다. 물론 기도와 예배와 성경공부와 교제는 영적인 삶에 꼭 필요한 양식이다. 하지만 우리의 아픈 영혼을 고치는 약이 그런 것들만 있는 것은 아니다. 사실 다른 거룩하고 '창조 질서에 내재된' 쾌락이 곁들여진다면 그런 것들의 효과도 더 좋아진다.

예를 들어 사도 바울은 성적인 유혹으로 힘들어하는 독신자들에게 결혼을 권했다^{고전 7:9}. 그는 "너희는 무엇이 문제냐? 하나님만으로 만족할 수 없느냐?"라는 말로 그들을 꾸짖지 않았다. 오히려 반대로 그는 하나님이 우리의 성욕을 채울 길^{결혼}을 공급해 주셨으며, 따라서 성욕이 잘 제어되지 않거든 이 실제적이고 거룩한 배출구를 더 진지하게 찾을 필요가 있다고 지적했다.

물론 이 타락한 세상에는 우리를 실망시키는 일들이 많이 있다. 내가 의지하는 쾌락은 결국 나를 실망시킬 것이고 어떤 쾌락은 무제한 연기될 것이다. 하지만 창조 질서에 내재된 쾌락들이 우리의 모든 문제를 해결해줄 수 없다고 해서 그것을 아예 무시해야 하는 것은 아니다. 그런데 일부 그리스도인들은 그렇게 하고 있다.

쾌락의 성경적인 자리를 알면 그만큼 우리의 마음이 자유로워져 정당한 쾌락을 더 창의적이고 의지적으로 추구하게 된다. 또한 쾌락의 위력을 동원하여 최고의 영적 유익인 하나님을 영화롭게 하는 삶을 누리게 된다. 영혼에 만족을 주는 쾌락들을 가꾸고 즐기는 일에 자유로워지기를^{나아가} 단호한 의지를 품기를 바란다. 그러면 당신이 아주 충만해져 빗

2. 쾌락의 자리를 확보하라 | 61

나간 쾌락이나 부정한 쾌락에 빠져들 여지가 별로 없게 된다.

쾌락의 욕구를 인정하고 그것을 잘 활용하면 웬만한 유혹들은 이겨낼 수 있다. 이미 즐기고 있는 좋은 쾌락이 그런 유혹을 미연에 막아주기 때문이다. 나는 쾌락을 적이 아니라 오히려 **내 편으로** 삼는다. 쾌락은 내 도덕성과 가정을 망치는 것이 아니라 오히려 보호한다. 그렇다고 내가 여태 넘어지지 않았거나 장차 넘어지지 않을 것이라는 말은 아니다. 내 안에 여전히 죄성이 남아 있기 때문이다. 다만 건강한 쾌락은 유혹의 원리를 공략하는 실제적이고 실행 가능한 방법이다.

쾌락의 자리를 확보하라

이쯤에서 당신은 반론을 펼 것이다. "물론 나도 쾌락의 위력을 마음껏 활용하고 싶다. 하지만 나는 너무 가난하다. 독신이다. 몸에 병이 있다." 그밖에도 구실은 얼마든지 있을 수 있다. 하지만 이런 구실들은 당신을 그 상태에 더 가두어 둘 뿐이다.

나는 숲속을 장시간 걷는 것을 무척 좋아한다. 하지만 전에 사무실에서 일할 때는 집에서 어린 아이들이 기다리고 있었기 때문에 그런 시간을 낼 수 없었다. 그래도 점심시간에 근처 공원에 나가 짧게 20분씩 걷는 일은 수시로 했다. 불가능한 이상理想 때문에 **자신이 할 수 있는** 건설적인 일마저 다 포기해서는 안 된다.

더글러스 와이스의 현명한 조언처럼 우리는 쾌락에 '자물쇠'를 채워둘 필요가 있다. 이 말은 삶이 바빠질 때 무조건 쾌락부터 희생하지 말고 쾌락을 확보해 두라는 뜻이다.5 당신이 책임감 강한 사람이라면 자신에게 쾌락을 허용하려면 우선 집안일이 다 끝나야 하고, 집이 먼지 하나 없이 깨끗해야 하고, 반경 150킬로미터 이내에 아픈 사람이 하나도 없어야 하고, 도움이 필요한 사람도 없어야 하고, 온 지구상에 마침내 평화가 이루어져야 할 것이다.

하지만 그런 날은 오지 않는다. 당신이 목사라면 시간을 내달라는 사람이 언제나 있을 것이고, 당신이 엄마나 아빠라면 언제나 못다 한 일이 있을 것이다. 당신이 사업을 한다면 언제나 할 일이 더 있게 마련이다. 가족들이 전화하고 친구들이 뭔가를 부탁하고 교회에 당신의 봉사가 필요할 것이다. 그것도 계속 반복해서 말이다.

당신이 **번번이** 쾌락을 희생하고 **한 번도** 기운을 회복할 시간을 내지 않는다면 당신 자신뿐 아니라 주변 사람들도 고생하게 된다. 하나님은 당신의 불평을 견디셔야 할 것이고, 가족들은 당신의 삐딱한 태도를 참아야 할 것이다. 당신이 시무룩해 있으니 그 파급 효과가 친구들과 직장 동료들에게도 미칠 것이다. 당신의 몸은 스트레스의 대가를 치르느라 다른 사람의 간호를 받을 일이 생길 것이다. 엘튼 트루블러드는 "항상 유용한 사람은 막상 필요할 때 큰 도움이 안 된다"고 했는데, 수시로 내게 도전이 되는 뜨끔한 말이다.6 내가 만일 시간을 내서 재충전하지 않는다면 내 사역의 역량은 곤두박질칠 것이다.

당신이 자신에게 꼭 필요한 쾌락의 시간을 **한 번이라도** 확보했다 싶으면 당신 자신의 강박증이나 흥을 깨는 사람들 또는 원수 마귀가 꼭 죄책감을 유발하려 들 것이다. 하지만 그렇게 쾌락을 확보해 두는 일은 삶을 긍정하고 하나님을 즐거워하는 길이다. 또한 장기적으로 당신의 영적, 정신적, 신체적, 정서적 건강에도 좋은 투자가 된다. 물론 당장의 쾌락을 **꼭 희생해야** 할 때도 있지만 항상 그런 것은 아니다.

당신의 삶에 쾌락의 자리를 확보해 두라.

지팡이가 필요하다면 지팡이를 우습게보지 말라

결국은 이 질문으로 귀결된다. 나는 누구를 감동시키려 하고 있는가? 나는 많은 부분에서 넘어지는 죄인이다^{약 3:2}. 내 신앙은 인간 하나도 제대로 감동시키지 못하며 하나님께도 결코 대단한 것이 못 된다. 나는 잦은 유혹, 비뚤어진 욕망, 타락한 마음, 방황하기 쉬운 영혼을 안고 살아간다.

자주 찬송을 부르고 성경을 공부하면 그것이 나를 붙들어 준다. 하지만 하나님은 내 많은 약점을 아시고 내 딱한 신앙을 불쌍히 보시는 분이기에 나에게 다른 많은 쾌락들도 주셨고 지금도 주고 계시며 앞으로도 주실 것이다. 그리하여 내 영혼을 강하게 하시고 내 마음과 정신을 넓혀 주신다.

긴 하루의 사역이 끝나고 나면 그분은 내게 좋은 코미디를 보며 웃게 하시고, 처음 가보는 길로 느긋하게 몇 마일을 달리게 하시고, 호텔 침대에 앉아 풋볼 경기장에서 펼쳐지는 멋진 기량을 보며 환호하게 하시고, 아내와 함께 친밀한 시간을 보내게 하신다. 이런 유익한 친구들을 거부한다면 나는 바보일 것이다. 그것들은 하나님이 내 앞에 놓아

주시는 좋은 선물들이고 그분의 은혜로운 손에서 온 복이다. 내가 만일 하나님이 주신 그것들 없이도 지낼 수 있다고 생각한다면 그것은 지극히 미련하고 교만한 태도일 것이다.

페넬롱은 이것을 다음과 같이 아주 실제적인 관점에서 보았다.

> 몸이 불편하여 지팡이가 없이는 걸을 수 없는 사람이 있다면 그는 그 지팡이를 버려서는 안 된다. 그는 자신의 약점을 잘 안다. 그가 자신이 행여 실족할까 우려하는 것은 당연한 일이다. 하지만 그는 똑같은 보조물이 필요 없는 성하고 건강한 사람을 보더라도 못마땅해 해서는 안 된다. 건강한 사람은 지팡이가 없어야 더 자유롭게 걷는다. 반대로 건강한 사람은 건강한 사람대로 지팡이가 없이는 걸을 수 없는 사람을 절대로 무시해서는 안 된다.[7]

어쩌면 당신은 다른 쾌락들이 필요 없는 소수의 사람들 중의 하나일지도 모른다. 그것은 당신에게 잘된 일이다. 혹시라도 당신이 현실을 부정하다 큰 불행을 자초하지만 않는다면 말이다.

영적인 체질이 나보다 강한 사람들이 많다는 것을 인정한다. 하지만 그들은 우리처럼 약한 사람들을 얕보아서는 안 된다. 자신의 약점을 잘 아는 현 상태의 우리에게 쾌락은 선물 정도가 아니라 실제적인 도움이며 기댈 수 있는 지팡이기 때문이다. 그것에 힘입어 우리는 유혹과 시험이 가득한 죄 많은 세상을 헤쳐 나갈 수 있다.

솔직히 말해서, 지팡이가 필요한 우리도 이런 것이 **필요 없었으면**

하고 바랄 때가 있다. 하지만 막상 필요할 때면 그 지팡이가 고맙게 느껴지고 그것을 공급해 주신 하나님께 감사를 드린다.

지팡이가 필요 없는 척하다가 중독과 죄와 수치스런 행동에 빠지기보다는 지팡이가 필요함을 겸손히 인정하고 하나님을 영화롭게 하는 쾌락, 창조 질서에 내재된 건강한 쾌락을 사려 깊게 개발하는 편이 훨씬 낫다.

쾌락이 우리에게 하는 일은 엄마의 심장박동 소리가 신생아에게 하는 일과 같다. 임신부의 심장은 1분에 평균 60회의 속도로 뛴다고 한다. 그렇다면 태아는 1시간에 3,600번, 하루에 86,400번, 모태에서 자라는 9개월 동안 총 2천4백만 번이나 뛰는 엄마의 고르고 일정한 심장박동의 리듬에 감싸여 있는 셈이다. 이러한 고른 리듬은 마음을 달래주는 효과가 있다. 지혜로운 육아 종사자들이 보채는 아기들을 재울 때 신생아의 베개 밑에 초침 소리가 나는 시계를 넣어주는 방법을 터득한 것도 그런 원리에서 나온 것이다.[8]

하나님은 쾌락이라는 친숙한 리듬을 통하여 우리의 몸을 달래주시고 영혼에 만족을 주시며 유혹을 물리치도록 마음을 강하게 해주신다. 이 리듬 덕분에 우리는 많은 유혹에 대하여 '잠들' 수 있고, 그리하여 맑은 정신으로 상쾌하게 깨어나 당면한 일을 해나갈 수 있다.

제임스 휴스턴 박사의 말대로, 여전히 우리는 몸이 떨리고 신경이 흔들리는 인간이며, 그래서 작은 즐거움과 정서적 행복이 필요하다.[9]

★ 생각해 보기

1. 저자는 문제 해결이 신체적인 부분에 있는 경우에도 더 자고, 더 쉬고, 더 즐기는 등 매번 '영적인' 답을 찾으려는 그리스도인들이 많다고 말한다. 당신은 이 말에 동의하는가? 어째서 그런가?

2. 쾌락의 필요성을 무시하면 영적으로 안전하지 못하거나 적어도 건강하지 못한 자리에 놓일 수 있다. 당신의 삶에 혹시 그런 부분이 있는가?

3. 창세기 2장 18절을 읽으라. 아담이 하와 없이 살아가는 상태가 어떻게 '좋지 않을' 수 있는가? 알다시피 하나님은 그분 자체로 우리에게 충분하신 분이다. 그렇다면 우리는 이 말씀을 어떻게 이해해야 하는가?

4. 당신의 삶에 고질적으로 남아 있는 성격상의 약점이나 죄를 생각해 보라. 예를 들면 당신은 인내심이 부족하거나 늘 남의 비위를 맞추는 사람일 수 있다. 또는 과식이나 게으름, 정욕과 싸우고 있을 수도 있다. 당신의 삶에 하나님을 영화롭게 하는 거룩한 쾌락을 의식적으로 들여 놓는다면 그 죄를 이기는 데 어떻게 도움이 되겠는가?

5. 저자는 다른 사람들의 필요를 채워주기 위해서 거의 언제나 자신의 쾌락을 희생하는 그리스도인들이 있다고 말한다. 당신도 그런 사람 중의 하나인가? 복음의 소명에 충실하여 하나님과 사람들을 섬기면서도 탈진하거나 녹초가 되지 않으려면 적당히 선을 그어야 한다. 당신은 어떻게 그 선을 그을 수 있겠는가?

3. 쾌락은 우리를 강하게 한다

영성을 무시하고는 온전한 인간이 될 수 없듯이 인간성을 무시하고는 영적으로 성장할 수 없다. 장 바니에

깨끗한 자들에게는 모든 것이 깨끗하나 더럽고 믿지 아니하는 자들에게는 아무 것도 깨끗한 것이 없고 오직 그들의 마음과 양심이 더러운지라. 디도서 1:15

너무 영적이라 놓친 일

당신이 1980년대에 그리스도인이었다면 아마 '영적인 게임'이라는 말을 기억할 것이다. 그것은 약 6주 동안 크게 유행했지만 결국 아주 따분한 놀이로 밝혀졌다. 이름이 말해주다시피, 이는 단순히 재미만을 위한 소일거리는 가치가 없으며, 따라서 그것을 의미와 목적이 있는 '영적인' 일로 고쳐야 한다는 뜻이다. 그래서 '영적인 게임'이다.

그리스도인들은 모노폴리 게임도 망쳐 놓는다.

이전 세대들은 더 심했다. 작가 하퍼 리의 고전 소설 「앵무새 죽이기」문예출판사에 보면, '세족식을 하는 침례교인들'이 미스 모디에게 그녀가 꽃들과 함께 보내는 시간이 너무 많다는 이유로 지옥행을 선고하는 대목이 나온다. 미스 모디는 그 일을 어린 스카우트에게 이렇게 설명한다.

> "세족식을 하는 사람들은 쾌락은 무조건 죄라고 믿는단다. 어느 토요일에는 그 사람들 몇이 숲에서 나와 이곳을 지나가다가 글쎄 그러지 뭐냐. 내가 꽃들과 함께 지옥에 갈 거라고."
>
> "꽃들까지 말인가요?"
>
> "그렇다니까. 꽃들도 나와 함께 불탈 거라잖아. 자기들이 보기에는 내가 집 밖에서만 너무 많은 시간을 보내고 집 안에서 성경을 읽는 시간은 적다는 거지. 집 바깥도 하나님의 세상인데 말이야."[1]

쾌락을 위한 쾌락이라면 무조건 거부하는 이런 기류는 성경의 가르침이 아니라 문화적인 편견이다.

예수께서 우리에게 풍성한 삶을 주러 오셨다고 하셨을 때요 10:10 그분이 뜻하신 바는 삶의 **양**이 아니라 삶의 **질**이다. 어떤 작가는 그것을 이렇게 표현했다. "예수님의 관심이 사후의 삶에만 있었다는 말은 사실이 아니다. 그분의 메시지는 살아생전의 삶을 위한 것이다."[2]

유진 피터슨은 「메시지」복있는 사람에서 요한복음 10장 10절을 이렇게 번역했다.

"내가 온 것은 양들로 참되고 영원한 생명을 얻게 하고, 그들이 꿈꾸던 것보다 더 나은 삶을 얻게 하려는 것이다."

하나님의 눈으로 쾌락을 수용하라

쾌락은 하나님을 예배하고 그분과 친밀해지는 길이 될 수 있다. 쾌락을 그렇게 수용하는 것이 성경적인 일임을 몇 장에 걸쳐 충분히 변호하고자 한다. 일단 지금은 중요한 점 하나만 짚어둔다. 내 생각에 교회는 바로 이 부분에서 길을 벗어났다. 바울이 디도에게 쓴 편지에서 구분한 것을 우리는 구분하지 못할 때가 많다는 것이다.

"깨끗한 자들에게는 모든 것이 깨끗하나 더럽고 믿지 아니하는 자들에게는 아무 것도 깨끗한 것이 없고 오직 그들의 마음과 양심이 더러운지라"딛 1:15.

다시 말해서 **구속에는 중요한 의미가 있다.** 구속이라는 말을 그리스도인이 되는 것, 거듭나는 것 등 당신이 좋아하는 다른 표현으로 바꾸어도 관계없다. 문맥상 바울은 지금 온갖 자의적인 규율과 금령으로 그리스도인들을 속박하려 드는 율법주의자들을 반박하고 있다. 이들 교사들은 그리스도인들을 낡은 신념의 노예로 만들려 했는데, 그 낡은 신념이란 부정을 입은 사람의 손에 닿으면 무엇이든 먹을 것과 마실 것은 물론 다른 사람까지도 부정해진다는 것이었다. 바울은 이것을 보란 듯이 뒤집어, 깨끗한 사람의 손에 닿으면 무엇이든 깨끗해진다고 말하고 있다!

내 말은 우리가 쾌락과 이 땅의 좋은 선물들을 구속의 눈으로 보아야 한다는 것이다. 하나님이 우리의 마음을 깨끗이 씻어 변화시켜 주시면, 전에 우리를 넘어지게 하던 바로 그것들이 이제 신앙의 동지들이 될 수 있다. 물론 모든 것이 다 그렇지는 않다. 하나님의 뜻과 명령에 분명히 어긋나는 것은 그것이 어떤 종류의 쾌락을 가져다주든 관계없이 언제나 우리의 영혼을 망하게 한다. 하지만 우정, 좋은 음식과 음료, 웃음, 성, 가정생활 등 이 땅의 좋은 것들은 하나님이 창조하신 것이며, 따라서 감사와 찬양으로 받으면 그것이 구속되어 여러 긍정적인 방식으로 우리의 삶과 신앙에 활력소가 될 수 있다. 전에 오용하던 것들을 찬양의 도구로 변화시키는 능력을 하나님이 우리에게 주신다.

문제는 그 구속이 이 땅에서는 미완성이라는 것이다. 지금도 우리 안에는 죄성이 역사하고 있다롬 7:14-25. 나는 지금 우리가 쾌락을 통하여 유혹에서 벗어날 수 있다는 말을 하는 것이 **아니다**. 내 마음은 죄로 연약해져 있기 때문에 내 앞에 두 가지 쾌락, 즉 건강한 쾌락과 파괴적인 쾌락이 제시된다면 나는 잘못된 쪽을 선택할 소지가 높다.

쾌락을 수용하는 일은 언제나 하나님의 성령으로 마음이 새롭게 되는 데서부터 시작되어야 한다.

일단 이 강력한 구속의 행위가 시작되었으면 그리스도 안에 있는 사람들은 하나님의 은혜와 자비로 말미암아 쾌락을 수용할 뿐 아니라 가꿀 수 있고 그리하여 우리는 죄와 유혹에 빠지기가 그만큼 더 어려워진다. 쾌락을 경계하지 않고 수용한다고 해서 그것이 만병통치약은 아니지만 효과적인 도구가 될 수는 있다. 우리의 마음이 변화되었고 지금도 변화되고 있다면 말이다.

쾌락이 그 자체로 충분한 도구라는 말은 아니다. 우리는 다 마음이 죄로 물들어 있기 때문에 우리에게 영적인 훈련들과 희생과 자기부인과 금욕과 초연함이 필요하다는 옛 교훈은 지금도 그대로 유효하다. 이런 것들이 없이 쾌락을 넙죽넙죽 다 수용한다면 우리는 바보가 되고 만다. 쾌락이 우리를 삼켜버릴 것은 시간문제이기 때문이다. 그러나 이런 영적인 연습들이 있다면, 또한 구속받은 삶, 성령의 능동적인 지도, 하나님의 공동체^{지역교회}의 지원 등 그리스도인의 여러 가지 혜택을 누리고 있는 상태라면, 우리는 어쩌면 난생 처음으로 삶을 제대로 즐길 수 있다. 즉 쾌락을 수용하여 하나님과 그분이 주신 삶을 즐거워할 수 있다.

쾌락은 우리를 **하나님에게서 멀어지게** 하는 것이 아니라 오히려 우리를 **그분께로 이끌어** 줄 수 있다.

점진적인 신앙 여정에서 하나님은 우리의 갈망을 **거룩한** 쾌락 쪽으로 점차 다시 조정해 주신다. 거룩한 쾌락이란 우리를 충만하게 채워

주는 영적으로 선하고 건강한 쾌락이며, 그래서 죄는 다분히^{전부는 아니지}만 매력을 잃어간다.

우리는 '쾌락'을 부도덕한 것으로 예단할 때가 너무 많다. 그래서 다른 사람들에게도 쾌락의 위험을 경고한다. 하지만 우리가 쾌락을 구속할 줄 안다면, 그리하여 모든 선한 것의 창조주께 우리의 마음을 빚으시게 해드린다면, 쾌락은 거룩함의 원수가 아니라 거룩함의 종이 될 수 있다.

쾌락에 죄책감을 느끼는 그리스도인

단순히 쾌락이 즐겁다는 이유로 쾌락을 비난하는 것은 영적인 병이다. 사실 그것은 일종의 자기혐오이며 사랑의 복음에 위배된다. 심리학자 카렌 호니는 '즐거움을 터부시하는' 태도를 경고했는데, 그의 글을 읽으면서 나는 **바로 그런** 그리스도인들이 참으로 많음에 공감했다. 어쩌면 당신 자신이 그런 사람일지도 모른다.

그런 사람은 여행을 가고 싶을 때 속에서 "너는 그럴 자격이 없어"라는 소리가 들려온다. 다른 상황에서는 "너는 쉬거나 영화를 보러 가거나 옷을 살 권리가 없어"라는 말로 바뀐다. 종합해 보면 그것은 "좋은 것들은 네가 누릴 몫이 아니야"라는 말이다. 하루 종일 열심히 일하고 나서 피곤해서 쉬고 싶어도 그 소리가 "너는 그냥 게으른 거야"라며 딴죽을 건다. "아니, 정말 피곤해"라고 대답하면 "아니지, 그냥 방종이지. 그래 가지고 무슨 일이 되겠어?"라고 되받는다. 그렇게 입씨름을 하다 보면 결국 그는 쉬면서도 양심에 가책을 느끼거나 아니면 억지로 계속 일을 하게 된다. 어느 경우든 아무런 유익이 없다.3

나도 그렇게 살았었다! 이 얼마나 교활한 마귀의 공격인가. 하나님의 일꾼들을 모두 지치게 만들고 우리의 전도를 무력하게 만들며 우리의 기쁨을 짓밟는 얼마나 확실한 방법인가!

사탄은 어떤 그리스도인들을 유혹할 때는 부도덕한 쾌락을 덫으로 이용한다. 그런 덫들은 잘 알려져 있으며 그것을 조심해야 한다는 설교는 매주 들을 수 있다. 하지만 또 다른 현실이 있다. 어떤 그리스도인들은 일에 자존심을 걸고 일중독으로 치닫는다. 그들은 휴식이나 오락은 **무조건 다** 나약한 모습 내지 '굴복'으로 간주한다. 하나님은 우리를 **죄 가운데 살도록 짓지도 않으셨지만 또한 쾌락 없이 살도록 짓지도 않으셨다.** 그래서 부도덕한 쾌락에 빠진 삶이나 일에 중독된 삶이나 결국은 둘 다 우리를 망쳐 놓게 되어 있다.

사탄은 아주 교활한 방식으로 우리를 죄책감에 빠뜨리는데, 그 효과는 정말 무서울 정도다. 때로 종교적인 강박관념을 들쑤시기도 하고 사회적 양심에 호소하기도 한다. "사람들이 굶어 죽는 나라도 있는데 내가 어떻게 감히 커피 한 잔에 3달러를 쓴단 말인가?" 사회적 양심은 좋고 거룩한 것이다. 게다가 어려운 사람들을 돕는 것보다 커피 값에 돈이 더 많이 들어간다면 아마 우리의 우선순위에 문제가 있을 것이다. 그 경우라면 마귀가 우리를 유혹하는 것이 아니라 성령께서 우리의 잘못을 지적하시는 것일 수 있다.

하지만 기본 원리는 이것이다. 내가 사서 고생을 한다고 해서 다른 사람의 고생이 없어지는 것은 아니며, 오히려 하나님의 마음만 더 아프시게 해드릴 수 있다. 우리가 자신을 미워하고 학대하는 것이 하나님 우리의 사랑 많으신 아버지께 무슨 낙이 되겠는가? 우리를 즐겁게 해주시려고 그분이 지으신 것을 모조리 다 부인하는 것이 그분께 어떤 영광이 되겠는가? 그렇다고 소비지상주의와 이기적이고 무분별한 소비라는 진짜 문제를 부정하는 것은 아니다. 이 문제는 10장에서 다룰 것이다. 다만 빈곤 문제의 뿌리가 그리스도인들이 더 많이 베풀지 않는 데 있다는 생각은 지나친 단순논리다. 많은 경우에 문제는 구조적이며 정부가 개입되어 있다. 따라서 그런 뿌리를 그냥 둔 채 돈만 더 많이 낸다고 해서 굶주린 사람들을 먹일 수 있는 것은 아니다.

만족은 우리를 강하게 한다

최근에 나는 아주 즐거운 하루를 보냈다. 성경을 읽고 기도하고 공부하는 풍성한 시간으로 하루가 시작되었고 오전에 글쓰기도 진도가 잘 나갔다. 아내와 친밀함을 나누었고(집에 둘만 있는 때가 꽤 오랜만이었는데, 십대 자녀가 셋이나 되다 보니 언제든 기회를 잘 포착해야 한다!), 그 뒤에는 스타벅스에서 인근의 한 목사를 만나 삶과 조깅과 신학과 교회에 관한 대화를 나누었다. 그러다 집에 와서는 아름다운 초가을 날의 조깅을 즐기러 나갔다. 아이들의 하교 시간에 맞춰 돌아오려고 늦지 않게 떠났다.

저녁때쯤 되자 내 마음에 기쁨이 흘러넘쳤다. 정신적인 자극, 일의 만족, 성적인 친밀함, 그리스도인의 풍성한 교제, 맛있는 차 한 잔, 몸의 운동, 그야말로 내가 지상에서 가장 복 받은 사람이 된 기분이었다. 마음이 그렇게 충만한 내게 죄가 무엇을 내밀 수 있겠는가? 어떤 악이라도 오히려 손해로 보였을 것이다.

아침에 하나님과 나눈 친밀한 교제는 얼빠진 텔레비전 프로그램이나 보고 있는 것보다 내게 무한히 더 큰 만족을 가져다 주었다. 아내와의 성관계는 둘의 관계를 지켜 주었고 가정의 유대감을 굳혀 주었고 자녀들의 심리적인 안정에도 도움이 되었다. 그런데 내가 왜 불륜의 섹스로 그 모든 것을 잃겠는가? 그 목사와 나눈 대화는 서로에게 감화와 유익을 주었고 하나님을 영화롭게 했다. 그렇게 격려를 주고받을 수 있는데 왜 내가 남의 험담이나 하고 싶겠는가? 또 나는 몸의 건강과 영적인 건강이 직결되어 있다고 믿기 때문에 조깅은 내 영에 양분이 되었고 여러 영적인 병을 물리치는 데도 도움이 되었다. 건강한 신체의 많은 유익을 이미 누리고 있으므로 게으른 삶은 내게 별로 매력이 없다.

물론 날마다 그렇게 영광스럽고 즐거운 절정에 이르는 것은 아니다. 악으로 시작되어 악으로 끝나는 것 같은 날도 있다. 하지만 그런 하루를 보냈더라도 나는 다음날에는 악한 어제를 뒤로 하고 다시 믿음으로 시작되고 끝나는 하루를 되찾고 싶다. 그리고 그것은 하나님의 은혜로 정말 가능한 일이다. 그분은 용서하시고 구속하시며 능력을 주신다.

쾌락의 위력을 과장할 생각은 없다. 내 안에 남아있는 죄성 때문에 결코 내게 유혹 없는 삶이란 없을 것이다. 내 연약함 때문에 이 땅에서는 도덕적으로 완전한 상태에 이를 수 없으며 그 근처에도 가지 못할 것이다.

하지만 지금부터 그런 안목을 기를 수는 있다. 하나님을 영화롭게 하는 참된 쾌락이 그것을 기르는 데 도움이 된다.

신학자 D. A. 카슨은 이렇게 경고했다. "서글픈 사실은 오물인 줄도 모르고 오물 속에서 살아가는 사람들이 많다는 것이다. 현명한 그리스도인은 세상에서 오물을 많이 보지만 그것을 오물로 알아본다. 모든 깨끗한 것이 그의 생각을 이미 사로잡았기 때문이다."4

'깨끗한' 쪽을 가꾸면 비로소 오물이 오물로 보인다! 의학 연구들을 통해서 밝혀진 것처럼, 걸핏하면 신경질을 부리며 속에 분노를 품고 살면 그것이 심장혈관계에 부담을 주고 사람들과도 멀어지게 만든다. 물질만능주의는 인생의 가장 중요한 것들을 잃게 한다. 돈밖에 모르는 사람들은 은퇴할 때 재정 상태는 든든할지 몰라도 가족들에게 소외감을 느낄 것이고 그 돈을 함께 쓸 참된 친구들도 없을 것이다. 식탐은 결국 몸에 고통을 부르고 우리를 굼뜨게 만든다. 자존심을 내세우면 솔직하거나 진실하지 못하게 되고 다른 사람들이 내게 다가오기가 어려워진다. 그래서 자존심은 우리에게서 친밀함을 앗아간다.

그리스도를 따르는 사람들도 이생에서는 죄와 유혹에 빠질 수 있다. 하지만 차이를 잘 보라. 우리는 우리를 유혹해오는 죄를 미워한다롬 7:14-25 참조. 우리는 그럴듯한 가면을 쓰고 찾아오는 유혹의 '어두운 뿌리'를 보며, 그 유혹거리가 사실은 어떻게 가짜인지를 안다.

알다시피 죄는 풍성한 삶을 심각하게 위협하고, 영적인 허물은 충만한 삶을 사악하게 공격한다. 이와 관련하여 나는 노르위치의 줄리안의 시각을 아주 좋아한다. *노르위치의 줄리안은 「하나님의 사랑의 계시」(*Revelations of Divine Love*)라는 고전을 남긴 14세기의 유명한 은자다. 은자란 어느 한 지역이나 교회에 '틀어박혀' 지낸 중세의 평신도를 말한다. 그렇게 완전히 세상과 격리된 상태에서 그녀는 참회와 기도와 순결한 마음으로 하나님을 추구했다.

그녀에 따르면 하나님이 만져주신 영혼은 죄악을 지옥보다 더 미워하게 된다. 우리는 죄의 영원한 결과 때문에 죄를 멀리하는 것이 아니라 죄에 내재된 악 자체에 눈뜨게 되고, 그래서 죄를 짓고 싶은 생각이 싹 달아난다. 그래서 줄리안은 죄의 벌에 중점을 두는 사람들은 하나님과의 우정을 놓친다고 경고했다.5 요즘의 실제적인 표현으로 바꾼다면 이런 당부가 된다. "하나님의 기쁨과 쾌락과 우정 때문에 그분 편이 되라. 그러면 죄가 주는 **가짜** 쾌락에 쉽게 속아 넘어가지 않는다." 영적인 전투의 관점에서 그녀는 우리가 넘어질 때 원수 '마귀'가 얻는 것보다 우리가 일어날 때 원수가 잃는 것이 더 많다고 지적한다.

예수님은 오셔서 좋은 삶을 약속하셨다.

그런데 왜 그리스도인들은 나쁜 삶을 거부하는 데 집중하는 것일까?

순결한 파티, 순결한 쾌락

열왕기상에는 솔로몬이 하나님의 성전을 봉헌하는 놀라운 이야기가 나온다. 그는 헤아릴 수 없이 많은 동물로 화목제를 드렸고 백성들은 그 제물을 먹었다. 빈손으로 가서 누리는 진수성찬의 파티를 생각해 보라. 모든 음식은 왕이 제공했다. 그 다음에 있었던 일을 잘 보라.

> 그 때에 솔로몬이 칠 일과 칠 일 도합 십사 일간을 우리 하나님 여호와 앞에서 절기초막절로 지켰는데 … 여덟째 날에 솔로몬이 백성을 돌려보내매 백성이 왕을 위하여 축복하고 자기 장막으로 돌아가는데 여호와께서 그의 종 다윗과 그의 백성 이스라엘에게 베푸신 모든 은혜로 말미암아 기뻐하며 마음에 즐거워하였더라 왕상 8:65~66.

보다시피 그들은 14일 동안 잔치를 벌여 축하하고 즐거워했다. 마침내 집으로 돌아갈 때는 모두들 마음이 기쁘고 즐거웠다. **14일간의 파티**라니! 단 **14분**만 즐거워해도 사람들이 죄책감을 느끼는 교회들이 많은데 말이다. 행여 잔치라도 벌어지면 "우리들은 조금 금식하고 이건 다 가난한 사람들에게 주어야 하는 것 아닌가요?"라고 말하는 근엄한 성도가 적어도 하나씩은 있다. 교회에서 재미있는 활동에 돈을 좀 쓰기로 하면 누군가 목사를 찾아가 경건하게 반문한다. "그냥 집에서 선교사들을 위해서 기도하고 그 돈은 선교사들에게 보내는 편이 낫지 않습니까?"

우리는 누구나 오고 싶은 공동체를 가꾼다는 개념을 다분히 잃어버렸다. 그런 공동체란 곧 기쁨이 사람들을 세워주고, 즐거움이 우리를 강하게 하며, 거룩한 쾌락이 양분이 되는 곳이다. 물론 우리는 가난한 사람들을 소홀히 하거나 선교의 열정을 잃어서는 안 된다. 하지만 동시에 우리는 하나님의 선하심과 신실하심을 즐거워하는 일도 결코 소홀히 해서는 안 된다. 그래야 하나님을 영화롭게 하고, 우리 자녀들의 신앙을 다져주고, 우리 자신의 전도에 실속을 기할 수 있다.

순결한 쾌락은 전도에도 필요하다

이 나라의 모든 교회는 교회를 떠나는 젊은 층의 비율을 보며 경각심을 가져야 한다. 그 비율을 75퍼센트로 보는 사람들도 있다. 교회에서 자란 아이들이 왜 20대가 되면 교회를 떠나는지 많은 전문가들이 그 이유를 알아내려 하고 있다. 여기 한 가지 단서가 있다. 십대 아이들이 교회 밖에만 즐거움이 있다고 생각한다면 왜 굳이 교회에 남아 있고 싶겠는가? 하나님을 섬기는 건물 안에 들어설 때마다 **자신들의 결점과 무책임과 의무에 대한 말밖에 들리지 않는다면** 그들이 왜 다시 교회로 오고 싶겠는가?

그렇다고 교회가 젊은 층의 죄를 지적하지 말아야 한다는 말은 아니다. 당연히 우리는 이기심과 냉담함을 비롯한 그들의 죄들을 지적하고 제동을 걸어야 한다. 하지만 **파멸의 길로 가지 말라고 경고만 할 것이 아니라 좋은 삶에 대해서도 그 못지않게 충분히 말해 주자**. 참된 만족을 주는 샘에서 물을 마시도록 그들을 초대하자. 나아가 순종하는 그리스도인의 영광과 행복을 그들의 눈으로 직접 보도록 우리의 삶으로 본을 보이자.

세 자녀의 아버지이자 그리스도인으로서 나는 하나님이 나를 그분 안에서 만족하는 삶으로 부르셨다고 믿는다. 내가 그리스도 안에서 얼마나 감사하고 기쁘고 만족한 사람인지를 내 삶을 통해 자녀들이 볼 수 있어야 한다. 내가 하나님과 동행하는 것은 그분이 참 창조주시며 진짜 주님이시기 때문이다. 하지만 내가 그리스도와 동행하는 것은 그리스도와 함께하는 삶이 아름다운 삶이요 내가 아는 가장 복된 여정이기 때문이기도 하다. 내 자녀들은 우리가 하나님의 일에 헌금을 드리는 것을 알고 있고, 사역의 스트레스가 가정에 미치는 영향도 보고 있고, 그리스도를 섬기는 데 따르는 희생도 겪고 있다. 하지만 그것보다도 무엇보다도 그들은 기쁨으로 충만한 아빠와 엄마의 마음을 보고 있다. 하나님과 교제하며 그분의 말씀과 뜻에 순종하는 삶보다 더 나은 삶을 상상할 수 없기에 우리의 마음은 기쁨으로 충만하다.

일부 '유명한' 그리스도인들이 참 쾌락을 버리고 부정한 정욕에 사로잡히다 보니 이 세상은 그리스도인들을 딱한 존재로 보는 경향이 있다. 참된 욕망을 부인하고 위선적인 삶을 사는 사람들, 겉으로는 어떤 일을 나쁘다고 비난하면서 뒤로는 남몰래 그 일에 탐닉하는 사람들 때문에 말이다. 순결하고 거룩한 쾌락의 중요성을 무시하면 종국에는 이렇게 우리의 전도가 막힌다. 흔히 우리는 사람들에게 말로 믿음을 전하려 한다. 그러나 이제부터는 또한 영혼에 참 만족을 얻은 우리의 삶을 통하여 그들을 믿음으로 초대하도록 하자.

하지만 순결한 쾌락을 수용해야 하는 이유는 그것 말고도 더 있다. 우리의 삶에 만족을 가져다 주고 유혹을 물리칠 힘을 얻게 하는 것보다 더 좋은 이유인데, 바로 **우리가 즐거우면 하나님도 즐거우시다**는 사실이다. 다음 장에서 그것을 살펴보기로 하자.

★ 생각해 보기

1. 그리스도인이 되면 우리가 즐거워하는 대상이 어떻게 달라지는가?

2. 당신이 '터부시하며' 자란 즐거움은 무엇인가? 성경에 기초하지 않은 자의적인 규율을 우리는 어떤 경위로 재평가하게 되는가?

3. 그리스도인들은 열왕기상 8장처럼 거룩한 즐거움을 담은 본문들에 대해서는 침묵하면서 자기부인과 금령에 대한 성경말씀에만 치중하는 경향이 있다. 왜 그렇다고 보는가?

4. 그리스도인으로서 이 세상을 즐거워하고 누리는 것이 어떻게 우리를 더 강하게 만드는가?

4. 우리가 즐거우면 하나님도 즐거우시다

그의 종의 평안함을 기뻐하시는 여호와는 위대하시다.
시편 35:27

하나님은 우리가 구원을 그분과 함께 참으로 즐거워하기를 원하시고 그리하여 거기서 큰 힘과 위로를 얻기를 원하신다. 이처럼 하나님은 우리 영혼이 그분의 은혜로 말미암아 기쁨으로 충만하고 행복하기를 원하신다. 그만큼 우리를 기뻐하시기 때문이다. 하나님은 영원히 우리를 즐거워하시며 우리도 은혜로 말미암아 그분을 영원히 즐거워할 것이다.
노르위치의 줄리안

자녀의 기쁨은 부모의 기쁨

캐런 킹스베리, 앤젤라 헌트, … 아, 그리고 멜로디 칼슨도 빼 놓으면 안 되지!

이 작가들의 책을 읽어보지는 않았지만 그들의 이름은 안다. 한 번은 어느 도서전에 갔다가 기독교 소설을 스무 권쯤 들고 온 적도 있다. 그 책들을 받아든 큰딸의 얼굴에 번질 미소를 어서 빨리 보고 싶었다. 그중에 내가 읽으려고 구한 것은 한 권도 없었다. 부모들은 다 공감하겠지만, 자녀가 뭔가를 참으로 즐거워하는 모습을 보는 것보다 그 부모를 기쁘게 하는 것은 없다. 우리 딸 앨리슨은 내가 새 런닝화에 군침을 흘리듯이 그런 소설들을 탐독하던 때가 있었다.

그런 딸아이의 손에 나는 어서 책을 쥐어주고 싶었다.

젊은 엄마가 아기와 함께 노는 모습을 보라. 대부분의 엄마들은 아기가 처음으로 웃으면 그야말로 넋을 잃는다. 자신도 주체할 수가 없다. 아기에게서 한 번이라도 더 까르륵 웃는 소리를 들어 보고자 시간 가는 줄도 모른다. 아이가 웃음을 배우는 소리가 그야말로 엄마의 혼을 빼놓기 때문이다. 이런 게 바로 삶이다.

이것은 우리 모두의 하늘 아버지를 닮은 모습일 뿐이다. 우리의 온전하신 참 아버지이신 하나님은 우리를 기뻐하신다. 이사야서는 "이는 여호와께서 너를 기뻐하실 것이며 … 신랑이 신부를 기뻐함 같이 네 하나님이 너를 기뻐하시리라"사 62:4-5고 했다.

우리를 기쁘게 하시는 하나님

시편에 선포된 하나님은 마음씨가 후하신 분이며 피조물들에게 이것저것을 주어 기쁘게 해주시기를 좋아하시는 분이다.

> 그가 가축을 위한 풀과
>
> 사람을 위한 채소를 자라게 하시며
>
> 땅에서 먹을 것이 나게 하셔서
>
> 사람의 마음을 기쁘게 하는 포도주와
>
> 사람의 얼굴을 윤택하게 하는 기름과
>
> 사람의 마음을 힘있게 하는 양식을 주셨도다 …
>
> 주께서 주신즉
>
> 그들이 받으며
>
> 주께서 손을 펴신즉
>
> 그들이 좋은 것으로 만족하다가 시 104:14-15, 28.

하나님과 친밀했던 사람들은 이 진리를 누구보다도 뜨겁게 받아들였다. 다윗 왕은 비록 많은 고난을 겪었지만 하나님이 늘 자신을 잘되게 해주시려는 분이라는 생각만은 잃지 않았다. "**그의 종의 평안함을 기뻐하시는** 여호와는 위대하시다" 시 35:27. 다음과 같은 아주 감동적인 증언도 그의 입에서 나왔다. "나를 또 넓은 곳으로 인도하시고 **나를 기뻐하시므로** 구원하셨도다" 삼하 22:20.

하나님은 이스라엘에게 순종을 명하실 때 기쁨도 함께 약속하신다. "만군의 여호와가 이르노라 … 내게로 돌아오라 그리하면 나도 너희에게로 돌아가리라 … 너희 땅이 아름다워지므로 모든 이방인들이 너희를 복되다 하리라 만군의 여호와의 말이니라"말 3:7, 12.

성경의 메시지는 분명하다. "여호와는 자기를 경외하는 자들과 그의 인자하심을 바라는 자들을 기뻐하시는도다"시 147:11. 우리가 하나님과 그분이 창조하신 것들을 그분이 본래 의도하신 방식대로 즐거워하면 그것이 그분을 기쁘시게 한다. 그런 자세는 예배로 이어지며 우리에게 영적인 활력을 더해준다. "좋은 것으로 네 소원을 만족하게 하사 네 청춘을 독수리 같이 새롭게 하시는도다"시 103:5.

노르위치의 줄리안은 한때 자신의 영혼에 고통을 더해 달라고 하나님께 간절히 기도하던 사람이다. 그런 유명한 금욕주의자들도 우리의 즐거움이 하나님께 얼마나 기쁨이 되는지를 잘 알았다. 줄리안은 예수님이 자신에게 "내 고난을 위해서는 너에게 더 바랄 것이 없다. 오히려 내가 너에게 기쁨을 주겠다"고 말씀하셨다고 믿었다. 그 뒤로 그녀의 말은 이렇게 이어진다.

> 기쁘게 주는 사람은 자기가 주는 선물에 별로 신경 쓰지 않는다. 그의 소원과 의도는 온통 받는 사람에게 기쁨과 위안을 주는 데 있다. 받는 사람이 선물을 귀히 여기며 고맙게 받으면 후히 준 사람은 자신이 치러야 했던 값이나 고생쯤은 아무것도 아니라고 생각한다. 사랑하는 사람에게 기쁨과 위안을 주었다는 그 기쁨과 즐거움 때문이다.[1]

그것이 사실이라면(나는 그렇다고 믿는다) 의무와 훈련만 말하는 복음은 하나님에게서 기쁨을 앗아간다. 예수께서 십자가에서 그토록 값비싼 대가를 치르신 데는 우리에게 웃음을 주시려는 뜻도 있었다. 즉 세상의 노예가 되지 않고 오히려 세상을 누리도록 그분이 우리를 해방시켜주신 것이다. 그러므로 만일 우리가 그분이 십자가에서 이루신 일이 마치 어딘가 부족한 제물이었던 냥 행동한다면 그것은 그분께 기쁨이 되지 못한다. *이것은 예수께서 죽으신 **근본적인** 목적이 우리가 당해야 할 진노를 대신 당하시고(개혁신학에서 강조하는 부분) 사탄과 죽음의 세력을 멸하시기 위한 것(동방정교회의 가르침에서 강조하는 부분)임을 부인하는 말이 아니다. 분명히 지금 여기서 말하는 것은 십자가의 핵심 목적이 아니라 십자가의 '부대 유익'이다.

그분은 우리에게 삶을 주시려고 죽으셨다. 그 삶을 거부하면 우리는 그 희생적인 죽음의 유익들을 거부하는 것이다. 이것은 그분을 영화롭게 하지 못하고 오히려 슬프시게 한다. 종교는 하늘 아버지를 기쁘시게 해드리는 일보다 내 자존심에서 나온 금욕과 나 자신을 높이려는 경건을 더 중시하라고 유혹한다. 하지만 하늘 아버지는 우리가 즐거울 때 기뻐하시는 분이다. 우리의 즐거움은 그분이 상상을 초월하는 비싼 대가를 치르고 사주신 것이다. 그래서 "**나를 기뻐하시므로** 구원하셨도다"라는 다윗의 증언에 우리도 한 목소리로 화답한다.

하나님이 기뻐하시는 일

한 번은 내가 맥도널드에 들어갔는데 열 살 된 여자아이들 여덟 명이 생일 파티를 하는 모습이 보였다. 얼굴마다 환한 미소를 짓고 있었고, 꾸밈없이 순수한 행복이 그 모임을 따뜻이 감싸고 있었다.

마치 전구에 불이 번쩍 들어오듯이 나는 그 장면 속에서 하나님이 느끼시는 쾌락과 즐거움을 보았다. 그 소녀들이 행복해서 하나님도 행복하셨다. 그들의 즐거움과 기쁨은 물론 약간 호들갑스러운 모습까지도 하나님을 무척 기쁘시게 했다.

당신은 그런 생각을 해 본 적이 있는가? 당신이 즐겁게 지내는 것이 하나님께 큰 기쁨이 될 수 있다는 생각 말이다.

당신이 부모라면 그런 생각이 어렵지 않을 것이다. 휴가를 가서 아이들이 웃고 떠들며 노는 모습을 지켜본다고 생각해 보라. 크리스마스 날 아침에 선물을 뜯고 있는 어린 자녀들을 떠올려 보라. 당신에게 그보다 더 행복한 일이 있을까? 그런 순간들이 단조로운 일상 속에 들어와 우리에게 천국의 맛을 보여 주지 않는가?

그것은 바로 우리 안에 하나님의 형상이 있기 때문이다. 그래서 자녀들이 기뻐하면 우리도 기쁜 것이다.

우리는 하나님의 자녀이며 예수님은 우리에게 어린아이처럼 되라고 하셨다. 하나님의 자녀에게는 특유의 태도와 즐거움이 있고, 자신을 향한 하나님의 선하심과 애정을 신뢰하는 마음이 있다. 아이들은 본래 놀기를 좋아한다. 아이들에게 공장에서 강제노역을 시킨다든가 뙤약볕 아래서 하루 종일 노동하게 만든다는 것은 생각만 해도 소름이 끼친다. 그래서 우리는 법으로 그것을 금하고 있다. 물론 우리는 하나님의 자녀일 뿐만 아니라 그분의 종이기도 하며, 그분은 우리를 희생적이고 성숙한 섬김으로도 부르신다. 하지만 그렇다 해도 우리는 결코 그분의 자녀 **이하는 아니다**. 건강한 아이들은 본래 잘 노는 법이다.

이제 아이를 일부 청소년이나 어른들과 비교해 보라. 청소년이나 어른들 중에는 때로 창피하거나 멋없어 보일까 봐 놀기를 주저하는 사람들이 있다. 이는 자존심의 제단에 자신의 즐거움을 제물로 바치는 것이다.

거침없는 거룩한 기쁨은 어린아이처럼 **겸손하게** 노는 중에 터져 나온다.

당신의 신앙에서 나오는 태도와 자세는 어떻게 하나님을 영화롭게 하거나 또는 욕되게 하는가? 당신이 삶을 살아가는 방식은 당신을 지켜보시는 하나님께 웃음을 드리고 기뻐서 손뼉을 치시게 해드리는 예배의 행위인가? 아니면 하나님이 고개를 저으시며 이렇게 혼잣말을 하셔야 하는가? "저 아이가 정말 밝아졌으면 좋겠단 말이야. 저래서는 내 나라의 좋은 본보기라 할 수 없지."

교회는 침울한 의무의 신앙, 기쁨이 결여된 신앙을 가르칠 때가 있다. 강단에서 쾌락을 무슨 영적인 한센병처럼 취급할 때가 있다. 믿음의 사람들이 섹스, 유머, 재미 등 쾌락이라면 무조건 반대하는 것처럼 말할 때가 있다. 그럴 때 우리는 성경이 철두철미하게 거부하는 잘못된 신앙을 조장할 우려가 있다.

나는 아내와 성적인 친밀함을 즐기고 싶다. 우리가 서로의 몸_{하나님이 지으시고 설계하신 몸}을 소중히 여길 때 하나님의 얼굴에 미소가 번지기 때문이다. 나는 걸음을 멈추고 석양을 즐기며 내 영혼을 넓히고 싶다. 그것이 하나님의 작품에 찬사를 보내는 일이기 때문이다. 나는 잘 쓴 소설을 즐기고 싶다. 명작을 탐독하는 일은 하나님이 주신 영감과 재능과 지혜를 인정하는 일이기 때문이다. 나는 훌륭한 식사를 유혹으로 보기보다 그것을 인하여 하나님께 감사하고 싶다. 내가 우리 딸에게 비싼 선물을 주었는데 딸이 대뜸 "아빠, 이럴 형편이 되세요?"라든가 "저는 이걸 받을 자격이 없으니 도로 가져가세요"라고 말한다면 정말 싫을 것 같기 때문이다.

우리가 의무감으로만 살면 그것은 하늘 아버지에게서 큰 기쁨을 앗아가는 일이다. 내가 이 책을 쓴 것도 그리스도인들에게 쾌락을 수용하도록 권면하기 위해서만이 아니다. 그것은 이차적인 목표다. 이 책을 쓴 일차적인 목표는 바로 하나님을 기쁘시게 해드리고 싶어서다. 즉 그분의 자녀들이 **하나님이 허락하시는** 쾌락을 수용하고 즐거워하도록 돕는 것이 하나님을 기쁘시게 하는 일이기 때문이다.

이렇게 우리의 쾌락을 하나님과 연결시키면 그것이 우리의 영혼을 세워주고 신앙을 강하게 해준다. 쾌락을 하나님을 예배하는 정당하고 복된 길로 보기만 해도 그렇게 된다. 반면 쾌락이 하나님과 분리되어 있으면 그 쾌락은 고통과 불행을 낳는다. 우리의 쾌락을 하나님을 기쁘시게 하는 길로 볼 때 우리가 즐거워하는 대상이 서서히 바뀐다.

살리는 쾌락, 죽이는 쾌락

'샌드라'는 늘 남편에게 무시당하는 심정이다. 세 자녀를 기르려고 보수가 좋은 직장을 포기하고 전업주부가 된 것을 그녀는 남몰래 후회하곤 했다. 아이들은 도무지 만족을 모르는 듯 늘 뭔가를 **더 원하고**, 남편은 자기가 무슨 왕이라도 되는 줄 안다!

샌드라는 자신의 언니와 함께 포도주 한 잔을 즐기며 그런 삶을 하소연하던 이야기를 내게 풀어 놓았다. 한 잔 한 잔 하면서 마음을 털어놓은 대화는 아픈 마음에 기름을 끼얹었고, 그래서 희미한 짜증의 불씨가 격한 고통으로 활활 타올랐다. 결국은 술에 자신을 맡기고 인생에 대한 넋두리로 술자리가 끝났음을 고백했다.

영혼을 세우고 하나님을 인정하는 쾌락은 하늘 아버지를 기쁘고 즐겁게 해드리지만, 쾌락으로 고통을 달래려는 성향은 오히려 그분을 슬프시게 한다. 하나님은 우리가 괴로울 때 **그분께** 오기를 원하신다. 쾌락이 하나님의 통치를 벗어나면 그것은 덫이 되어 우리를 파멸로 이끈다. "연락宴樂을 좋아하는 자는 가난하게 되고"잠 21:17. 디모데후서 3장 4절에서 바울은 "쾌락을 사랑하기를 하나님 사랑하는 것보다 더"해서는 안 된다고 경고한다. 이는 쾌락을 일차적인 목표로 추구하는 사람들에게 제동을 거는 말씀이다. 본래 쾌락은 하나님이 **그분을 추구하라**고 주신 길이며, 쾌락 자체는 우리가 그리스도의 목적과 목표에 복종하여 살 때 따라오는 부산물이다.

쾌락이 하나님의 통치를 벗어나면 위험해진다. 프랭크 시나트라는 "무엇이든 이 한 밤을 견디게만 해준다면 기도든 진통제든 위스키든 다 좋다"고 말한 것으로 유명하다. 존 레논도 그 정서를 이어받아 "이 한 밤을 견디게만 해준다면 뭐든지 괜찮다"고 노래했다.[2]

아니, 괜찮지 **못하다**. 어떤 쾌락은 삶을 긍정하고 다시 세우고 소생시키고 강화시켜 준다. 그런 쾌락은 하나님을 영화롭게 하고 기쁘시게 한다. 하지만 어떤 쾌락은 삶을 파괴하여 우리에게 해를 입히고 하나님을 슬프시게 한다. 우리가 가장 취약해지는 때는 마음이 절박할 때다. 바로 그때 우리는 각별히 조심해서 어떤 쾌락을 선택해야 한다. 이 한 밤을 견디는 것만이 관건이 아니다. 더 중요한 것은 우리가 **삶을 통하여 성장하고** 그리하여 **영원을 향하여** 나아가는 것이다.

안락을 주는 것들을 '이 한 밤을 견디는' 수단으로 오용한다면, 머잖아 당신은 그 똑같은 쾌락으로 '힘든 한 주간을 견디려' 할 것이고 결국은 쾌락을 버팀목 삼아 '힘든 한 해'를 헤쳐 나가려 할 것이다. 그러다 어느 날 문득 깨어나 보면, 쾌락이 오히려 당신의 고통이 되어 있고 중독의 원인이 되어 있을 것이다.

바울은 고린도후서 5장 9절에서 "그런즉 우리는 … 주를 기쁘시게 하는 자가 되기를 힘쓰노라"고 했다. 그것이 우리의 동기가 되어야 한다. 쾌락이라는 부분에서는 특히 더하다. 나의 쾌락이 하나님을 기쁘시게 하지 못한다면 결국 나는 내 쾌락을 바꾸든지 내 신神을 바꾸든지 둘 중 하나를 해야만 한다. 영혼은 두 주인을 섬길 수 없기 때문이다.

나는 그리스도인들이 쾌락과 하나님을 서로 적으로 보기보다는 그 둘을 서로 **연결시켰으면** 좋겠다. 다행히 안락과 즐거움을 주는 것들을 오용하지 않도록 미연에 방지하는 최선의 길이 있다. 그것들을 하나님에게서 받으면 된다. 아울러 기억해야 할 것은 쾌락을 하나님과 분리시키면 하나님이 본래 신앙의 동지로 설계하신 그 쾌락이 교활한 원수로 변한다는 사실이다.

　잠언은 쾌락을 두 가지 관점에서 보여 준다. 쾌락은 우리를 파멸로 이끄는 덫이 될 수도 있고잠 21:17, 14:13, 하나님이 복과 은총으로 주시는 **선물**일 수도 있다잠 10:28. 어떤 번역본을 사용하느냐에 따라 혼동이 올 수도 있지만, NIV의 경우 똑같은 히브리어 단어 'simhâ'를 그것이 부정적인 의미로 쓰였을 때는 '쾌락' pleasure 으로 번역했고잠 21:17, 개역개정 "연락" 긍정적인 의미로 쓰였을 때는 '기쁨' joy 으로 번역했다잠 10:28, 개역개정 "즐거움". 그렇다면 잠언 10장 28절을 이렇게 번역할 수도 있다. "의인의 소망은 쾌락을 이루어도."

긍휼에 찬 애정

　우리가 쾌락을 잘못 선택할 때도 하나님은 **아버지로서** 슬퍼하신다. 이것은 중요한 진리다. 나도 아버지가 된 뒤로 하늘 아버지의 긍휼에 찬 애정을 더 잘 이해하게 되었다. 십자가 덕분에우리의 왕이신 하나님께서 사탄과 죽음을 멸하시고 그분의 진노를 우리 대신 예수님께 쏟으셨기 때문에 이제 구속받은 자녀를 향한 하나님의 생각은 모두가 그분의 애정과 자비에서 흘러나온다. "만일 하나님이 우리를 위하시면 누가 우리를 대적하리요"롬 8:31. 구속받은 우리에게 이보다 더 위로가 되는 말씀이 있을까? 주님은 우리를 **위하신다**. "그러므로 이제 그리스도 예수 안에 있는 자에게는 **결코 정죄함이 없나니**"롬 8:1.

　이렇듯 우리가 쾌락을 삶의 고통과 쓰라린 실망을 피하는 수단으로 오용할 때도 하나님은 여전히 우리를 애정으로 보신다. 그분은 우리의 아버지시며 우리는 그분이 지극히 사랑하시는 자녀들이기 때문이다. 그분은 우리의 영적인 두려움을 아신다. 그분이 보시기에 우리는 숲속에서 길을 잃은 나그네들이다. 생각이 흐리멍덩한 우리는 미친 듯이 숲속으로 더 깊이 들어가 길을 잃고 만다. 그분은 우리의 이런 곤경을 보시고 슬퍼하시며, 우리가 계속 사태를 악화시키는 것을 가슴 아파하신다.

하지만 이때에도 하나님은 쾌락을 정죄하지 않으신다. 쾌락이 **오용되는** 것을 슬퍼하실 뿐이다. 물론 그분은 우리를 부드럽게 징계하실 때도 있다히 12:5-11. 또 어떤 때는 우리에게 정당한 쾌락을 자제하라고 하신다. 우리가 쾌락을 제대로 다룰 수 없음을 아시기 때문이다.

하나님이 뭔가를 금하시는 것은 **언제나 사랑과 관심의 행위다.** 그분은 결코 나쁜 뜻으로 자녀들을 놀리시거나 괜히 약 올리려고 좋은 선물을 거두시지 않는다. 하나님이 쾌락을 막으실 때는 오직 뜨겁게 끓어오르는 애정과 긍휼 때문에 그리하신다. 그래서 때가 되어 우리에게 그 쾌락을 다시 허락하실 때면 하나님은 기뻐 웃으신다.

우리 중에는 하나님이 우리의 쾌락을 거두시고 금하시며 장난을 치신다고 생각하는 사람들이 있다. 그것은 하나님을 욕되게 하는 일이다. **그분은 우리의 아버지시다.** 그분은 우리를 사랑하시며, 우리가 그분이 만드신 것들을 누릴 때 그것을 보고 기뻐하신다. 그래서 우리는 두 팔을 활짝 벌리고 쾌락을 수용할 수 있다. 설사 우리가 쾌락을 오용하여 하나님이 우리에게 자제를 명하실 때도 그분의 행위는 아버지로서 변함없는 사랑과 관심에서 비롯된 것이다.

아낌없이 주시는 선물

아들 그레이엄이 네 살 때 어머니날 선물을 직접 고르겠다고 한 적이 있다. 아빠가 고른 선물에 끼적끼적 자기 흔적을 남기는 것만으로는 양이 차지 않았던 것이다. 그래서 선물까지 자기가 직접 정하기로 했다.

아들이 고른 것은 세상에서 가장 볼품없는 돼지저금통이었다. 아내가 평소에 그런 분홍색 괴물을 보았다면 아마 한바탕 웃어젖혔을 것이다. 아내는 집안만 어지럽히는 허접한 물건들을 못 봐주는 성미다. 그런 아내가 선물을 뜯더니 정말 기쁨의 눈물을 흘렸다. 그것이 그레이엄이 준 선물임을 알았던 것이다. 아들의 마음 씀씀이와 수고에 감동한 나머지 허접함조차 아내의 눈에 거슬리지 않았던 것이다. 그것을 안방의 탁자 위에 올려놓기까지 했다. 엄마의 눈물을 본 그레이엄은 좋아서 함박웃음을 지었다. 자기가 준 선물을 받고 엄마가 기쁨의 눈물까지 흘렸으니 그보다 더 큰 행복은 없었다.

하나님도 선물로 우리를 즐겁게 하실 때 우리가 기쁨과 감사에 겨워 눈물 흘리는 모습을 보고 싶으실 것이다. 그분은 많은 선물을 주시는 분이다. **당신이 이 세상과 자신의 삶을 사랑이 많으신 창조주의 선물로 본다면**그리스도인이라면 누구나 마땅히 그래야 한다 **그 선물을 존중하는 의미에서 마음껏 누리라.** 하나님은 우리에게 미각 기관, 신경 세포, 웃는 능력, 창의력, 경이를 아는 눈, 사고력, 냄새 맡는 코, 감촉을 느끼는 손을 주셨다. 이런 좋은 선물들을 누리는 정도만큼 우리도 그분께 기쁨을 돌려드리는 것이다. 그분의 선물 하나에라도 깊이 감동할 때 내 아내가 아들의 선물에 감동한 것처럼 우리는 그 선물을 주신 하나님의 얼굴에 미소를 돌려드리는 것이다.

하나님이 인간에게 하신 말씀 가운데 성경에 맨 처음 기록된 것은 선물을 발표하시는 말씀이다.

"생육하고 번성하여 땅에 충만하라 땅을 정복하라 … 모든 생물을 다스리라 … 내가 온 지면의 씨 맺는 모든 채소와 씨 가진 열매 맺는 모든 나무를 **너희에게 주노니** 너희의 먹을거리가 되리라" 창 1:28~29.

하나님은 우리가 삶이라는 선물을 어쩌면 난생 처음 정말로 뜯어 그것을 음미하기를 기다리고 계시지 않을까? 우리가 바쁘게 하나님을 섬기려 애쓰는 동안 오히려 그분은 자신이 만드신 세상을 우리가 향유하기를 기다리고 계시지 않을까?

쾌락에 하나님의 색깔을 입힌다

쾌락의 근원을 하나님께 두면 우리가 즐거워하는 대상만 달라지는 것이 아니라 결국 우리는 세상 사람들의 눈에 희생처럼 보이는 것까지도 **즐길** 수 있게 된다. 미국의 영부인 중 하나인 애비게일 애덤스는 남편 존이 식민지와 신생 미국의 대사로 해외에 나가 있는 동안 남편과의 오랜 별거를 견뎌야 했다. 한 번은 누군가 애비게일에게 남편의 출타가 그렇게 길어질 줄 처음부터 알았더라도 남편을 떠나보냈겠느냐고 물었다. 그러자 그녀는 "모두의 유익을 위하여 내 이기적인 욕심을 희생할 수 있어 오히려 기쁩니다"라고 대답했다.3

하나님을 기쁘시게 할 목적으로 쾌락을 수용하기로 마음먹었다면, 이제 무엇이 내게 쾌락을 주는지를 보면 결국 자신의 영적인 성숙도와 하나님과의 관계의 깊이를 알 수 있다. 제대로 빚어지지 않은 영혼에게는 당장의 쾌감이 쾌락을 얻는 가장 빠르고 확실한 길이다. 그러나 하나님의 자녀에게 쾌락이란 순종의 길을 갈 때 저절로 다다르는 지점이다. 쾌락은 감정이라기보다 오히려 어떤 과정의 결과물인 것이다. 그래서 우리에게는 희생도 재미있는 일 못지않게 큰 즐거움이 될 수 있다.

이 여정을 장기간 가다 보면 점차 우리의 마음이 빚어져 쾌락의 '더 깊은' 측면을 구하게 된다. 한때 우리를 사로잡던 피상적이고 외면적인 쾌락은 더 이상 매력이 없다. 예를 들어 다음의 각 경우에서 당신은 둘 중 어느 쪽이 하나님을 더 영화롭게 하리라 생각하는가?

- "나는 좋은 차를 가지고 있다." 또는 "나는 운전을 즐긴다."
- "내가 소장하고 있는 책들을 보라." 또는 "이 책이 최근에 나에게 어떤 도전을 주었는지 나누고 싶다."
- "우리 아이가 어느 대학에 갔는지 알아?" 또는 "나는 자녀들과 함께 보내는 시간이 참 좋다."
- "나는 중요한 직장에 다닌다." 또는 "나는 일이 즐겁다."

- "나는 좋은 동네에서 아주 비싼 집에 살고 있다." 또는 "나는 느긋하게 집에서 안락의자에 앉아 있는(또는 정원에 나가 있는) 시간이 즐겁다."
- "내 아내가 얼마나 매력과 지위와 실력과 기타 등등을 갖춘 사람인지 보라." 또는 "나는 아내를 친밀하게 알고 있고 아내와 함께 있는 시간을 즐긴다."

하나님과의 관계라는 결정적인 요소가 우리의 쾌락에 '거룩한 열정'이라는 색깔을 입혀준다. 그래서 우리는 돈보다 사람을, 야망보다 친밀함을, 이기심보다 섬김을 더 중시하게 된다. 하나님이 우리를 즐겁게 해주시려고 지어내신 것들을 우리는 그분이 주시는 자유를 가지고 만끽하게 된다. 그렇게 성숙이 깊어지면서 결국 우리도 하나님의 속성과 뜻에 어긋나는 것들이 지독히 싫어진다.

우리는 쾌락을 두려워할 필요가 없다. 오히려 우리가 두려워해야 할 것은 **하나님과 멀어지는 것**이다. 하나님과 멀어지면 쾌락을 느끼는 감각이 변질되고 쾌락의 욕구가 아주 위험해지기 때문이다.

지금까지 말한 내용을 정리해 보면 이렇다. 우선 나는 성경이 그렇게 명령하기 때문에 쾌락을 수용한다. 하지만 나의 궁극적인 목표는 결코 당장의 쾌락이나 행복감이 아니다. 그 무엇보다 나는 하나님을 영화롭게 하기를 원한다. 창조 질서에 내재된 쾌락을 하나님을 영화롭게 하는 길로 수용하면, 나는 쾌락이 최고의 목표가 아님을 기억하면서 쾌락의 더 좋은 청지기가 된다. 아버지로서 나는 내 자녀들이 웃고 즐거워하는 모습을 보면 기쁘다. 하지만 내 자녀들이 이기심을 버리고 아주 용감하게 행동하는 것을 보면 그들이 더 자랑스러워진다.

최근에 우리 부부가 그런 자랑스러움을 느낀 적이 있다. 뜻밖에도 막내딸 켈시와 함께 저녁을 먹으러 나갔을 때였다. 켈시는 요즘 막 열여섯 살이 되었지만 막내이다 보니 항상 '우리 아기'라는 꼬리표가 따라붙는다. 켈시는 아주 외향적인 성격이라 늘 우리에게 엄청난 재미를 선사해 준다. 몇 년째 어느 한 가정이 자기네 휴가 때마다 켈시도 데려가게 해 달라고 우리에게 부탁했을 정도다. 그들의 말에 따르면 '모든 즐거움은 켈시한테서 오기' 때문이다. 막내라는 것 말고도 켈시는 체구가 작다. 저번에는 나와 함께 옷을 사러 갔는데 제일 작은 사이즈의 반바지도 **너무 커서** 속상해 했을 정도다.

그런 막내딸이 아가씨가 되어가면서 많은 남학생들의 주목을 끌기 시작했다. 켈시는 크로스컨트리 육상을 하기 때문에 건강미가 넘친다. 게다가 성격이 좋아서 늘 주변에 사람들이 많고 또 하나님을 사랑한다. 그러니 사내아이들이 켈시와 함께 있는 것을 좋아할 만도 하다.

나는 그날의 저녁식사 시간을 위하여 속으로 기도했다. 아이의 인생에 찾아온 이 새로운 시기에 대해서 바른 어조로 대화할 수 있는 지혜를 달라고 하나님께 기도했다. 그런데 왠지 하나님이 딸부터 말하게 하라고 인도하시는 것 같아서 그렇게 했다. 딸은 공책을 한 권 꺼냈는데 그 안에 이성 교제에 대한 그 아이의 철학이 적혀 있었다. 딸은 먼저 많은 친구들이 범하고 있는 어리석음을 지혜롭게 지적한 뒤, 자기는 절대로 그럴 마음이 없다고 역설했다. 육체의 접촉은 상대방을 알아가는 데 도움이 되지 않으며, 따라서 자기는 약혼하기 전에는 절대로 남자와 키스하지 않겠다고 했다. 나아가 결혼의 주된 목표란 내 즐거움을 찾는 것이 아니라 하나님께 영광을 돌리는 것이라는 믿음을 선포했다. 그러면서 앞으로 자신의 모든 관계를 그 원리에 맞추어 해나갈 거라고 했다.

아내를 힐끗 보니 뿌듯해 하는 기색이 역력했다. 나는 딸에게 이렇게 말해 주었다. "열여섯 살 아이와 이렇게 멋진 대화를 나누기는 **내 평생에 처음이구나.**"

우리 부부가 켈시의 성숙한 성품을 보며 느낀 기쁨은 켈시가 재미있게 웃는 모습을 볼 때 느끼는 기쁨과는 차원이 달랐다. 우리의 하늘 아버지께서도 똑같으실 것이다. 그분은 우리가 웃으며 놀 때도 물론 기뻐하시지만 우리가 순종할 때 굉장히 기뻐하신다.

우리 큰딸 앨리슨이 아버지를 사별한 어느 가정을 위하여 여러 달째 기도하고 있었다는 사실을 알았을 때 나는 딸의 그런 신실한 모습을 보며 얼마나 기뻤는지 모른다. 유가족들이 날마다 그 상실감을 안고 살아가야 함을 부끄럽게도 나를 비롯하여 아주 많은 사람들이 잊어버리고 그냥 넘어갔지만, 마음이 더 민감한 우리 딸은 계속 그들을 위하여 기도하고 있었던 것이다. 내 무심한 마음이 부끄러웠고 아이의 신실한 모습이 가슴을 뭉클하게 했다. 딸아이의 순종은 나에게 엄청난 기쁨을 가져다 주었다.

우리의 죄가 얼마나 하나님을 노엽고 아프시게 해드리는지를 통감하며 사는 사람들은 많다. 하지만 이제 우리의 순종이 그분을 얼마나 기쁘시게 해드리는지도 잊지 말자. 하나님 아버지께서는 예수님을 가리켜 "이는 내 사랑하는 아들이요 내 기뻐하는 자라"마 3:17고 말씀하셨다. 하나님이 무엇을 원하시는지를 알면 삶이 놀랍도록 단순해진다. 아침에 눈뜨면 우리는 하나님께 이렇게 여쭈어 볼 수 있다.

"**오늘 제게 주실 쾌락은 무엇인가요?** 하나님이 주신 그 기쁨을 감사한 마음으로 즐기며, 본래 하나님이 설계하신 대로 그 쾌락을 수용할 수 있도록 도와주세요."

우리의 삶이 하나님의 즐거움을 중심으로 돌아가게 되면, 그분을 기쁘시게 해드리는 일이야말로 우리의 가장 큰 쾌락이 된다.

물론 쾌락을 정당화하고 예찬하느라 희생과 순종을 도외시할 필요는 없다. 그리스도인의 건강한 삶에는 쾌락과 순종이 늘 함께 다닌다. 그 둘이 필수 요소로 합력하여 우리를 진정한 인간이 되게 하고 진정으로 하나님의 소중한 자녀가 되게 한다.

순전한 쾌락

때로 하나님은 우리가 보기에 어쨌든 당장은 즐거움과는 거리가 먼 길로 우리를 부르실 수 있다. 또 우리가 보기에 순결한 즐거움인데도 하나님이 그것을 명백히 막으실 때도 있다. 그럴 때 우리는 쾌락이 아니라 고통처럼 보이는 쪽을 택해야 한다. **결국은** 그것이 우리에게 최고의 영원한 쾌락을 가져다줄 것을 믿음으로 알기 때문이다.

나는 이에 대한 프랑소아 페넬롱(1651~1715)_ 프랑스의 주교이자 작가였다. 그는 루이 14세의 왕실에서 요직에 있었기 때문에 우리 시대의 물질적인 풍요가 안고 있는 많은 영적인 도전과 유혹을 예견할 수 있었다. 대표작으로 고전이 된 「그리스도인의 완전」이 있다.의 시각이 좋다. 그에 따르면 쾌락은 "하나님이 우리에게 필요해서 주신 것이므로 우리는 그것을 받아야 한다." 그러나 그럴지라도 "우리는 그것을 약처럼 써야 한다. 자기만족을 얻으려고 거기에 집착하거나 매달려서는 안 된다."⁴ 얼마나 실제적이고 유익한 비유인가! 모든 약처럼 쾌락도 제자리가 있다. 통증이 있을 때 진통제를 먹는 것은 좋지만 고통이 없는데도 단지 도취감을 얻고자 진통제를 먹는다면 그것은 미련한 중독을 낳는다.

나는 하나님이 내 영혼의 통치자이심을 믿는다. 내 삶에서 쾌락이 건강하지 못한 역할을 한다면 내가 진통제를 환자가 아닌 중독자처럼 쓰기 시작한다면 하나님이 직접 개입하셔서 내 영혼을 되찾고 구속하실 것이다. 다시 페넬롱의 말이다. "우리는 이런 선물을 받아야 하지만 그것이 우리를 지배하게 해서는 안 된다. 하나님이 그것을 도로 가져가셔도 괴로워하거나 낙심할 정도가 되어서는 안 된다."⁵

이렇게 하나님을 나의 목자로 신뢰하면 그 요긴한 기초 위에서 쾌락의 땅을 자유로이 활보할 수 있다. 이 말은 쾌락이든 고통이든 하나님이 주시는 것이면 기꺼이 다 받는다는 뜻이다. 나를 먹이시고 내게 온갖 선물을 주시는 그 손이 때로는 나를 징계하실 수도 있다. **그분의 손에서 오는 것이면 무엇이든 받아야 한다.**

그런데 나는 오랜 세월 십자가의 유익은 모른 채 십자가의 고통만 생각하며 보냈고, 그러느라고 미련하게도 하나님에게서 많은 기쁨을 빼앗았다. 당신도 그랬을지 모른다. 그래도 하늘 아버지는 우리를 사랑하신다! 그분은 자녀 된 우리에게 깊고 지속적인 쾌락을 복으로 주시기 원하신다.

당신은 이런 쾌락의 선물을 죄책감 없이 감사한 마음으로 받아 누림으로 하나님을 예배하는 사람이 되겠는가?

★ 생각해 보기

1. 하나님은 우리의 즐거움과 쾌락을 어떻게 보시는가? "그의 종의 평안함을 기뻐하시는 여호와는 위대하시다"라고 한 시편 35편 27절 말씀은 그분의 시각을 이해하는 데 어떤 영향을 주는가?

2. 자녀가 기뻐하는 모습을 보면 부모도 기쁘다. 이것은 우리를 향한 하나님의 태도와 어떻게 닮았는가?

3. 바울은 디모데후서 3장 4절에서 "쾌락을 사랑하기를 하나님 사랑하는 것보다 더" 해서는 안 된다고 경고한다. 하나님보다 쾌락을 더 사랑하는 사람에게서 볼 수 있는 특징은 무엇인가?

4. 잠언은 쾌락을 두 가지 관점에서 보여준다. 쾌락은 우리를 파멸로 이끄는 덫이 될 수도 있고 잠 21:17, 14:13, 하나님이 복과 은총으로 주시는 선물일 수도 있다 잠 10:28. 자신이 선택한 쾌락이 피해야 할 덫인지 감사해야 할 복인지 우리 그리스도인들이 분별할 수 있는 몇 가지 방법을 토의해 보라.

5. 하나님은 우리에게 즐거움을 주시기를 즐거워하시는 아버지시다. 하나님을 그렇게 보면 우리의 건강에 해롭거나 하나님

께 영광이 되지 않는 쾌락들을 버리는 데 어떤 도움이 되는가? 예를 들어 어떻게 하면 성경의 여러 가지 금령을 원망하는 마음이 아니라 감사하는 마음으로 수용할 수 있겠는가?

II부 순전한 쾌락은 예배가 된다

5. 쾌락은 더 큰 목적을 위해 있다

즐거움 자체는 선한 것이지만 즐거운 일이라고 다 선한 것은 아니다. 피터 크리프트

죄는 전심으로 선을 사랑하지 않는 마음에만 살 수 있다. 하나님을 원하는 마음이 약할 때만 죄가 폭군이 될 수 있다. 우리가 전심으로 의를 갈망하면 그 즉시로 죄는 마치 언제 있었느냐는 듯이 사라지고 만다. 프랭크 버크먼

죄는 슬픔을 낳지만 경건함은 즐거움을 낳는다. 제임스 패커

네가 이 세대에서 부한 자들을 명하여 마음을 높이지 말고 정함이 없는 재물에 소망을 두지 말고 오직 우리에게 모든 것을 후히 주사 누리게 하시는 하나님께 두며. 디모데전서 6:17

쾌락의 바다에서 바른 쾌락 건지기

"설마 **농담**이겠지." 내 아내가 말했다.

유명한 여성지의 표지에 도발적인 기사 제목이 실려 있었다. 어이없고 황당한 그 제목은 이랬다. "최고의 성적 쾌락 전문가들이 밝히는 새롭고 화끈한 몸동작, 본지에서만 읽을 수 있다."

우리는 계산대 앞에 줄을 서서 기다리던 중이었는데 아내가 나를 보며 말했다. "침대에서 어떤 몸동작을 하면서 '이것만은 내가 처음이겠지'라고 생각할 사람이 이 시대에 과연 있을까요?"

나는 '쾌락 전문가들'이 그런 일을 하고 있다는 것이 서글퍼졌는데, 마침 내가 이 책을 쓰고 있던 중이라서 더 그랬다. 문득 내게 또 다시 찾아드는 확신이 있었다. 하나님은 유머 감각이 뛰어나신 분이며 모든 저자들과 교사들의 알량한 자존심을 쉽게 꺾어놓으실 수 있는 분이라는 사실이다.

쾌락을 즐길 줄 알아야 한다는 책을 이 21세기에 쓴다는 것은 어떤 면에서 지극히 어이없는 일처럼 보인다. 우리의 세상은 이미 **쾌락의 바다에 빠져 있다**. 매일 4달러씩 주고 사야 하는 고급 커피가 경제적으로 대박을 터뜨리자 컵케이크 집에서부터 이국적인 제과점에 이르기까지 온갖 '기호' 식품점이 우후죽순처럼 생겨났다. 웬만한 고속도로를 달리노라면 100마일이 멀다 하고 아울렛 몰과 카지노가 나타난다. 집에서는 인터넷이 카드 게임, 쇼핑 사이트, 포드캐스트 등 특정한 하부 집단들을 상대로 맞춤형 즐길 거리들을 제공한다. 주말마다 각종 스포츠 행사가 열려 현기증 나는 시합들이 줄을 잇고, 웬만한 큰 도시마다 연중무휴의 놀이동산들이 풍경을 어지럽혀 놓고 있다. 위성 텔레비전은 하루 24시간 방송을 내보내고, 아이팟은 어디를 가나 휴대가 가능하고, 디지털 영화 플레이어는 뒷주머니에 쏙 들어가고, 해리 포터 소설은 지구 궤도를 심각하게 위협할 정도로 쏟아져 나온다.

솔직히 교회도 쾌락을 책임감 있게 관리하지 못한 지도자들 때문에 매스컴의 뭇매를 맞고 있다. 그중에는 섹스와 관련된 스캔들도 있고 사치에 빠진 호화판 생활도 있다. 그런가 하면 남들의 도박이나 성적인 부도덕은 요란하게 비난하면서 정작 우리 자신은 변명의 여지없이 음식을 절제하지 못하기도 한다.

하지만 이렇게 수많은 쾌락에 둘러싸여 있다는 **바로 그 사실 때문에** 우리는 **최선의** 쾌락을 선택하는 문제를 심각하게 고민해야 한다. 기근의 때에는 요리책이 필요 없지만 풍족한 시절에는 요리책이 베스트셀러가 될 수 있다. 우리는 오락과 유희가 넘쳐나는 시대에 살고 있으므로 '영적인 요리책'이 필요하다. 무엇이 바른 쾌락이고 무엇이 그렇지 **않은지** 배워야 한다.

소똥을 숭배하는 사람들

선교사는 걸음을 멈추었다.

신이 백만 가지도 더 되는 땅인 카트만두에서 그녀는 그때까지 많은 것을 보았지만 이런 광경은 처음이었다. 샘 스톰즈 목사는 그 광경을 이렇게 묘사했다. "분주한 거리의 한복판에서 한 힌두교 여자가 야크의 배설물 덩어리 앞에서 염불하며 엎드려 절하고 있었다."[1]

황소 똥.

암소 똥.

소 똥.

듣기 좋게 표현할 말이 달리 없다. 하지만 그 여자는 차량 행렬과 사람들의 비웃음에도 아랑곳하지 않고 길 한복판에 자신의 '신전'을 세웠다. 그 덩어리에 꽃을 뿌려 자신의 '신'을 장식한 뒤 경건하게 절을 하고 있었다.

벌떡 일어나 비판부터 퍼부을 일이 아니다. 우리 중에도 그와 똑같이 어이없는 신을 숭배하는 사람들이 많이 있다. 대학생 시절에 나는 수많은 젊은이들이 선택하는 술이라는 신이 그들을 똑같이 어이없는 상황에 빠뜨리는 모습을 신기하게 바라보곤 했다. 그들은 술을 진탕 퍼마시고 바보짓을 하다가 속에 든 것을 웩 토해내곤 했다. 그러다 10시간 후에 잠에서 깨어날 때면 옷에 역한 냄새를 폴폴 풍겼고, 그게 무슨 자랑인 냥 머리가 빠개질 듯 아프다며 헤헤거렸다.

'이게 지금 재미있다는 거야?' 나는 그런 생각이 들었다.

우리 가족이 하와이로 휴가를 갔을 때 카우아이 섬의 시크릿 비치라는 명소를 찾아간 적이 있다. 한 때 누드 비치였던 그곳을 관공서에서 몇 년에 걸쳐 말끔히 새 단장을 해 놓았다. 리자가 특별히 가볼 만한 데를 찾아 안내서를 뒤적거렸는데 시크릿 비치가 현지의 명소로 나와 있었다. 찾기 쉽지 않은 곳이었지만 용케 우리는 오솔길로 이어지는 좁은 길을 찾아냈다. 오솔길이 끝나는 곳에 널따란 백사장이 펼쳐져 있었다.

그곳으로 가려면 가파른 길을 내려가야 했는데 아내는 혹시라도 깜짝 놀랄 만한 상황을 피하려고 나를 먼저 앞세웠다. 사람들이 정말 옷을 입고 있는지 나더러 알아보라는 것이었다. 그것은 취향의 문제이기도 했지만 또한 도덕성의 문제이기도 했다. 누드 비치에 가본 사람들에 따르면 그런 곳에는 '순수한 나체주의자들' 못지않게 전혀 딴 생각을 품고 있는 사람들도 많다고 한다.

다행히 가족들과 커플들이 보였고 모두들 복장을 제대로 갖추고 있었다. 그래서 나는 식구들에게 오라고 손짓을 했다. 시크릿 비치의 절경은 정말 그 이름값을 했다. 두말할 것도 없이 그곳은 우리가 여태까지 보았던 가장 아름다운 곳 중 하나였다. 모래사장이 텍사스의 거대한 농장만큼이나 길게 끝없이 뻗어 있었다. 저 멀리 한쪽에 누드 비치의 역사적 명성을 이어가려는 듯한 사람들이 가물가물 보이는 듯도 했지만 확실히 알 수는 없었다. 그런 상황에서는 무지가 복이다. 우리는 이쪽 자리로 만족해하며 바닥에 커다란 수건과 담요를 깔았다.

그렇게 우리는 가족들이나 신혼부부들이 있는 쪽에서 웃고 놀았다. 우리 아이들이 부서지는 파도에 즐거워하는 모습이 보였다. 문득 물에서 나오던 나는 비치 '입구' 쪽을 보았다. 비치와 맞닿아 있는 숲 같은 곳이었는데, 한 남자가 카메라 망원렌즈를 수백 미터쯤 떨어져 있는 수상한 사람들 무리에 맞춘 채 숲 바로 안쪽에 앉아 있었다.

우리는 이쪽에서 절경에 둘러싸여 햇볕을 마음껏 쪼이며 가족들과 즐기고 있는데 저쪽에서는 한 젊은 남자가 혼자서 몰래 남의 나체 사진을 찍고 있었다. 그는 그 사진을 가지고 돌아가 방문을 닫아건 채 세상과 더 고립될 것이었다.

나는 섬뜩한 기분이 들었다. 사실 섬뜩한 정도로 말하자면 그 광경은 야크 똥 앞에서 절을 하는 모습과 맞먹었다.

우리 아들이 아직 십대였을 때 아들과 함께 남아프리카공화국에 간 적이 있다. 그날 아침은 눈이 부시도록 청명했다. 마침 우리가 어느 목사와 만나기로 약속한 장소는 45분이 더 지나야 연다고 했다. 그 목사가 우리에게 어느 식당에 들어가 커피를 마시고 있으라고 했는데 하필 그 식당은 카지노 안에 있었다. 하루 24시간 개장하는 곳은 그 카지노뿐이었다. 다행히 그곳 사람들은 아들이 카지노 쪽에 올라가지만 않는다면 건물 안에 들어오는 것은 괜찮다고 했다.

우리가 눈부신 햇빛과 자연의 소리를 뒤로 하고 들어간 곳은 기괴한 네온사인들이 햇빛 행세를 하고 있고, 삑삑거리는 슬롯머신들이 지저귀는 새들을 대신하고 있는 아주 딱한 인공의 세계였다. 내 아들은 한 중년 남자를 보더니 그 자리에 탁 서버렸다. 색색의 화면 앞에 넋을 잃고 앉아 슬롯머신의 손잡이를 연신 잡아당기고 있는 그 한심한 사내는 꼭 인조인간 같고 로봇 같았다.

바깥에 저리도 아름다운 세상을 두고 이 남자는 자기가 가지고 놀고 있는 기계보다 더 로봇이 되어 있었다. 아침 8시에 도박 중독에 빠져 있는 그 모습이라니! 이 또한 야크 똥을 숭배하는 것만큼이나 섬뜩한 모습이었다.

쾌락의 기준을 하나님께 두라

　쾌락과 욕망은 민감한 것이므로 조심해서 다루어야지 그렇지 않으면 기괴하고 흉측하게 변하고 만다. 야고보서는 우리에게 욕망을 억제하지 않으면 많은 다툼이 일어나고 결국은 하나님을 미워하게 된다고 경고한다. 야고보에 따르면 우리가 원하는 것을 얻지 못함은 하나님께 구하지 않기 때문이며 구할 때도 "정욕으로 쓰려고 잘못 구하기 때문"이다약 4:2-3. "간음한 여인들아 세상과 벗된 것이 하나님과 원수 됨을 알지 못하느냐 그런즉 누구든지 세상과 벗이 되고자 하는 자는 스스로 하나님과 원수 되는 것이니라"약 4:4.

　하나님과 분리된 욕망은 퇴폐로 변하고, 퇴폐는 참되고 경건한 쾌락을 몰아낸다. 우리는 거룩한 쾌락을 지킬 책임이 있다. 그러려면 마음을 열고 하나님께 나아가 이렇게 여쭈어야 한다.

　"이것은 제가 누려도 되는 것입니까?"

　이 땅의 쾌락은 우리의 영혼에 감사가 넘치게 하고 우리를 예배와 영적인 건강의 샘으로 이끌어줄 수도 있지만, 삶의 다른 시기에는, 또는 다른 사람의 삶에는 오히려 걸림돌이 되어 하나님과 그분의 아름다운 나라를 보지 못하게 할 수도 있다. 내 쾌락의 기준을 하나님께 두면 그분께 나를 채워달라고 하면 하나님이 친히 여과장치가 되어주신다. 주어진 그 순간에 나를 세워줄 쾌락이 무엇이고 나를 허물어뜨릴 쾌락이 무엇인지 그분이 알려주신다. 그러나 하나님을 떠나서나 하나님의 뜻을 벗어나서 쾌락을 구하는 것은 생일케이크에 불을 붙이라고 어린아이에게 가스 발염기發焰器를 주는 것과 같다.

다시 말하지만 쾌락과 관련하여 성경을 읽을 때는 아주 조심해야 한다. 앞에서 인용한 야고보서 말씀에서 하나님이 대적하시는 것은 **오염된 쾌락**이다. 그것이 우리를 노예로 만들기 때문이다. 하지만 그렇다고 해서 우리의 하늘 아버지께서 이 세상의 건강한 쾌락과 기쁨까지도 반대하신다는 뜻은 아니다. 그런 쾌락과 기쁨은 그분의 손에서 온다. 만일 그분이 그것까지도 반대하신다면 애당초 우리에게 필요한 것을 구하라고 하지도 않으셨을 것이다. 그분의 말씀은 이런 것이다.

"공급하는 일은 내가 맡을 테니 너는 내 섭리에 따르라. 너에게 참된 만족과 양분이 될 것들을 내가 줄 테니 나를 신뢰하라."

"너희가 어찌하여 양식이 아닌 것을 위하여 은을 달아 주며 배부르게 하지 못할 것을 위하여 수고하느냐." 이사야는 그렇게 묻는다.

"내게 듣고 들을지어다 그리하면 너희가 좋은 것을 먹을 것이며 너희 자신들이 기름진 것으로 즐거움을 얻으리라"사 55:2.

교회 밖의 대다수 사람들이(교회 안에서도 일부 사람들이) 거룩함과 쾌락을 정반대로 생각하는 것은 대단한 아이러니다. 그들은 거룩함을 자신의 쾌락을 가장 방해하는 세력으로 본다. 얼마나 허황한 거짓말인가! **거룩함이야말로 쾌락의 가장 진정한 친구다.**

하나님이 다 아신다는 사실을 믿고 그분의 능력에 의지하여 최선을 선택할 때 우리는 영적인 건강을 얻는다. 하지만 최선을 선택하려면 분별력 그 이상이 필요하다. 아무리 좋은 것도 너무 과하면 해로운 것으로 변할 수 있다.

쾌락이 도를 넘어선 사람들

"아내는 온라인 게임을 하루에 세 시간씩이나 합니다." 남편이 불만을 호소했다.

이 부부의 상담자인 내 친구는 고개를 끄덕이며 남편에게 물었다.

"당신이 보기에 몇 시간이면 적절하겠습니까?"

더 대화가 오고 간 후에 이 젊은 부부는 마침내 아내가 게임을 하루에 90분까지만 하는 것으로 합의를 보았다. 그러나 아내가 불쑥 이런 말을 내뱉는 순간 이 평화협정은 거의 깨질 뻔했다. "그럼, 게임 속에서 약탈하고 빼앗는 단계까지는 당연히 못 가겠네요. 그걸 하려면 적어도 세 시간은 걸리는데." 결코 내가 지어낸 이야기가 아니다!

저자 더글러스 와이스는 '쾌락이 도를 넘어선 사람들'에 대하여 경고한다. 지금까지 우리는 쾌락을 거부하는 선의의 그리스도인들에 대해서 주로 말했다. 하지만 어떤 사람들은 즉각적인 쾌락 그것을 각자 어떻게 정의하든 간에을 지상목표로 삼는다. 이에 대하여 와이스는 이렇게 썼다. "쾌락이 도를 넘어선 사람은 삶을 관계와 책임과 쾌락의 균형으로 보지 않는다. 적당한 자리에 있어야 할 쾌락이 최고의 자리로 올라선다. 집에서 해야 할 본분, 친구들, 공동체, 심지어 직장 일보다도 쾌락이 더 중요해진다."[2]

와이스에 따르면 쾌락이 도를 넘어선 사람들의 한 가지 확실한 징후는 권리의식이다. 상대방이 어떤 특정한 자신의 취미나 쾌락을 당연한 권리로 여기고 있는지 우리는 어떻게 알 수 있을까? 간단하다. 그 쾌락이나 취미를 못하게 하거나 잠깐만 지체시켜 보라. 그때 나오는 험악한 반응에 당신은 등골이 오싹해질 것이다. 와이스는 이렇게 말했다. "쾌락이 도를 넘어선 사람들은 마음속에 권리의식이 찌들대로 찌들어 있어 그 쾌락을 막는 사람은 혹독한 대가를 치러야 한다. 그들에게 그 것은 마치 삶 자체를 거부당하는 것과 같다."3

내 마음속에서도 그것을 본 적이 있다. 결혼하고 몇 년 안 되었을 때 내게는 몇 가지 정해진 일과가 있었는데 점심시간도 그중 하나였다. 아내가 제시간에 집에 들어와야 내가 차를 타고 나가거나 아이들을 아내에게 넘길 수 있었다. 그런데 아내가 시간을 넘겨 내 일과에 차질이 생기면 나는 마치 아내가 무슨 극악한 범죄라도 저지른 것처럼 행동하곤 했다. 나는 본래 버럭 화를 내는 사람이 아니라서 아내에게 소리를 지르지는 않았지만 내 행동은 당연히 아내를 혼란에 빠뜨렸다. 비교적 사소한 이런 일 때문에 저렇게 비통해서 어쩔 줄 모르다니 도대체 어찌된 일인가? "나는 하루 종일 열심히 일한다. 점심때가 되면 머릿속이 피곤해서 쉬어야 하므로 그때만은 당연히 집 밖으로 나갈 권리가 있다." 이렇게 쾌락을 '특권'으로 요구하며 거기에 속박되어 있던 내 죄를 아내도 나도 그때는 몰랐다.

권리의식에 속박되어 있는 사람에게 '사소한' 불편함이란 존재하지 않는다. 사소한 불편함도 중대사로 바뀐다. 골프에 중독된 사람이 있는데 아내에게 교통사고가 나서 자신이 도와야 하는 바람에 골프 시간을 놓쳤다고 하자. 이 사람은 교통사고를 당해 자신의 스케줄을 망쳐 놓은 아내에게 그야말로 분통을 터뜨릴 수 있다.

상담자인 와이스는 그런 사례를 수없이 보았다.

"자식이나 배우자가 아무리 아파도 자신이 좋아하는 그 일만은 기어이 하고야 마는 사람들을 우리는 누구나 알고 있다. 나도 누구 못지않게 쾌락을 즐기는 사람이지만 그것 때문에 늘 관계나 책임을 제쳐둘 권리까지는 없음을 알고 있다."[4]

우리는 이러한 태도를 물리쳐야 하는데, 이 부분에서 고대 교회의 지혜가 돋보인다.

바른 쾌락을 위해 절제가 필요하다

기독 교회의 일부 전통들에서는 지금도 요일을 정해놓고 금식을 한다. 대부분의 경우 이 금식에는 수요일과 금요일마다 각종 육류와 유제품을 금하는 것이 포함되어 있다. 그런가 하면 사순절 기간 동안 자신이 평소에 즐기는 일을 하나씩 정하여 월요일부터 토요일까지 그것을 끊는 전통들도 있다.

이런 금욕의 행위는 오히려 쾌락의 자리를 지켜준다. 우리를 쾌락의 노예가 되지 않게 해주기 때문이다. 골프, 초콜릿, 커피, 스포츠 관전, 인터넷 게임, 좋아하는 텔레비전 드라마, 친구들과 어울려 노는 시간, 쇼핑 등 무엇에 대해서든 당신에게 이미 권리의식이 있다면, 가끔씩 그것을 '금식' 함으로 건강을 찾고 쾌락을 지킬 수 있다. 때로 우리는 자신의 이기심과 권리의식을 가차 없이 공격해야 한다. 내 경우에도 장거리 달리기에 시간과 에너지를 투자하는 일이 아버지와 남편으로서 매우 이기적인 행동이 될 수 있으므로 늘 그 점을 기억하려 애쓴다.

앞에서 우리는 자신의 쾌락이 어디서 오는지를 알아야 한다고 했는데, 거기에는 그 쾌락의 위력을 동원하기 위한 것 말고도 다른 이유가 있다. 그것을 알아야 우리는 그 쾌락을 하나님의 뜻에 복종시킬 수 있고, 때로 십자가 위에 그것을 희생 제물로 드릴 수 있으며, 그것의 노예가 되지 않을 수 있다. 우리는 무슨 수를 써서라도 쾌락이 우리를 섬기도록 해야 한다. 거꾸로 우리가 쾌락을 섬기는 순간 한때 즐거움을 주던 그것이 이제는 불행을 몰고 오게 되기 때문이다.

세상은 방종과 어쩔 수 없는 후회라는 쳇바퀴 속에 살아간다. 방종은 영혼을 망쳐놓지만 후회만으로는 결코 변화될 수 없다. 성경과 교회사의 지혜가 가르쳐 주듯이 우리는 감사한 마음으로 잔치도 하되 가끔씩 금식도 하면 좋다. 잔치와 금식은 **둘 다** 우리를 세워주는 일이다. 세상과 우리의 차이는 무엇인가? 방종과 후회와는 달리 잔치와 금식은 하나님을 인정하고 예배하는 마음에서 비롯된다. 잔치는 그분의 선하심을 즐거워하는 일이고 금식은 그분의 섭리와 주권과 훈육을 인정하는 일이다.

기독교는 우리에게 적절한 쾌락을 즐기게 해줄 뿐 아니라 쾌락을 즐기면서도 그것의 노예가 되지 않는 능력까지 준다. 그리하여 장기적으로 쾌락을 **지켜준다**. 여기에 기독교의 매력이 있다. 우리가 섬기는 하나님은 얼마나 놀라우신 분인가! 그분은 이 세상을 지으셨고 풍성한 즐거움을 아낌없이 베푸신다. 그리하여 건강과 좋은 것들로 그분의 자녀들에게 복을 주신다.

쾌락을 음미해 보라

함께 골프를 치는 친구 하나가 체중을 22킬로그램이나 빼서 주변의 많은 사람들을 감동시켰다. 나도 당연히 감동했다. 살을 그만큼 뺐다면 자제력이 대단했다는 뜻이다.

한 번은 함께 골프_{미국에서 골프는 생활 스포츠다. 우리나라에서 수영이나 헬스클럽에 다니는 것과 같다_역주}를 마친 후에 스타벅스에 들렀다. 나는 차이 티_{chai tea}를 시켰고 그는 크림을 잔뜩 얹은 프라푸치노를 시켰다. 그러면서 그는 "그동안 잘 참았으니까 한 번쯤은 나쁘지 않겠지?"라고 말했다.

마침 그때 아내에게서 전화가 와서 나는 잠시 자리를 비우고 밖으로 나갔다. 통화한 시간은 길어 봐야 3분이었다. 그런데 돌아와 보니 친구의 프라푸치노가 적어도 600칼로리는 될 크림과 함께 거의 다 사라지고 없었다.

"어떻게 된 거야? 엎질렀나?" 내가 물었다.

"아니, 마셨지."

"그걸 벌써 다 마셨다고?"

"마셨다니까."

"설마?"

"더워서 목이 말랐거든."

특식으로 600칼로리를 마시는 거야 그렇다 쳐도 600칼로리를 **맛도 보지 않고** 마시는 것은 다른 문제다.

또 다른 친구 마크 그램보는 우리가 **쾌락을 위해** 사는 것이 아니라

쾌락 속에 살아야 한다고 강조하며 그 둘을 구분했다. **쾌락 속에** 살면 시간을 내서 그것을 음미함으로 그 순간이 신성해진다. 그러나 **쾌락을 위해** 살면 우리는 기대감, 두려움, 불안, 권리의식 따위에 얽매인 나머지 제대로 즐길 새도 없이 후다닥 해치울 때가 많다.

날마다 초콜릿 쿠키를 **하나씩만** 먹는 건강한 여자가 있다. 그녀는 조금씩 혀에 올려놓고 맛을 음미하며 먹기 때문에 그 작은 쿠키를 다 먹는 데 시간이 오래 걸린다. 그녀에게 그 쿠키를 먹는 일은 하나의 '체험'이 되었다. 그런 절제가 그녀의 즐거움을 한껏 살려주고 더해주었다.

이번에는 똑같은 초콜릿 쿠키를 좋아하는 다른 여자가 있다고 해 보자. 그런데 그녀는 하나에서 멈추지 않고 가방에 들어있는 것을 몽땅 다 먹어야 한다.

둘 중에서 누가 참된 쾌락을 경험할 것 같은가?

가방 속의 쿠키를 다 먹은 여자는 당장은 기분 좋은 포만감을 누릴지 모르지만 그 만복감의 무게가 다 몸으로 갈 것이고, 그래서 결국에는 쾌락은 줄고 고통만 늘 것이다. 반면에 하루에 하나씩만 먹는 여자는 건강한 즐거움을 누리게 될 것이다.

하나님의 뜻에 순종하고 복종하는 것이 쾌락을 지키는 데 왜 그렇게 중요한지 이제 알겠는가? 하나님이 좋아하지 않으시면 나는 무슨 일을 해도 '영혼의 안식'을 얻지 못한다. 오히려 가방 속의 쿠키를 아귀같이 먹어치운 여자처럼 나도 영혼일랑 내팽개친 채 미친 듯이 앞으로 내달리다 쓰러지고 말 것이다. 그러다 나중에 걷잡을 수 없는 수치심과 후회에 사로잡힐 것이다. 영혼에 안식이 없으면 어쩔 수 없이 쾌락에 두려움과 죄책감이 따라오게 되어 있다.

헤더 언쇼는 이렇게 표현했다. "어떤 이유에서든 하나님이 원하지 않으신다는 낌새가 조금이라도 느껴지면 나는 그 일을 참으로 즐길 수 없다. 단순히 그래서는 안 되기 때문이 아니라 더 이상 거리낌 없이 누릴 수가 없기 때문이다."5 죄가 그 지독하고 강박적인 정욕으로 우리를 뒤틀어 놓으면 참되고 지속적인 쾌락은 하나도 남김없이 사라져 버린다. 거리낌 없이 음미하는 쾌락, 천천히 그 순간 속으로 들어가 마음껏 즐기며 영혼에 만족을 누리는 쾌락은 없어지고 만다.

이 세상에서 쾌락을 제대로 즐기려면 영적인 힘이 필요하다. 절제가 없으면 우리가 즐기는 일들이 자칫 영적인 파멸을 부르는 위험한 지뢰밭이 된다.

쾌락을 거부하던 사람들은 이제라도 쾌락을 수용해야 한다. 반대로 여태까지 자제력이 부족하여 쾌락을 더럽혔던 사람들은 이제부터라도 책임감과 절제를 길러야 쾌락을 제대로 즐길 수 있다. 다시 말해 프라푸치노 한 잔을 마시더라도 우리는 오래오래 천천히 음미할 줄 알아야 한다. 한 모금씩 느긋하게 제대로 즐겨야 한다. 평소에 당신이 그 단 음료를 진공청소기처럼 단숨에 빨아들이는 사람이라면 특히 더 그렇다.

'작은 쾌락들'을 대하는 모습을 보면 대개 섬김, 친밀함, 관계 같은 더 큰 쾌락들에서 내가 얼마나 성숙했거나 또는 그렇지 못한지를 알 수 있다. 커피를 마실 때 속도를 늦추는 법을 배우면 대화중에 속도를 늦추고 제대로 경청하는 법도 배울 수 있다.

쾌락은 더 큰 목적을 위하여 있다

제임스 휴스턴 박사는 지금까지 내가 한 말에 균형을 잘 잡아준다. 그는 사람의 행복감과 자존감이 '관계 속에서 바깥을 내다볼 때' 온다고 말한다. 즉 우리는 '다른 사람들을 위하여 의무와 본분과 책임을 잘 감당하고 다른 사람들의 행복에 정서적으로 동참해야 한다'는 것이다.[6]

다시 말해 먼저 하나님 나라의 의를 구하라. **그러면** 나머지는 다 더하여 주실 것이다^{마 6:33}. 당신은 즐거운 삶을 원하는가? 그렇다면 마태복음 6장 33절을 바탕으로 삶의 질서를 잡으라. 바로 거기가 당신이 참되고 지속적인 쾌락을 얻을 곳이다.

휴스턴 박사는 젊은이들이 그렇게 살지 않으면 혼전 성관계, 마약, 기타 해로운 향락에 빠지기 쉽다고 지적한다. 그들에게 필요한 것은 쾌락 자체가 아니다. 어떤 의미에서 그들에게 쾌락은 이미 많이 있다. 그들에게 필요한 것은 **책임감**이다. 젊은 남녀가 진정으로 서로를 향한 사랑이 깊어지고 적극적으로 하나님을 구하고 진정한 친밀함을 가꾸고 삶의 소명감과 사명감을 정립해 나가면, 그들의 삶 속에서 부적절하게 옷을 벗을 소지가 훨씬 줄어든다. 마약이나 술에 빠지고 싶은 마음도 거의 혹은 전혀 없어질 것이다.

구속^{救贖}은 구원만으로 이루어지지 않는다. 새로운 마음을 받아 소원 자체가 새로워지는 것까지도 구속에 포함된다. "또 여호와를 기뻐하라 그가 네 마음의 소원을 네게 이루어 주시리로다"^{시 37:4}. 이런 맥락에서 쾌락이라는 놀라운 경험은 우리를 강하게 해준다. 우리 영혼을 새롭게 하고 그리스도 안에서 우리의 소명을 떠받쳐 준다. 쾌락이 우리를 영적으로 고갈시키고 사명을 다하는 데 방해가 된다면 그것은 본질상 참된 쾌락이 아니다. 적어도 **하나님**이 정의하시는 참된 쾌락은 아니다.

멀지만 영광스러운 과정

그리스도인들이 쾌락을 매우 미심쩍게 보는 한 가지 이유는 아마 건강하지 못한 영혼들이 건강하지 못한 것들에서 쾌락을 얻기 때문일 것이다. 지혜로운 솔로몬 왕은 '미련한 자는 행악으로 낙을 삼는다'고 했다잠 10:23. 히틀러는 세상을 전쟁에 몰아넣으면서 쾌락을 얻었다. 알코올 중독자는 과음에서 쾌락을 얻는다. 학대를 일삼는 사람은 상대방을 비하하거나 몸에 상처를 입혀서 쾌락을 얻는다. 어떤 사람들은 치욕적인 성폭행을 하면서 쾌감을 얻는다. 어떤 사람들은 목숨을 위협하는 행동을 하면서 쾌감을 얻는데, 이를 통하여 그의 내면이 텅 비어 있고 하나님을 경외하는 마음이 없음을 알 수 있다.

쾌락은 절대선이 **아니다**. 인간은 정말 추잡한 것들도 낙으로 삼을 수 있다. 뿐만 아니라 **선한** 것들을 **잘못된** 방식으로 쓰는 것도 문제다. 라틴어에 "최선이 변질되면 최악이 된다"corruptio optimi pessima는 말이 있다. 윌리엄 셰익스피어는 이렇게 표현했다. "백합이 썩으면 잡초보다 훨씬 냄새가 지독하다."[7]

나의 쾌락을 하나님의 설계에 복종시키면 내 소원이 하나님의 소원을 닮게 된다. 내가 경험해 보니 그러한 결과에는 엄청난 만족이 있다. 비록 내가 아직 그것을 맛보기 시작한 단계이긴 하지만, 현재로서도 경건한 갈망들은 나에게 방해 요소가 아니라 오히려 피난처가 되며, 낙심이나 유혹이 아니라 오히려 지속적인 힘의 원천이 된다. 우리는 타락한 세상을 살아가는 타락한 인간들이므로 때로는 우리가 쾌락인 줄 알고 갈구하는 것들이 하나님과 맞지 않을 때가 있다. 그럴 때는 우리도 그리스도께서 사용하신 특권을 구사하여 그런 가짜 쾌락을 물리쳐야 한다. 그러려면 쾌락을 바로 이해해야 하며, 특히 당장의 부도덕한 쾌락을 버리는 것이 더 만족스런 기쁨으로 한 걸음 다가가는 길임을 믿어야 한다.

이렇게 하나님을 영화롭게 하는 쾌락을 몇 주, 몇 달, 몇 년, 몇십 년 동안 계속 추구하다 보면 우리의 심령이 천국을 향하게 된다. 우리의 내면은 영원히 천국에서 누리게 될 바로 그런 종류의 쾌락을 갈망하도록 빚어진다. 그렇게 되려면 쾌락의 자리를 수용할 뿐만 아니라 나에게 참된 즐거움을 가져다주는 것들을 하나님이 정의하시고 빚어주시는 대로 맞추어야 한다.

우리는 쾌락을 **지켜야** 한다. 쾌락을 지키고 보존해 주는 '소금'은 결국 거룩함이다.

★ 생각해 보기

1. 오늘날 세상에 넘쳐나는 쾌락은 어떻게 우리를 방해하여 하나님을 영화롭게 하는 참된 쾌락을 즐기지 못하게 하는가?

2. 우리로 하여금 '야크 똥' 비유적으로 말해서을 숭배하기 쉽게 만드는 요인들은 무엇인가? 본문에 제시되지 않은 또 다른 예들을 이야기해 보자.

3. '쾌락이 도를 넘어선 사람'은 정말 쾌락을 하나님이 정의하신 대로 경험하고 있는가? 쾌락이 도를 넘어선 사람의 특징은 어떤 것들인가?

4. 누군가 당신의 특정한 쾌락을 막았을 때 당신에게서 격한 반응이 나와 스스로도 놀란 적이 있는가? 처음에 상대방이 어떻게 했으며 당신은 거기에 어떻게 반응했는가? 당신에게서 그런 반응이 나온 근본적인 원인은 무엇이라고 생각하는가?

5. 음식의 금식이든 그것을 확대하여 적용한 다른 것의 금식이든 금식은 어떻게 우리의 삶에 쾌락을 지켜줄 수 있는가? 무절제한 방종은 결국 어떻게 쾌락을 망쳐 놓는가?

6. '쾌락 속에' 사는 것과 '쾌락을 위해' 사는 것은 어떻게 다른가? 이러한 개념과 관련해 생각나는 성경 구절들이 있는가?

7. 쾌락을 수용할 때 하나님께 순복하는 것이 왜 그렇게 중요하다고 생각하는가?

6. 성경처럼 파티를 벌이라

너희는 가서 살진 것을 먹고 단 것을 마시되 준비하지 못한 자에게는 나누어 주라 이 날은 우리 주의 성일이니 근심하지 말라 여호와로 인하여 기뻐하는 것이 너희의 힘이니라.

느헤미야 8:10

쾌락을 물리치고 의를 행하려는 전투는 기독교가 우리 삶에 가져다주는 궁극의 전투가 아니다. 궁극의 전투는 영원한 공동체이신 삼위일체 하나님이 파티이심을 믿는 것, 그리고 그분들의 재미에 동참하고픈 우리의 간절한 소원 그대로 그 파티를 마음껏 즐기는 것이다. 래리 크랩

뉴스 헤드라인이 아니라 당신의 꽃밭에 자라는 꽃들과 당신의 가정에서 자라는 아이들에게 열심히 집중하여 살면 거기서 천국이 활짝 열릴 수 있다. 조금 전까지만 해도 석탄밖에 없던 곳에 한 줌의 다이아몬드가 빛날 수 있다. 쇼나 니퀴스트

하나님과 가까이 동행하는 그리스도인들에게 삶이란 축제와 같다. 제임스 휴스턴

우리의 즐거움은 전도가 되다

1970년대에 청소년기를 보낸 많은 사람들이 그랬듯이 나도 '예수님을 위해서 레코드를 태우는' 집회에 여러 번 참석한 적이 있다. 당시에 전국을 돌아다니며 캠핑장에서 집회를 열곤 하던 강사들이 있었는데, 카리스마가 넘치던 그들은 우리 청소년들에게 영원한 반석Rock이신 예수님을 위해서 로큰롤rock-and-roll음악을 완전히 버려야 한다고 가르쳤다.

아직 어리고 양심적인 그리스도인이던 나는 그때마다 아주 쉽게 영향을 받았다. 솔직히 지금도 일부 레코드는 그때 버리기를 잘했다고 생각한다 하지만 버려서 후회막급인 것들도 있다. 그 뒤로 10년 가까이 나는 키스 그린, 래리 노먼, 랜디 스톤힐, 켈리 윌라드, 에이미 그랜트와 그에 준하는 사람들의 기독교 음악만 들으며 살았다. 내가 제일 좋아하는 3B인 보스턴, 비틀즈, 비지스의 음악을 다시 듣기 시작한 것은 그로부터 한참 더 지나서였고 그것도 엄청난 죄책감을 느껴야 했다.

지금도 기억나지만 고등학생 시절에 내 음반들을 쭉 훑고 있는데 척 맨지오니의 "기분이 아주 좋아"라는 앨범이 나왔다.

"이것도 버릴 거네. 제목만 봐도 알잖아." 나 혼자 그렇게 말했었.

맨지오니의 뛰어난 작곡 솜씨를 기억하는 사람들은 맨지오니가 플뤼겔호른을 연주했다는 사실도 기억할 것이다. 그의 앨범들은 가사가 없이 연주로만 되어 있었다. 그런데 죄책감에 찌들어 있던 나는 왠지 곡명을 '기분이 아주 좋아'라고 붙일 사람이라면 그 속 어딘가에 마귀의 혼이 숨어있을 것이라고 확신했다. 그 혼이 기회를 노리고 있다가 내가 감히 그 앨범을 트는 순간 내 영을 덮칠 것만 같았다.

음악으로 내 기분을 좋게 해주겠다는 사람이 왜 그렇게 나에게 위협으로 느껴졌을까? 내 신앙과 아직 빚어지지 않은 사고의 그 어떤 요소가 '좋은 기분'을 무조건 '마귀의 음악'으로 등식화한 것일까?

1970년대에 아주 유명했던 포스터가 있었다. 하마가 질척거리는 진흙구렁에 들어있는 그림이었는데, "기분 좋으면 하라!"라는 문구가 쓰여 있었다. 그 당시 그 포스터를 맹비난한 설교자들이 매우 많았다.

그런 메시지에 수긍했던 나는 이런 생각을 하며 자랐다. 즉 마귀는 내 기분에 좋은 일이면 무엇이든 하라고 하고 하나님은 내 마음에 끌리는 일이면 무엇이든 부인하라고 하신다는 것이다. 물론 교회 출석과 기도와 성경 읽기는 내 마음에 끌려도 예외다. 성경에는 선교와 봉사뿐 아니라 자기부인과 절제에 관한 말씀도 **있다**. 하지만 그렇다고 즐거운 놀이가 우리의 삶에 꼭 필요한 부분이 아니라고 생각한다면 그것은 착각이다.

우리의 놀이는 세상을 향한 성명이며 사실은 전도의 행위다. 놀이는 단순한 오락이 아니라 본래 유죄였던 우리가 무죄 선언을 받았다는 당당한 선포이며, 옥에 갇혀 있던 우리가 해방되었다는 증언이다. 우리가 계속 정죄 아래서 침울한 기분으로 살아간다면 그것은 예수께서 십자가에서 자신을 희생하고 이루신 일의 효험을 부인하는 처사다. 마치 예수님만으로 부족하니 우리가 아주 심각하고 근엄한 태도를 유지하여 그 부족분을 보충하기라도 해야 한다는 듯이 말이다.

신학자 위르겐 몰트만은 "자유는 얻는 데서 그치지 않고 누려야 한다"고 바로 지적했다.[1] 다시 말해 우리는 자신이 얻은 구원을 신나는 놀이로 수용해야 한다—물론 섬김의 소명이라는 바른 정황 안에서 말이다. 구속받은 하나님의 사람들이 놀고 즐기지 못한다면 누가 그럴 수 있겠는가? 이런 기쁜 소식이 왜 우리를 이토록 슬프게 해야 하는가?

하나님은 쾌락을 창조하셨고 우리에게 영원한 즐거움을 약속하신 분이다. 그런 하나님을 쾌락과 대적하시는 분으로 본다면 그것은 그분을 욕되게 하는 일이며, 그런 엄청난 대가를 치르시고 우리 죄의 중압감과 결과를 없애주신 하나님께 그분의 이름에 합당한 영광을 돌리지 않는 일이다. 몰트만이 잘 표현했듯이 "해방된 사람들 안에는 부활절의 웃음과 십자가의 슬픔이 둘 다 살아 있다."[2]

세상의 원칙은 무력하다

"기분 좋으면 하라"고 적힌 그 포스터의 문제는 그 밑에 깔린 철학이 많은 불행과 중독을 낳아 건강한 쾌락까지 짓밟았다는 것이다. 분명 기분은 우리를 나쁜 길에 빠뜨릴 수 **있다**. 욕구는 우리를 파멸로 이끌 수 **있다**. 그래서 우리는 **반드시** 선을 잘 그어야 한다.

하지만 그 반대의 문제도 위험하기는 마찬가지다. **우리 그리스도인들은 타락을 너무 두려워한 나머지 욕구 자체까지 비난할 때가 많다.** 성경에 따르면 이렇게 금지주의로 나가는 것은 쾌락을 건강하고 생산적으로 다루는 방식이 아니다. 바울이 골로새의 그리스도인들에게 한 말을 생각해 보라.

너희가 세상의 초등학문에서 그리스도와 함께 죽었거든 어찌하여 세상에 사는 것과 같이 규례에 순종하느냐 (곧 붙잡지도 말고 맛보지도 말고 만지지도 말라 하는 것이니 이 모든 것은 한때 쓰이고는 없어지리라) 사람의 명령과 가르침을 따르느냐 이런 것들은 자의적 숭배와 겸손과 몸을 괴롭게 하는 데는 지혜 있는 모양이나 오직 **육체 따르는 것을 금하는 데는 조금도 유익이 없느니라** 골 2:20~23.

유진 피터슨은 「메시지」에서 이 말씀을 이렇게 풀어 썼다.

"여러분은 그리스도와 함께 저 거짓되고 유치한 종교를 떠났습니다. 그런데도 여러분 스스로 그 종교에 휘둘리고 있으니 어찌된 노릇입니까? [그 종교는 이렇게 말합니다.] '이것은 만지지 마라! 저것은 맛보지 마라! 이것은 하지 마라!'"

늘 남들보다 '한 발 더' 앞서나가 자신의 경건을 입증해야만 직성이 풀리는 사람들이 있는데, 존 칼빈(1509~1564)_ 스위스의 프랑스어 지역에서 종교개혁을 선도한 주요 인물 중의 하나다. 그의 「기독교 강요」(기독교문사)는 이후 여러 세대의 개혁신학자들에게 체계적인 토대를 마련해 주었다.은 신앙을 그런 식으로 표현하는 것을 맹렬히 비판했다. 그는 골로새 교인들에 대해 이렇게 지적했다. "그들은 처음에는 뭔가를 많이 먹어서는 안 된다고 말하지만 그것이 점차 발전되어 **일부를** 먹어서도 안 되고 나중에는 아예 맛보아서도 안 된다. 그리하여 결국은 **만지기만** 하는 것도 죄가 된다. 요컨대 사람이 한 번 사람의 영혼을 압제하기 시작하면 기존의 법에 새로운 법이 날마다 끝없이 추가되고 새로운 조항이 수시로 생겨난다."[3]

교회는 언제나 이 덫에 빠질 위험에 직면해 있다. 저명한 성경학자 F. F. 브루스는 바울의 말을 이렇게 일상 언어로 바꾸어 표현했다.

> "물론 내가 보기에도 이런 금령들을 수용하는 일은 썩 괜찮아 보인다. 우선 많은 사람들에게 좋은 인상을 주고, 또 너희가 물질계를 얕보아도 될 만큼 높은 지혜의 경지에 도달한 것처럼 보이게 한다. 이렇게 스스로 경건과 겸손에 힘쓰고 몸을 엄격하게 대하는 것은 다 외관상 그럴듯해 보인다. 하지만 그래서 정말 나아지는 게 있는가? 분명히 말하건대 그렇지 않다. 이런 금욕과 제약을 아무리 다 수용해도 정작 '육신'의 방종과 제대로 맞서 싸우는 데는 전혀 무익하다."[4]

이렇게 '한 발 더' 앞지르는 행태가 초대 교회에 널리 퍼져 있었을 가능성을 보여주는 말씀이 또 있다. 디모데에게 쓴 편지에 바울은 결혼을 금하고 "어떤 음식물은 먹지 말라고" 하는 사람들에 대하여 경고했다. 그러나 사실 "음식물은 하나님이 지으신 바니 믿는 자들과 진리를 아는 자들이 감사함으로 받을 것"이다(딤전 4:3). 우리 중에는 음식물을 금한다는 개념이 아주 어색하게 느껴질 사람들도 있을 것이다. 바울도 그렇게 절대적인 금지를 부르짖는 사람들보다는 오히려 '허용적인' 사람들 편에 섰던 것으로 보인다.

이 부분에서 바울은 예수님과 입장을 같이한다. 예수님은 우리에게 금욕을 권하시거나 가르치신 적이 없다. 예컨대 그분은 제자들에게 금식을 공공연히 명하신 일이 없다. 물론 그분은 제자들이 금식하리라는 것을 암시하셨고막 2:18-20 올바른 금식에 대한 지침도 주셨지만막 6:16-18 명령의 형태는 찾아볼 수 없다. 예수님은 '거창하고 장황한' 기도를 권하신 일도 없다. 오히려 반대로 제자들에게 "이방인과 같이 중언부언하지 말라 그들은 말을 많이 하여야 들으실 줄 생각하느니라 그러므로 그들을 본받지 말라 구하기 전에 너희에게 있어야 할 것을 하나님 너희 아버지께서 아시느니라"막 6:7-8고 말씀하셨다. 예수님은 또 안식일을 문자적으로 해석하는 것을 절대 거부하시며 "안식일이 사람을 위하여 있는 것이요 사람이 안식일을 위하여 있는 것이 아니니"막 2:27라는 명언을 당당히 선포하셨다.

물론 예수님은 힘든 금욕을 실천하신 적도 있다. 40일 금식도 하셨고 새벽 기도도 하셨고 머리 둘 곳도 없으셨다. 하지만 풍족한 상황 속에서 먹고 마신 때도 분명히 있었는데마태복음 11:19에서는 '포도주를 즐기는 사람'으로 자처하기도 하셨다, 주변 사람들도 그것을 확실히 보고 알 수 있을 정도였다. 또한 누가복음 15장 25절에서 춤을 긍정적인 의미로 언급하신 것으로 보아 즐거운 춤도 좋게 보신 것 같다. 예수님은 자신을 따르는 사람들에게 마땅히 훈련된 삶을 기대하셨지만, 동시에 이를 악물고 남들보다 한 발 더 앞서려는 지독한 경건에 대해서는 조심하라고 하셨다. 그분은 우리가 삶을 온전히 누리되 삶의 노예가 되는 것을 원하지 않으신다. 그야말로 쾌락을 보는 최고로 균형 잡힌 시각이다.

나는 전기를 즐겨 읽는데 가장 감화력 있고 하나님을 영화롭게 하는 사람들일수록 늘 그 균형의 길을 가는 것을 본다. 그들의 삶을 보면 자신을 훈련하는 부분과 좋은 쾌락과 즐거움을 건강하게 누리는 부분이 조화를 잘 이루고 있다. 내 신학의 스승인 제임스 패커 박사는 널리 연구 대상이 되고 있고 그의 저서를 읽는 독자층도 매우 두텁다. 그런 그가 '그냥 예리한 사고력을 잃지 않으려고' 미스터리 소설을 즐겨 읽는 자신의 취미를 극구 변호했다. 신학자 칼 바르트의 아내에 따르면 바르트는 엄격하게 자기부인의 삶을 살며 연구에 충실했지만, 저녁나절이면 포도주나 맥주를 한잔하면서 자신이 좋아하는 모차르트 음악을 듣는 것을 삶의 활력소로 삼았다. 바르트 박사의 교리 과목에는 기쁨의 중요성을 가르치기 위해 으레 눈싸움이 들어갔고, 그 자신은 승마를 즐겼다. 마틴 루터는 불안에 찌든 사람들에게 좋은 친구들과 함께 맥주 집에 갈 것을 권하기도 했다. J. R. R. 톨킨은 C. S. 루이스가 사순절에 했던 결심을 비웃은 적이 있다. 어느 사순절 기간에 루이스는 평소 하루에 석 잔씩 마시던 맥주를 두 잔으로 줄이기로 했던 것이다!

나는 하나님께서 교회가 쾌락과 금령들을 보는 방식을 재고하기를 원하신다고 생각한다. 일부 선의의 그리스도인들은 당장 이 책을 덮고 싶을 수 있다. 그들이 오랫동안 품어온 금령들이 영적인 것이라기보다 문화적인 것이라고 내가 말하는 순간 나를 강하게 비난하고 싶을 수 있다. 하지만 당신은 하나님의 진리에 마음을 열고자 적어도 기도해 볼 마음은 있는가? 의도는 좋지만 내용이 잘못된 금기 사항들을 그 과정에서 버려야 하는 한이 있더라도 말이다. 과한 상태가 잘못이라고 해서 알맞은 상태까지 무조건 해로운 것은 아니다. 그 점을 기도하는 마음으로 잘 생각해 보지 않겠는가? 예수님과 바울과 존 칼빈에 따르면, 정작 **해로운** 것은 하나님이 우리에게 즐기라고 주신 것들을 절대적인 금령으로 둔갑시키는 일이다.

쾌락의 폭은 훨씬 넓다

대학생 시절 어느 인기 있는 기독 교사의 글을 읽은 적이 있는데, 매우 급진적이었다. 그는 십대 아이들이 도대체 왜 기도나 예배, 성경공부나 전도 외에 다른 것들을 원하는지 모르겠다며 이렇게 말했다.

"당신은 하루 종일 그런 기독교적인 일들만 하고 싶어야 한다. 그렇지 않다면 당신은 천국에서 아주 비참해질 것이다."

안타깝게도 이 교사처럼 경건한 '쾌락'을 아주 좁게 정의하는 그리스도인들이 많이 있다. 그러나 그렇게 쾌락을 종교적인 활동으로만 제한하다보니 그들의 삶에서 쾌락이 힘을 발할 수 있는 자리가 확 줄어든다. 내 생각에 이 교사가 쾌락에 부여하는 자리와 용도는 이생의 쾌락에 대해서만 틀린 것이 아니라 이른바 '내세'의 쾌락에 대해서도 완전히 틀렸다. 내세의 즐거움이란 경배와 찬양 훨씬 그 이상이다.

랜디 알콘은 그의 책 「헤븐」요단에서 천국에 관한 많은 잘못된 고정관념들을 깨뜨려 주는데, 그중에는 천국이 육체적인 쾌락은 없이 온통 '영적인' 곳이라는 착각도 들어 있다. 천국에 가면 늘 기도하고 찬송하고 성경만 읽는다는 관점을 랜디는 강력하고 설득력 있게 논박한다. 그는 이 과오를 '플라톤주의에 물든 기독교'라 부르는데, 이는 영적인 것은 다 선하고 육적인 것은 다 악하다고 보는 변질된 신앙이다. 사실 랜디가 말하는 천국은 애완동물은 물론 다음 말에 마음을 준비하라 커피까지 있

는 곳이다.[5]

19세기의 작가 헨리 드러몬드(1851~1897)_ YMCA 총재를 지냈고 스코틀랜드 자유교회 교단의 중심 지도자였다. 예리한 지성과 뜨거운 영성을 겸비한 그는 19세기 말에 유럽의 젊은이들 사이에 뜨거운 부흥을 일으킨 '학생 운동'에 중추적인 역할을 했다.는 아주 중요한 구절인 요한계시록 21장 2절에서 중대한 의미를 끌어냈다.

"또 내가 보매 거룩한 성도시 새 예루살렘이 하나님께로부터 하늘에서 내려오니 그 준비한 것이 신부가 남편을 위하여 단장한 것 같더라."

생각해 보라! 천국은 하나의 **도시**다. 얼마나 급진적인 생각인가!

드러몬드의 말을 길게 그대로 인용한다.

> 천국이나 그에 상응하는 개념이 있는 종교 치고 이런 천국은 일찍이 없었다. 고대의 그리스인들이 혹시 내세를 바랐다면 그들이 기다린 것은 엘리시움그리스 신화에서 착한 사람들이 사후에 가는 낙토-역주이었다. 동양인들은 극락을 추구했다. 다른 모든 천국은 동산이나 환상의 나라 등 다소 막연하고 수동적인 곳이었다. 요즘 우리의 대다수에게도 천국은 도시가 아니라 낮잠 같은 곳이다.
>
> 그러나 기독교의 천국은 다른 모든 천국과 다르다. 기독교라는 종교가 다른 모든 종교와 다르기 때문이다. 기독교는 도시의 종교이며 현실 속을 다닌다. 기독교의 장은 세상의 거리와 장터와 일터다.[6]

이 진리에는 아주 놀라운 신학적인 의미가 담겨 있다. 드러몬드의 글처럼 천국에 대해서도 말해줄 뿐만 아니라 또한 하나님이 현세의 삶을 어떻게 보시는가에 대해서도 말해주기 때문이다.

> 인간의 삶은 도시에서 가장 치열해지고 대인관계도 도시 생활에서 가장 현실적이 된다. …
> 천국이 낮잠과 같다면 종교는 한낱 몽상으로 비쳐질 것이다. 내세의 삶을 주로 성전에서 보내게 된다면 현세의 삶은 주로 교회에서 보내야 할 것이다. 하지만 천국은 하나의 도시이며 거기에 갈 사람들의 삶은 현실 속의 삶이어야 한다. 요한이 말한 천국에 들어갈 사람은 … 현실 속의 사람이어야 한다.[7]

사실 그보다 더 충격적인 사실이 있다. 천국에는 '교회 건물'이 없고 도시만 있다! 요한은 "성도시 안에서 내가 성전을 보지 못하였으니 이는 주 하나님 곧 전능하신 이와 및 어린 양이 그 성전이심이라"계 21:22고 말한다. 도시인데 교회는 없는 곳, 이것이 과연 오늘 우리가 알고 있는 현실의 삶과 동떨어진 곳 같은가?

영지주의는 그리스도에 대한 '은밀한 지식'을 받았다고 주장한 고대의 가르침으로, 육체와 창조세계를 본질상 악하게 보았다. 초대 교회는 이 가르침을 신속히 공식적으로 부인했다. 이 이단의 관점에 따르면 육체는 다 악하고 오직 물질이 아닌 영혼만 선하다. 그래서 영지주의자들은 예수께서 실제로 인간의 물리적인 몸으로 사셨다는 사실을 부인했다. 초대 교회는 공식적으로 영지주의를 규탄했지만 영지주의의 **성향**특히 '육보다 영이 우위'라는 생각은 오늘날까지도 남아 있다. 그래서 예수께서 실제로 몸으로 사신 것이 아니라는 말에는 기겁할 그리스도인들도 예수께서 몸의 쾌락을 즐기셨다는^{그래서 우리도 그것을 즐긴다는} 개념은 여전히 불편하게 느낀다.

이런 사고방식은 새 하늘과 새 땅을 보는 우리의 시각에 영향을 미쳤다. 하지만 영광의 때가 이르러 우리가 누릴 곳은 잔치와 유희와 예술이 있는 곳이며, "골수가 가득한 기름진 것과 오래 저장하였던 맑은 포도주"^{사 25:6}도 빠지지 않을 것이다. 최고의 과일^{계 22:2}과 웃음^{눅 6:21}도 있을 것이고, 영광스러운 도시 곧 번화하고 활기찬 대도시도 있을 것이다^{계 21:2}. 충성된 그리스도인들은 예수께서 '보물'이라 표현하신^{마 6:19-21} 큰 부를 누리며 살 것이다. 분명히 천국은 모든 것이 철철 넘치는 곳 같다.

물론 천국에서 가장 좋고 풍요롭고 보람된 부분은 하나님의 임재 안에 사는 것이다. 그것만은 절대로 의문의 여지가 없는 사실이다. 그분의 얼굴을 바라보며 그 찬란한 영광을 마음껏 즐기는 것보다 더 좋은 일이 무엇이겠는가? 하나님은 바로 그것을 위하여 우리를 지으셨고, 바로 그것이 우리에게 가장 큰 기쁨을 가져다줄 것이다. 우리는 영광의 하나님을 뵐 것이고, 그 무엇도^{어떤 기쁨, 어떤 쾌락, 어떤 물리적인 것도} 거기에 비할 수 없음을 알게 될 것이다. 그 하나님의 임재는 우리로 하여금 주변의 물리적인 것들을 멸시하기보다 우리를 해방시켜 그분이 우리를 위하여 지으신 모든 것들을 참으로 누리게 해줄 것이다.

구속받은 영혼들은 그런 물리적인 경이를 굳이 천국에 갈 때까지 기다렸다가 누릴 필요가 없다. 우리가 이 땅에서 보내는 시간은 그런 선물을 하나님이 생각해 내신 기발한 작품으로 받는 법을 배우는 좋은 기회다. 성경은 쾌락을 분명히 예찬하지만 천국에서 누릴 쾌락만 예찬하지 않는다. 성경에는 여기 이 땅에서도 쾌락을 즐기라는 말이 많이 나온다.

흔히 놓치는 메시지

많은 목사들이 구약의 본문들을 신중히 선택해서 꾸준히 십일조에 대한 설교를 한다. 특히 말라기 3장 8~9절에는 십일조를 하나님에게서 '도둑질' 하지 말라는 말씀이 나온다. 하지만 신명기 14장에서 십일조에 대한 부분과 더불어 마음에 원하는 것을 구하고 권속이 함께 먹고 즐거워하라는 메시지에 대한 부분은 거의 언급하지 않는다.

> 너는 마땅히 매년 토지 소산의 십일조를 드릴 것이며
> 네 하나님 여호와 앞 곧 여호와께서 그의 이름을 두시려고 택하신 곳에서 네 곡식과 포도주와 기름의 십일조를 먹으며 또 네 소와 양의 처음 난 것을 먹고 네 하나님 여호와 경외하기를 항상 배울 것이니라
> 그러나 네 하나님 여호와께서 자기의 이름을 두시려고 택하신 곳이 네게서 너무 멀고 행로가 어려워서 네 하나님 여호와께서 그 풍부히 주신 것을 가지고 갈 수 없거든
> 그것을 돈으로 바꾸어 그 돈을 싸 가지고 네 하나님 여호와께서 택하신 곳으로 가서

네 마음에 원하는 모든 것을 그 돈으로 사되 소나 양이나 포도주나 독주 등 네 마음에 원하는 모든 것을 구하고 거기 네 하나님 여호와 앞에서 너와 네 권속이 함께 먹고 즐거워할 것이며신 14:22-26.

공정을 기하고자 모세는 "레위인을 저버리지 말지니라"27절, 레위인은 전임 사역자를 가리킨다고 덧붙였고 불우한 이웃들29절도 빼놓지 않았다. 그런데 나는 설교자가 식당에 가서 고급 요리와 포도주를 시켜놓고 '하나님 여호와 앞에서' 그분이 베푸신 복을 즐거워하라고 말하는 것을 들어 본 적이 없다.

왜 그럴까? 하나님이 자기 백성에게 잔치를 벌이고 '포도주와 독주'를 사라고 구체적으로 명하시는데도 왜 우리는 그 사실을 인정하기를 멋쩍어하는 것일까? 보다시피 우리는 의무와 희생과 도리에 대한 특정한 말씀들만 골라서 강조하고 축제와 재미와 파티에 대한 말씀들은 똑같이 중요한데도 거의 무시하다시피 하고 있다. 하나님과 그리스도인의 삶을 보는 우리의 시각을 이렇게 한쪽으로 편향되게 하는 것은 성경 자체가 아니다. 그것은 우리가 성경을 문화의 렌즈로 읽기 때문이다. 성경을 있는 그대로 읽으면 그리스도 안의 삶을 보는 우리의 시각이 균형을 잃었음을 알게 될 것이다.

잠시 멈추어 위의 말씀에 담긴 의미를 생각해 보라. 하나님은 우리가 음식과 음료를 푸짐히 차려 놓고 마음껏 즐거워하기를 원하신다. 그렇다고 우리가 교회 사역을 재정적으로 지원하지 않고 돈을 헤프게 써도 된다는 말은 아니다. 아낌없이 헌금하지 말아야 한다는 뜻도 아니다. 다만 이것은 우리가 경건한 쾌락의 역할을 인정할 수 있고 마땅히 그래야 한다는 뜻이다. 하나님은 우리를 쾌락을 누리도록 지으셨고 그런 쾌락을 수용하는 일은 하나님이 보시기에 예배의 행위가 될 수도 있다. 이것을 깨달으면 쾌락의 자리를 인정할 수 있다.

이 신명기 말씀을 뒷받침해 주는 기사를 구약의 두 위대한 인물인 에스라와 느헤미야의 삶과 사역에서 찾아볼 수 있다. 이스라엘 백성은 성경의 한 부분인 율법을 오랫동안 소홀히 했다. 그러다 에스라가 잃었던 율법책을 읽자 '백성이 율법의 말씀을 듣고 다 우는' 상황이 벌어졌다. 느헤미야와 에스라와 레위인들은 백성이 마음이 찔린 나머지 **잘못** 반응했다고 얼른 판단했고, 그래서 백성에게 "오늘은 너희 하나님 여호와의 성일이니 슬퍼하지 말며 울지 말라"느 8:9고 했다.

대신 그들은 파티를 명했다. "느헤미야가 또 그들에게 이르기를 '너희는 가서 살진 것을 먹고 단 것을 마시되 준비하지 못한 자에게는 나누어 주라 이 날은 우리 주의 성일이니 근심하지 말라 **여호와로 인하여 기뻐하는 것이 너희의 힘이니라**' 하고"느 8:10.

여기 하나님의 종들이 강력하고 설득력 있게 한 말은 사실상 이런 것이다. "눈물일랑 거두고 맛있는 음식과 좋은 술을 꺼내라. 지금은 파티 시간이다." 예수님도 탕자의 비유에서 축하 파티라는 개념을 좋게 말씀하셨고 음악과 춤까지 넣으셨다눅 15:25.

오늘날 우리의 교회들에 기쁨이 조금만 더 있다면 우리는 훨씬 더 힘있어질 것이다.

물론 울고 회개하고 엄숙해져야 할 때도 있다. 하지만 분명히 그런 반응만으로 부족할 때도 있다. 어떤 때는 축제와 즐거움과 춤과 노래와 잔치와 웃음과 놀이가 필요하다.

쾌락은 하나님의 땅이다

C. S. 루이스는 이 모든 것을 누구 못지않게 잘 알았던 것 같다. 그의 고전 「스크루테이프의 편지」홍성사에서, 스크루테이프가 부하 귀신에게 이렇게 고백하는 대목이 나온다.

"건강하고 정상적인 쾌락, 참된 만족을 주는 쾌락을 상대할 때는 우리가 적진인 하나님의 땅에 서 있다는 사실을 잊어서는 안 된다. 물론 우리는 쾌락으로 많은 영혼을 무너뜨렸지만 그래도 쾌락은 우리가 만들어낸 게 아니라 하나님이 만들어낸 것이다."[8]

귀신의 수장인 스크루테이프는 나중에 편지에 그 말을 더 상세히 설명하면서 이렇게 하나님을 인정한다.

하나님은 본래 쾌락주의자다. 모든 금식과 철야와 화형 기둥과 십자가는 다 겉모습에 지나지 않는다. 그것은 바닷가의 물거품 같은 것이고 저 바다로 나가면 쾌락이 있다. 그의 바다로 나갈수록 쾌락은 점점 많아진다. 그는 이것을 비밀로 하지 않았다. 자신의 오른쪽에 '영원한 즐거움'이 있다고 밝혀 놓았다. … 그는 자신의 세상을 쾌락으로 충만하게 채워 놓았다. 인간이 하루 종일 잠자고, 씻고, 먹고, 마시고, 성관계하고, 놀고, 기도하고, 일해도 그는 조금도 개의치 않는다. 우리한테

쓸 만한 도구가 되게 하려면 이 모두를 **변질시켜야** 한다.[9]

예수님은 우리에게 하나님이 어떤 분이신지를 조금 보여 주셨다. 우리는 자신이 쾌락에 무너질까봐 늘 전전긍긍하며 겁을 먹지만, 그래도 먹기를 탐하고 포도주를 즐기는 사람이라는 욕을 들으신 예수님[눅 7:34]을 피해갈 수는 없다. 이는 금욕의 삶을 살던 세례 요한과는 정반대의 모습이었다. 물론 그분의 그런 면만 보면 어떤 의미에서 핵심을 크게 놓치게 된다. 분명히 예수님은 40일의 금식도 겪어내신 분이다. 즉 이것은 예수님의 삶의 **균형**을 보여주는 것이다. 예수님이 정말 식사와 한 잔의 좋은 포도주를 즐기지 않으셨다면 왜 굳이 사람들이 그런 비난을 퍼부었겠는가? 그들은 그분의 웃음소리를 듣고 그분이 술 취하셨다고 오판했는지도 모른다. 그러나 물 위를 걸으신 그분은 한 번도 취하여 비틀거리신 적이 없고, 말씀으로 세상을 존재하게 하신 분은 한 번도 술기운에 혀가 꼬이신 적이 없다. 바리새인들은 예수님이 웃으시는 모습을 지켜보다가 그분은 정말 즐거운 시간을 보내고 계셨다 그게 경망스러워 보여 그분이 술 취하셨다고 독설을 내뱉었는지도 모른다.

쾌락을 수용할 때 우리는 하나님의 땅에 서는 것이다. 그분은 쾌락을 통하여 우리에게 의욕을 불러일으키시고 복을 주신다. 하나님은 이스라엘 백성에게 크고 영광스러운 미래에 대하여 이렇게 말씀하셨다. "만군의 여호와가 말하노라 그 날에 너희가 각각 포도나무와 무화과나무 아래로 서로 초대하리라 하셨느니라"[슥 3:10]. 자기 집이 있는 사람 치고 친구들과 함께 그 집에서 즐거워하는 것보다 더 참된 기쁨이 어디 있겠는가?

쾌락의 바른 자리를 부정하는 사람들은 자신도 모르게 하나님의 바른 자리까지 부정하는 것이다. 하나님은 이 세상을 지으실 때 여러 가지 유쾌한 즐거움을 주셨다. 그런 절묘한 쾌락들에 우리의 마음을 활짝 열 때 우리는 하나님께 마음을 활짝 여는 것이다. 지금 내가 하려는 말은 어떤 사람들에게는 혁명적인 말로 들릴 수도 있고 다른 사람들에게는 이단적인 말로 들릴 수도 있다. **하지만 참된 쾌락의 삶은 우리를 순종과 예배로 이끌어 주며, 따라서 그런 삶을 가꾸며 그렇게 사는 것은 우리 그리스도인들이 하나님께 받은 초대이자 또한 의무다.**

★ 생각해 보기

1. 저자는 "우리의 놀이는 세상을 향한 성명이며 사실은 전도의 행위다"라고 주장한다. 당신은 이 말에 동의하는가? 왜 그렇거나 그렇지 않은가?

2. 위르겐 몰트만은 "해방된 사람들 안에는 부활절의 웃음과 십자가의 슬픔이 둘 다 살아 있다"는 말로 균형을 말했다. 그리스도인들은 어떻게 그 균형을 이룰 수 있을까?

3. 골로새서 2장 16~23절과 3장 5~10절을 차례로 읽어 보라. 바울은 2장 16~23절에서는 도덕적인 문제로 보아서는 안 될 것들에 대해서 말하고, 3장 5~10절에서는 도덕적인 이유로 반드시 피해야 할 것들에 대해서 말한다. 이 둘을 서로 비교해 보라. 이런 구별을 요즘의 삶에 어떻게 적용할 수 있겠는지 몇 가지 예를 들어 보라.

4. 규율과 규정에 관한 한 무조건 '안전한 쪽'에 있으려고 늘 '한 발 더' 앞서려는 그리스도인들이 있는데, 이것은 어떤 면에서 위험한 일인가? 합리적인 선을 긋는 것이 지혜로운 때는 언제인가? 양쪽의 차이를 어떻게 분간할 수 있는가?

5. 약속된 쾌락까지 모두 포함하여 천국을 있는 그대로 보면 그리스도인들이 이 땅에서 쾌락을 수용하는 데그리고 때로는 버리는데 어떤 도움이 되겠는가?

6. 예수님의 모본과 그분에 관한 이야기들그분께 퍼부어진 비난까지 포함해서을 통하여 오늘날의 그리스도인들은 예수께서 이 땅의 쾌락을 대하신 태도에 대해서 무엇을 배울 수 있는가?

7. 세상을 사랑하지 않으면서 누리는 법

또한 어떤 사람에게든지 하나님이 재물과 부요를 그에게 주사 능히 누리게 하시며 제 몫을 받아 수고함으로 즐거워하게 하신 것은 하나님의 선물이라 … 이는 하나님이 그의 마음에 기뻐하는 것으로 응답하심이니라. 전도서 5:19~20

하나님은 우리로 하여금 그분이 사랑하시는 모든 것을 사랑하게 하신다. 이것도 그분의 사랑이다. 하나님은 또 우리가 그분과 그분의 모든 작품을 기뻐하게 하신다. 노르위치의 줄리안

세상은 버젓이 살아서 우리에게 엉큼한 눈짓과 신호를 보낸다. 일어나 아주 오래된 음악에 맞추어 춤추자고 우리를 부른다.

쇼나 니퀴스트

세상을 보는 관점

얼른 생각해 볼 질문이 있다. 당신은 세상을 매춘부로 보는가 아니면 어머니로 보는가?

심각하게 하는 말이다.

당신은 하나님이 창조하신 세상을 우리를 참된 믿음과 헌신에서 꾀어내려는 거대한 요부로 보는가? 아니면 우리의 믿음을 키우고 훈련시켜 순전한 헌신과 풍성한 삶 쪽으로 가게 해주는 어머니로 보는가?

물론 이 질문에는 함정이 있다. 성경은 세상을 이 두 가지 모두의 관점에서 보여준다. 성경에는 세상의 유혹을 경고하는 말씀들도 있지만 세상이 풍요롭고 선한 곳임을 예찬하는 말씀들도 있다. 그렇다면 중요한 질문은 이것이다. 어떻게 하면 서로 반대되어 보이는 이 두 가지 관점 사이에서 조화를 이룰 것인가?

불행히도 기독교 신앙에는 그 중 하나를 배제한 채 다른 하나에만 치중하는 전통들이 많이 있다. 특히 부정적인 관점을 택하는 경우가 더 많다. 세상은 위협으로 둘러싸인 위험한 곳이고 간악한 요부다. 이런 전통들은 세상을 즐거워하는 것을 아주 수상쩍게 보며, 하나님이 지으신 창조세계의 아름다움과 선을 심각하게 무시한다. 그들에 따르면 우리는 육체라는 옥에 갇힌 영혼들이며, 우리가 해야 할 일은 모든 감각적인 경험을 일체 거부하는 것이다. 감각적인 경험 중에서도 **쾌락**은 더 말할 것도 없다. 그러지 않으면 기도와 예배와 성경공부에 대한 의욕을 잃고 만다.

최근에 나타난 기독교의 전통들은 내가 보기에 세상을 삐딱하게 부정적으로 본다. 그런 시각은 우리의 영혼을 해치고 풍성한 삶을 가로막을 뿐 아니라 우리에게 훌륭한 생활공간을 지어주신 하나님을 욕되게 한다. 성경을 기록한 요한은 우리에게 이 세상이나 세상에 있는 것들을 사랑하지 말라고 했고요일 2:15~17 야고보는 세상과 벗 되는 것이 곧 하나님과 원수 되는 것이라 했지만약 4:4, 그것은 아기의 웃음소리나 무더운 날에 먹는 시원한 수박 맛이나 승리의 드라마까지도 경멸하라는 가르침이 아니다. 그들의 경고는 우리의 행복과 의미와 만족을 사회구조나 오염된 욕망이나 하나님을 대적하는 행동에서 찾으려 하지 말라는 뜻이다.

요한도 세상의 악한 욕망을 육신의 정욕과 안목의 정욕과 이생의 자랑으로 규정하여 그 점을 아주 명백히 했다요일 2:16. 다시 말해서 성경을 기록한 사람들이 정죄한 것은 **오염된 쾌락이다. 문제는 성경이 정죄하는 '세상'을 우리가 '이 땅'으로 잘못 생각한다는 것이다.** 이 심각한 과오는 우리의 영혼과 인생관에 악영향을 미친다. '세상'은 다분히 하나님을 대적하고 그분께 반항한다. 그러나 하나님이 이 땅을 창조하신 목적은 우리에게 자신을 계시하시기 위해서였고 그분을 즐거워할 공간을 주시기 위해서였다.

세상을 비성경적인 의미로 미워하는 것과 하나님께 반항하는 것은 종이 한 장 차이다. 사탄은 이 두 가지 모순되어 보이는 방식으로 우리를 공격하지만 그 둘의 종착점은 같다. 하나는 우리로 하여금 창조세계를 **숭배하게** 하고 모든 희망을 '하나님과 분리된 쾌락'에 두게 하는 것이다. 이 길을 따라가면 우리는 결국 실망과 파멸을 피할 수 없고 하나님께 분노를 품게 된다. 이 세상은 절대로 우리에게 만족을 줄 수 없기 때문이다. 사람들은 세상에서 만족을 구하다 실망에 빠지고, 그러면 자기가 부실한 대용품을 선택함으로 생긴 지독한 불만을 하나님 탓으로 돌린다. 이것은 대놓고 반항하는 죄인들의 길이다.

"사람이 미련하므로 자기 길을 굽게 하고 마음으로 여호와를 원망하느니라" 잠 19:3.

또 다른 길은 우리로 하여금 창조세계를 **미워하게** 하고 세상을 온통 유혹의 소굴로만 보게 하는 것이다. 그리하여 간접적으로 하나님을 경멸하게 만든다. 세상을 창조하신 분이 그분이기 때문이다. 이 딱한 길을 좇는 사람들은 늘 패배감에 시달린다. 그들은 그 많은 선물을 누리도록 주신 하나님께 감사하며 살기는커녕 오히려 하나님이 자기들 앞에 이 많은 유혹을 놓아 두셨다며 그분께 원망과 분노를 품는다. 고질적인 죄에 빠져 사는 그리스도인들에게서 종종 이런 과오를 볼 수 있다. 그들은 섹스, 술, 음식, 재물 등의 유혹을 하나님이 지어내셨다며 종종 무의식중에 그분을 비난한다. 이들은 세상에 의존하지는 않지만 결국 세상을 미워하게 된다.

후자의 세계관이 종교적인 유혹을 들쑤시면 결국 세상을 미워하는 마음이 자아를 미워하는 마음으로 확대될 수 있다. 저명한 심리학자 카렌 호니가 「신경증과 인간의 성장」*Neurosis and Human Growth*에서 자기혐오에 대해 설명한 것을 보면 지금까지 내가 만나본 많은 그리스도인들 때로 나도 거기에 포함된다과 딱 들어맞는다. 호니가 '신경증적 자기혐오'의 특징으로 꼽은 것은 '자기에게 무모한 요구를 일삼고, 가혹하게 자기를 비난하고, 자기를 경멸하고, 자기를 좌절에 빠뜨리고, 자기를 괴롭히고, 자기를 파멸로 몰아가는 것'이다.[1]

이렇게만 읽으면 어느 책에 나온 말이려니 하고 가볍게 넘어가기 쉬우므로 다시 하나씩 떼어 정리해 보자. 이 중 당신에게 해당되는 것이 있는지 보라. 전부 해당되는 일은 부디 없어야 할 것이다.

- 자기에게 무모한 요구를 일삼는다.
- 가혹하게 자기를 비난한다.
- 자기를 경멸한다.
- 자기를 좌절에 빠뜨린다.
- 자기를 괴롭힌다.
- 자기를 파멸로 몰아간다.

솔직히 당신은 하나님이 당신에게 이런 삶을 원하신다고 믿는가? 이런 태도나 삶이 정말 하나님을 영화롭게 하는 것인가?

진지하게 자신에게 몇 가지 질문을 던져 보라. 당신이 정의하는 또는 다른 사람들이 정의해 준 '신앙'은 당신이 삶을 누리지 못하도록 막고 있는가? 때로 스스로 자신의 최악의 적이 되어 자신을 짓밟고 비하하고 가혹한 비판을 일삼지는 않는가? 당신은 하나님의 사랑 안에 산다는 것이 무엇인지 아는가? 하나님이 그분의 종인 당신을 기뻐하심을 당신도 다윗처럼 알고 있는가?

당신이 자신에게 무모한 요구를 일삼는다면, 조금만 잘못하거나 기회를 놓쳐도 하루 종일 가혹하게 자신을 비난한다면, 자신을 멸시한다면, 즉 자신이 가끔씩 좋은 옷을 사거나 디저트를 시킬 자격도 없고 "돈이 아깝지!" 또는 "칼로리가 너무 높아!", 너무 못나서 자신에게는 시간을 써서도 안 되고, 웃거나 놀거나 누가 만져주거나 누군가의 섬김을 받을 이유도 없다고 느껴진다면, 그렇다면 당신은 자기혐오 속에 살아가고 있는 것이다. 그리고 이 자기혐오는 결국 자멸을 부른다.

여기에 서글프고 비참한 아이러니가 숨어 있다. 우리가 종교라는 이름으로 자신의 최악의 적이 된다면 결국 우리는 하나님의 적이 되고 마는 것이다. **하나님은 우리를 위하시는 분**이기 때문이다. 우리 자신을 대적하는 것은 곧 우리를 위하시는 분의 원수가 되는 것이나 마찬가지다. 하나님의 은혜와 용서와 사랑과 자비만이 우리를 진정한 영적인 건강으로 인도할 수 있다. 규율이나 두려움, 자기혐오, 의무가 당신의 동기라면 당신은 결국 된통 넘어지게 되어 있다.

세상이 매춘부도 되고 어머니도 된다는 그 모순은 하나님의 사랑과 수용과 자비와 용서를 통하여 풀린다. 하나님이 내 영혼을 그분께로 향하게 하시면, 지금까지 나를 그분의 임재에서 꾀어내던 많은 것들이 이제 축제의 이유가 되고 열띤 예배의 자극제가 된다. 한때 내 마음을 지배하던 음식이 이제 내 미각만 사로잡을 뿐이고 내 마음은 후하신 하나님을 찬양하게 된다. 한때 내 영혼을 지배하던 박수갈채가 이제 오히려 나를 겸손하게 하고 능하신 하나님을 경외하게 한다. 한때 내 눈을 가려 영원을 보지 못하게 하던 가정이 이제 천국 가정의 복을 깨닫게 해준다. **이 땅의 쾌락들은 그 자체가 목표가 되지만 않는다면 하나님을 가리키는 표지판의 역할, 감사와 영적인 친밀함에 이르는 관문의 역할을 훌륭하게 해낼 수 있다.**

자기혐오의 길을 따라가면 하나님이 주시는 쾌락을 누리거나 거기서 새 힘을 얻을 여지가 없어진다. 건강한 사람이 보기에 '자기를 돌보는 일'은 자신을 파멸로 몰아가는 사욕과 방종으로 보인다. 하나님은 맛있는 음식을 누리라고 주심으로 우리에게 사랑을 표현하셨다. 그런데 그런 하나님께 감사하기는커녕 음식을 먹고 있는 자신이 먹보로 느껴진다. 우리는 얼마든지 마사지를 받으며 쾌감을 느낄 수도 있고, 친한 친구들과 골프를 치며 교제를 나눌 수도 있고, 배우자와 함께 집에서 옛날 영화를 보며 쉴 수도 있다. 그런데 그는 이 모든 경험을 즐기기는커녕 '수준 이하'라며 경멸하게 된다. 그런 소일거리들이 자신처럼 중요하고 헌신적인 사람한테는 격에 맞지 않는다고 보는 것이다. 어디까지나 우리는 세상을 구원할 사람이 아니던가. 하지만 어쩌면 그냥 교회 안에만 앉아 있는 사람일 수도 있다.

지금부터 당신에게 세상을 건강하고 경건한 방식으로 사랑하는 그 경이로움을 다시 소개하고 싶다.

세상은 하나님을 보여주는 창이다

나는 하나님이 이 세상을 창조하신 이유가 우리를 유혹하시기 위해서가 아니라 우리에게 하나님 자신을 계시하시기 위해서라고 확신한다. 이 타락한 세상조차도 우리에게 그것을 지으신 분을 보여주는 창이 될 수 있다. 어떤 세계관은 하나님의 신비롭고 즐거우신 손길을 쏙 뺀 채 이 세상을 한낱 기계적인 우연으로 축소시킨다. 한 작가가 그런 세계관에 이렇게 매서운 직격탄을 날렸다.

"새들은 다윈이 허락하는 것보다 훨씬 많이 지저귄다."[2]

그런데 기독교에는 하나님의 땅과 하나님의 나라를 대립시키는 경우가 많다. 마치 그 둘이 적대적인 관계인 것처럼 말이다. 예컨대 기도나 예배 같은 활동을 예찬하면서 결혼이나 운동, 여행, 즐거움을 위한 독서, 웃음 같은 인생의 다른 현실과는 적대관계에 둔다.

내 말을 오해하지는 말라. 건강한 그리스도인들의 마음은 자연히 예배와 찬양과 감사로 기울게 마련이다. 그것은 우리에게 큰 기쁨과 즐거움을 가져다준다. 하지만 하나님은 우리의 구속자일뿐 아니라 **창조주**이시기도 하다. 우리도 그분이 지으셨고 이 세상도 그분이 지으셨다. 그러므로 그분이 지으신 순리대로 이 세상을 누릴 때도 우리는 그분의 구속 사역을 기리는 일들을 할 때 못지않게 하나님을 즐거워하고 영화롭게 하는 것이다.

반대로 그분의 아름다운 창조세계를 거부하는 것은 그분을 모욕하는 일이 된다. 하나님을 구세주로만 본다면 그분을 해결사로 이용하는 것인데, 물론 그것은 그분의 전부가 아니다! 하나님은 우리에게 그분과 그분이 지으신 모든 것을 참으로 즐거워하라고 하신다. 하나님을 통하여 세상을 즐거워하는 것도 좋지만 그분은 우리를 중독에서 해방시켜 주시고, 재정 문제를 해결해 주시고, 건강을 회복시켜 주신다 거기서 그치지 말고 또한 하나님이 창조하신 세상을 통하여 하나님을 즐거워하라고 부르신다.

이렇게 세상을 수용하는 소명은 많은 그리스도인들에게 급진적인 일로 비칠 수 있다. 하지만 문제를 해결해 주시고 가정을 치유해 주시고 죄를 용서해 달라는 기도는 하면서 그분이 즐거이 창조하여 색깔과 모양을 입혀주신 것들은 무시한다면 그것이 어떻게 그분께 영광이 되겠는가? 이는 단지 손가락의 힘과 민첩성을 기르려고 기타를 배우거나 단지 호흡 능력을 키우려고 플루트를 연주하는 것만큼이나 어리석은 일이다. 그렇게 음악성과 예술성을 다 버리면 무한히 창의적이고 후하신 하나님의 신비와 경이는 간곳 없어지고 이 세상은 한낱 실리주의의 쓰레기장이 되고 만다.

어떤 사람은 하나님이 창조하신 선한 세상이 나를 그분께로 인도하는 것이 아니라 오히려 세상이 하나님과 경쟁관계에 있다고 생각한다. 마치 조깅이나 초콜릿을 즐기는 취미를 사랑하는 것보다 하나님을 더 '사랑해야' 된다는 식이다. 얼마나 이상한 비교인가! 내가 초콜릿을 즐기는 이유는 하나님이 내게 미각을 주셨기 때문이며, 음식을 먹는 데서 오는 모든 쾌락은 하나님이 설계하셨고 지지하시는 쾌락이다.*어거스틴은 그것을 이렇게 표현했다. "하나님 안에서 사람을 즐거워할 때 우리가 즐거워하는 대상은 그 사람이 아니라 하나님이다."(On Christian Doctrine, 제1권 33장, p. 28). 운동을 하거나 초콜릿을 먹는 행위를 가능하게 하신 분도 하나님이시고 거기서 즐거움을 느끼게 하신 분도 하나님이시다. "깨끗한 자들에게는 모든 것이 깨끗하나 더럽고 믿지 아니하는 자들에게는 아무 것도 깨끗한 것이 없고"딛 1:15.

다행히 그런 경향이 점차 줄어들고 있기는 하지만 성적인 쾌락을 비하하는 사람도 있다. 성적인 쾌락을 누리도록 우리를 **설계하신** 분도 하나님이시고 우리의 뇌와 몸에 화학물질과 호르몬을 주신 분도 하나님이시다. 하나님이 우리를 그렇게 지으셨다. 따라서 우리는 성욕을 정죄할 것이 아니라 오히려 **거룩한** 성적인 친밀함이 사람들의 삶에 활력소와 힘과 복이 되도록 도와주어야 한다.

많은 사람들이 하나님을 사랑하는 일과 세상을 즐거워하는 일을 이렇게 대립시킨다. "과연 예수님으로 충분할까? 세상은 훨씬 많은 것, 훨씬 쉬운 것, 훨씬 빠른 것을 내놓고 있지 않은가?"

예수님으로 '충분하지 않다'는 말은 **생각만으로도** 위험해 보인다. 그런데 이런 생각은 불필요한 대립 구도를 만들어 낸다. 예술, 동료와의 교제, 하나님이 주시는 기쁨 등 다른 즐거움을 구하는 것은 예수님의 아름다움과 대치되는 것이 아니다. 예수님은 그런 즐거움을 **막지** 않으신다. 오히려 그런 즐거움을 더 키우시고 성화시키시며 초점을 잡아주신다. 그분은 친구의 결혼식장에서 '사상 최고의 포도주'를 만드신 분이다. *예수께서 물로 채우라고 명하신 일곱 개의 항아리가 종교적인 정결 예식에 따라 쓰이던 것이라는 점도 지적할 만하다. 예수님은 종교적인 물건을 취하여 창조 질서에 내재된 쾌락으로 가득 채우셨다. 그분은 자신을 따르는 사람들에게 공중의 새와 들의 꽃을 보라고 정말 보라고 하셨다. 그분은 제자들과 함께 웃으셨고 죽음이 친구를 앗아갔을 때 눈물을 흘리셨다.[3]

예수님께 구속받고 나서야 비로소 나는 이 세상의 것들에 얽매이는 죄를 범하지 않고도 그것을 참으로 누릴 수 있는 자유를 얻었다.

사실 전도서 말씀의 요지는 바로 그것이다.

"또한 어떤 사람에게든지 하나님이 재물과 부요를 그에게 주사 능히 누리게 하시며 제 몫을 받아 수고함으로 즐거워하게 하신 것은 하나님의 선물이라 … 이는 하나님이 그의 마음에 기뻐하는 것으로 응답하심이니라"전 5:19-20. 하나님의 감동으로 기록된 말씀이 **정말** 무슨 말을 하고 있는지 잘 보라. 하나님이 어떤 사람에게 재물을 주시고 **능히 그것을 누리게 하시는** 것은 그분의 선물이다.

폭식가가 되지 않고 음식을 참으로 즐기는 능력, 감각적인 쾌락의 노예가 되지 않고 그것을 다루는 능력, 건강하게 제대로 웃는 능력, 교만하거나 이기적이 되지 않고 부를 책임감 있게 관리하는 능력, 이것은 다 **창조주**께서 주시는 복이다. 물론 거기에 **구속자의 손길도 가미되어야** 한다. 성경은 하나님이 우리로 '능히' 그런 복을 누리게 하신다고 말씀한다. 그렇다면 **복 자체도 은혜지만 그 복을 누리는 능력도 그분의 은혜**라 할 수 있다. 하나님을 영화롭게 하지 않는 사람들도 그런 복을 받을 수는 있지만 그것을 참으로 누리는 은혜는 받지 못할 수 있다. 그들에게 세상은 어머니보다 매춘부로 느껴질 것이다.

그러나 구속받은 사람들은 다르다! 물론 현실 자체는 우리라고 다를 바 없다. 인생은 덧없이 지나가고, 건강은 맥없이 허물어지며, 재물은 언제라도 잃을 수 있다. 하지만 이런 현실조차도 경건한 사람의 즐거움을 앗아가지는 못한다. "그는 덧없이 지나가는 자기의 생명의 날을 깊이 생각하지 아니하리니 이는 하나님이 그의 마음에 기뻐하는 것으로 응답하심이니라"전 5:20.

그렇다면 그리스도인들에게 선한 쾌락들을 인하여 하나님께 감사하도록 가르치는 쪽이 훨씬 더 유익하지 않을까? 아름다운 그림이나 감동적인 음악을 감상하는 일을 시편을 통독하거나 하나님의 사랑을 묵상하는 즐거움과 기어이 서로 대치시켜야 한다는 강박적인 두려움을 가르치는 쪽보다는 그게 훨씬 낫다. 하나님은 우리가 **양쪽 모두**를 통하여 그분께 나아오기를 원하신다.

지금부터 실생활의 한 가지 경험을 통하여 그런 생각에 살을 입혀 보자.

아들의 용기

아내와 나는 아주 훌륭한 아들을 기르는 기쁨을 누리고 있다. 안타깝게도 아들 그레이엄은 아버지의 심한 축농증을 그대로 물려받았다. 그래서 걸핏하면 콧속이 꽉 막히고 머리가 지끈거린다.

그럼에도 그레이엄은 육상 선수가 되기로 했다. 그의 의욕과 헌신은 팀에 감화를 주었다. 고등학교 1학년 때 그는 팀원들에게 '가장 감화력 있는 선수'로 뽑혔고 3학년 때는 공동으로 '최고의 선수상'을 받기도 했다. 어려서부터 천식을 앓았고 경주에 나갈 때마다 코약을 들고 뛰어야 하는 아이가 그 정도면 대단한 것이다.

고등학교 2학년 때 그레이엄의 축농증 증세는 주(州) 대회에 출전할 팀들을 가리는 지역 예선을 이틀 앞두고 평생 최악의 상태로 나빠졌다. 새벽 2시에 그레이엄과 함께 응급실에 앉아 있었는데, 살갗을 뚫고 터져버릴 것 같을 정도로 코 주위가 꽉 막혀버린 고통을 그는 용케 견뎌냈다.

그로부터 48시간이 못 되어 그레이엄은 워싱턴 주 최고의 주자들을 상대로 뛰었다. 코 때문에 숨을 헐떡거려야 했지만, 팀의 주전인 그레이엄은 차마 친구나 팀을 실망시킬 수 없었다. 그래서 그는 뛰었다.

자신의 최고 기록에는 못 미쳤지만 아마 최고의 역주였을 것이다. 출발선에서 질풍처럼 튀어나가는 아이를 보며 나는 눈물을 삼켜야 했다. 난치성 축농증이 얼마나 사람의 기운을 빼놓는지를 너무나 잘 아는지라 그레이엄이 이 도전에 응하려고 얼마나 용기를 내야 했는지 조금은 알 수 있었다.

12개월 후에 그레이엄은 아주 높은 목표를 정했다. 3학년 졸업반을 맞아 개인종목에서 주 대회에 출전하고 싶었던 것이다. 그러려면 지역 예선을 통과해야 하는데 워싱턴 주에서 그것은 힘든 일이다. 비가 많이 오는 지역임에도 불구하고 전국에서 가장 경쟁력 있는 고등학교 육상 선수들의 일부가 이 주에서 배출되고 있다. 게다가 전체 주 중에서도 그레이엄이 속한 지역이 가장 기록이 좋았다.

우리는 아들이 성공의 기초를 다지는 모습을 보았다. 하루 종일 공부하고 나서 피곤한데도 그는 빗속에서도 뛰고 주말에도 뛰었다. 그렇게 여름 내내 충실히 훈련을 계속했고 하와이로 여행을 갔을 때는 무더위 속에서도 쉬지 않았다. 한 번은 그렇게 운동을 나갔다가 봉변을 당한 적도 있다. 저녁 늦게 카우아이섬 오지의 한적한 들판을 유유히 달리고 있는데 갑자기 벌레 떼가 무섭게 달려들었다. 공포 영화의 한 장면처럼 곤충들이 살아있는 그물처럼 그레이엄을 덮었다. 손으로 털어내려 했지만 오히려 벌레를 온 몸에 문지르는 꼴이 되고 말았다. 시커먼 침입자들은 콧속으로 날아들고 귓속으로 기어들고 눈두덩을 물었다. 저리 가라고 외치는 사이에 잽싸게 입속에까지 들어왔다.

그는 도저히 곤충 떼를 떨어낼 수 없었다. 벌레들은 그레이엄이 무슨 특식이라도 되는 냥 땀에 젖어 번들거리는 몸에 달라붙었는데, 그야말로 수천 마리는 되는 것 같았다. 그레이엄이 돌아온 뒤로 내가 식량 벨트와 물병을 씻는 데만도 20분이 걸렸다. 죽은 벌레들이 틈새마다 잔뜩 끼어 있었다.

그런데도 이튿날 아침에 일찍 일어나 또 달렸다. 이번에는 지혜롭게 그 들판을 피해서 달렸다.

그레이엄은 부모의 유전자를 물려받아 달리는 속도가 빠르지 못한 편이다. 그래서 다른 선수들의 타고난 질주력을 힘들여 따라잡아야 한다. 물론 각고의 노력을 기울였지만 성공은 전적으로 10월 말에 있을 지역 예선의 성과에 달려 있었다.

나는 아들 그레이엄이 이것을 얼마나 원했는지, 얼마나 열심히 노력했는지 알고 있었고, 또한 얼마나 경쟁이 치열하며, 수십 명의 다른 젊은이들도 똑같은 열정으로 똑같은 것을 원한다는 것도 알기에 차마 지켜보기가 힘들었다.

그레이엄의 출발 속도는 신중했으나 나는 은근히 걱정이 되었다. 본래 그레이엄은 선두에서 달리는 형이 아니므로 처음 1마일은 뒤쪽에 있었는데, 문제는 선발 안정권에서 족히 수십 명 아래로 뒤쳐져 있었다는 것이다. 나는 당황했다.

다행히 그레이엄은 주자를 하나씩 제치며 점점 치고 나갔다. 그렇게 믿기 힘들 정도의 괴력을 발휘하여, 3마일쯤 달렸을 때는 너끈히 선발 인원수 안에 들 것 같았다. 우리가 감히 꿈꾸었던 것보다 훨씬 쉬울 것 같았다.

숲속에서 나오던 그의 모습을 영영 잊지 못할 것이다. 내가 주자들의 수를 세고 있는데 불쑥 우리 아들이 튀어나왔다. 얼굴은 늘 그렇듯이 벌겋게 달아올랐고, 셔츠는 땀에 흠뻑 젖어 있고 정강이에는 진흙이 잔뜩 묻어 있었지만, 단호한 의지와 숭고한 용기가 그를 앞으로 밀어내고 있었다.

"잘 될 것 같아!" 내가 아내에게 말했다.

그레이엄이 마지막 직선 코스로 들어서자 나는 행여 넘어지지나 않을까, 다른 주자들에게 밀리지나 않을까 가슴을 졸였다. 하지만 오히려 뒤를 바짝 쫓던 다른 주자들을 따돌렸다.

나는 부끄러운 줄도 모르고 눈물을 닦았다. 영원히 잊지 못할 그 순간, 나는 아내의 얼굴을 쳐다보았고 우리는 와락 끌어안았다.

아들은 해냈던 것이다!

나는 아들이 한없이 자랑스럽고 아내가 한없이 사랑스러웠다. 내 영혼에 깊은 만족감이 차올랐다. 시간을 초월하는 순간이었다. 이 일은 여러 가지 차원에서 영적인 유익도 가져다 주었다.

우선 그레이엄은 자신의 삶에 혼신을 다하는 즐거움을 누렸다. 그는 열심히 노력했고 팀원의 역할을 다했다. 땀을 흘렸고 근육이 욱신거리는 것과 허파가 공기를 더 달라고 절규하는 것을 느꼈다. 이 일은 또한 우리 부부에게도 평생 지속될 추억을 남겼다. 우리는 놀라운 일을 함께 공유했다. 끝내 고통을 견뎌내고 벅찬 희열에 젖은 아들의 모습을 지켜보았다. 이 즐거운 기억은 평생 우리를 떠나지 않을 것이고, 덕분에 우리는 가족에 대한 헌신과 정이 그만큼 더 깊어졌다.

이 사랑과 헌신과 만족이 과연 예수님과 경쟁관계이겠는가? 그것이 하나님에게서 얻는 만족에 위협이 되며, 참된 신앙을 조금이라도 약화시키겠는가?

성경에 보면 답은 정반대다. 야고보는 "온갖 좋은 은사와 온전한 선물이 다 위로부터 빛들의 아버지께로부터 내려오나니"약 1:17라고 했다. 예수님은 자신을 따르는 사람들에게 "너희가 악한 자라도 좋은 것으로 자식에게 줄 줄 알거든 하물며 하늘에 계신 너희 아버지께서 구하는 자에게 좋은 것으로 주시지 않겠느냐"마 7:11고 확언하셨다. 내 아들이 존재하는 유일한 이유는 하나님이 우리의 결혼을 복 주시고 지키시고 보존하셨고 나아가 너그러이 아내와 내가 임신하여 자녀를 낳게 해주셨기 때문이다. 내 아들이 육상 대회에 나갈 수 있었던 이유는 하나님이 그에게 경쟁에 나설 만한 몸과 그것을 원할 만한 고결한 영혼을 주셨기 때문이다. 그 순간의 모든 것이 내 안에 하나님께 드릴 감사를 자아냈고, 그래서 나는 하나님을 아무리 예배해도 부족하게만 느껴졌다.

쾌락을 무시하는 어떤 사람들은 이렇게 말할 것이다.

"하지만 아들이 주 대회에 나가지 못했어도 당신은 똑같이 뜨겁게 하나님을 예배할 것 아닌가? 그게 **경건한** 사람이 해야 할 일 아닌가?"

그들에게 나는 이렇게 답하고 싶다. "한 젊은이가 목표를 정하고 열심히 노력하여 그 목표를 달성하는 모습을 지켜보는 기쁨, 그 순전한 기쁨을 그냥 만끽하면 안 되는가? 사실 그레이엄의 꾸준한 훈련과 멋진 역주는 우리로 하여금 하나님을 전심으로 예배하게 해주었다. 예수님도 **자신이 주신** 선물들을 그레이엄이 잘 활용하는 것을 보시며 기뻐 웃으셨을 것이다."

그날의 일은 우리의 가족애를 더 돈독히 해주었을 뿐 아니라 하나님을 믿는 내 믿음도 더 굳건히 해주었다. 그 순간을 일구어내신 분은 하나님이시다.

창조주께서 주신 후한 선물

그런데 나는 죄책감에 물든 경건에서 나오는 흔한 질문들을 수시로 듣는다. 신혼부부들은 서로를 향한 사랑이 '너무 심할' 수도 있느냐고 내게 묻는다. 젊은 엄마들은 자기가 하나님을 사랑하는 것보다 아기를 더 사랑하는 것이 아닌가 걱정하기도 한다.

일례로 엄마들은 아기가 사랑스러워 어쩔 줄 모르지만 **그 순간** 하나님을 향해서는 그만한 사랑이 느껴지지 않을 수도 있다. 신경학자들이 밝혀낸 것처럼 엄마가 갓난아기에게 젖을 먹일 때는 엄마의 뇌에서 옥시토신과 프로락틴이 다량으로 분비된다. 이 두 가지 신경화학물질은 깊은 친밀감을 유발하고 애정이 솟구치게 한다. 뿐만 아니라 젖을 먹는 유아의 체내에도 옥시토신이 분비된다. 하나님이 설계하신 수유라는 행위를 통하여 엄마와 아기는 거의 하나로 녹아드는 것이고, 걷잡을 수 없는 사랑과 정과 친밀감을 느끼는 것이다. 둘의 뇌 사이에 긍정적인 쾌감이 꽉꽉 오간다. 과학자들을 통하여 알려진 것처럼 이러한 화학적 반응이 워낙 세다 보니 엄마 쥐들은 코카인 대신 갓 태어난 새

끼를 선택할 정도다!

이러한 교감은 우리의 창조주께서 설계하신 것이며, 거기에는 깊은 뜻이 있다. 젊은 여자가 아기를 키우는 시기는 정말 일이 많을 때다. 기저귀도 갈아주어야 하고, 밤잠이 부족하여 고생해야 하고, 끊임없는 울음소리를 견뎌야 하고, 불쾌한 냄새도 들이마셔야 한다. 이럴 때 하나님이 정서적인 유대감을 특별히 진하게 느끼게 하신 데서 우리는 그분의 지혜를 볼 수 있다.

이 젊은 엄마가 아기를 내려놓고 성경책을 집어 들면, 예컨대 사무엘상은 신경학적인 차원에서 결코 똑같은 수준의 옥시토신을 유발할 수 없다. 아가서라 해도 마찬가지다. 이 일로 젊은 엄마에게 죄책감이 들게 하는 것은 하나님의 창조 질서에 역행하는 것이다. 오히려 이 일을 엄마에게 신경학적인 관점에서 설명해 주면, 자신이 남편이나 하나님에게는 그렇지 않은데 아기에게만 유독 그런 친밀감이 드는 이유를 더 잘 이해하게 된다.

더 나은 반응은 젊은 엄마들에게 수유의 친밀감을 즐기며 이를 바탕으로 하나님께 감사와 경배를 드리도록 가르치는 것이다. 교회는 오히려 그것을 사랑의 창조주께서 주시는 또 하나의 후한 선물로 수용하게 할 수 있다. 그럴 때 젊은 엄마는 이런 기도를 드리게 될 것이다.

"하늘에 계신 아버지여, 엄마와 아기 사이에 이런 즐거운 친밀감을 주시는 하나님은 얼마나 선하고 자비로운 분이신지요! 아기와 제가 이 순간들을 아버지의 손에서 오는 선물로 공유할 수 있어 정말 기쁩니다. 하나님이 제 뇌를 그렇게 설계하셨기에 저는 매번 그 친밀한 순간들을 참으로 누릴 수 있습니다. 그렇지 않다면 아기가 귀찮아질 수도 있을 텐데 하나님 덕분에 아기에게 아주 깊은 정을 느낍니다."

수유가 가져다주는 소중한 영적, 정서적, 신체적 친밀감을 짓밟지 말자. 젊은 엄마들은 아기에게는 사랑으로 넋을 잃은 듯 보이고, 하나님께는 호르몬이 가라앉기까지는 약간 거리감이 들 수도 있다. 그러나 이것을 두고 '신앙이 식었다' 느니 '하나님한테서 떨어져 나갔다' 느니 하며 그들에게 으름장을 놓아서는 안 된다.

말이 난 김에 전혀 다른 부류인 직장인에 대해서도 잠시 생각해 보자. 이제 막 승진하여 월급이 인상된 성공한 직장인에게 물질만능주의와 권력의 위험에 대하여 침을 튀기며 설교하기보다는 이렇게 말해 주면 어떨까? "축하한다! 하나님은 정말 좋으신 분이지? 우리 파티를 열어 축하하자!"

물론 우리는 사람(자녀, 친구, 연인)이나 일을 하나님보다 앞세울 가능성도 있다. 성경은 그것을 정말 위험한 일로 본다. 그러므로 쾌락을 받아드는 우리의 손은 복종하는 손이라야 한다. 하나님이 고통과 실망과 역경과 고갈을 통하여 우리를 그분의 아들의 형상으로 빚으신다는 것은 새삼스런 비밀이 아니다. 기독교는 늘 자기부인의 노래를 부른다. 하지만 애정과 성취감은 우리를 **하나님께로** 이끌어 주는 것이지 하나님과 **경쟁하는** 것이 아니다. 우리가 그리스도인들에게 이런 바른 시각을 가르치면, 이 세상의 것들은 그들의 신앙을 오히려 단단히 굳혀주는 수단이 될 수 있다.

C. S. 루이스의 나니아 시리즈를 읽은 한 젊은 독자는 자신이 그 소

설에 등장하는 아슬란을 예수님보다 더 사랑하는 것 같다며 걱정했다. 이때 루이스는 그녀가 아슬란 안에 계신 예수님을 사랑하는 것이라고 핵심을 짚어 주었다. 그녀를 아슬란에게 끌리게 한 것은 예수님의 정신과 성품이며, 따라서 그녀는 아슬란을 더 사랑한 것이 아니다. 아슬란은 예수님의 아름다움을 그녀가 이해할 수 있는 방식으로 보여 주었을 뿐이다.

아기를 사랑할 때 엄마는 하늘 아버지께서 창조하시고 기뻐하시는 모성을 만끽하는 것이다. 우리의 부모이신 하나님이 우리를 부모가 되게 하실 때 우리는 그분을 조금이나마 더 알게 된다. 또한 배우자를 사랑할 때 우리는 우리의 왕이신 하나님이 그분의 백성에게 대하시는 방식을 좋아하게 되고, 그분을 좀 더 우리가 이해할 수 있는 방식으로 보게 된다. 음악을 사랑할 때 우리는 하나님의 창의력을 사랑하는 것이고, 음식을 좋아할 때 우리는 주님의 후하심과 기발한 솜씨를 사랑하는 것이다. 구속받은 우리에게는 이런 순전한 갈망을 사랑하는 마음이 있는데, 그 모든 사랑이 바로 하나님의 형상의 일면이다. 우리는 이런 갈망을 하나님과 경쟁하는 원수로 보지 않고 오히려 그것을 통하여 더 진한 예배를 드릴 수 있다.

언젠가 휴가 중에 우리 아이들에게 바로 그것을 가르친 적이 있다. 식탁에 둘러앉은 아이들에게 나는 이렇게 말했다.

"너희의 삶에서 너희가 좋아하는 모든 것은 하나님에게서 온 거야. 우리에게 이렇게 휴가를 올 돈이 있는 것도 여호와 이레의 공급 때문이고, 아빠의 직업이 내가 좋아하는 일이고 그래서 늘 기쁜 것도 하나님의 선물이란다. 우리 삶에서 즐거움과 만족을 주는 모든 것은 결국 우리 선하신 하나님에게서 비롯된 것이란다."

삶이란 얼마나 좋은 것인가!

여기까지 말했으니 꼭 기억해야 할 것이 있다. 바로 우상숭배의 문제다. 바울은 "피조물을 조물주보다 더 경배하고 섬기는" 사람들에 대하여 경고했다롬 1:25. 하지만 뭔가를 경배하지 않는 대신 꼭 그것을 멸시하거나 도외시해야 하는 것은 아니다.

그것을 설명해 보면 이렇다. 내가 평소에 하나님과 거리감을 느끼고 있다면 그것이 덫이 되어 나는 과음이나 위험한 행동, 음란한 경험으로 고통을 달래려 할 수 있다. 이것은 쾌락을 오용할 뿐 아니라 경배하는 일이다. 그럴 때 우리는 쾌락을 통하여 하나님의 품에 안기는 것이 아니라 오히려 하나님을 **피하여** 달아나는 것이다.

하지만 쾌락을 **오용해서는** 안 된다는 것과 쾌락을 **멸시하는** 것은 다르다. 또한 쾌락이 필요 없는 척하는 것도 쾌락을 바로 대하는 태도는 아니다.

맛좋은 커피나 솜씨 좋게 만든 의자에 만족을 느낄 때나 기발한 유머를 듣고 웃음이 날 때면 나는 하나님을 영화롭게 하려고 한다. 그분과 멀어지기보다는 오히려 그분께로 **다가가려고** 한다. 물론 비그리스도인도 똑같은 커피를 즐기지만, 그것을 하나님과는 연결시키지 않을 수 있다. 무신론자도 잘 만든 의자에 대해 감탄하면서 정작 창조주께 영광을 돌릴 생각은 없을 수 있다. 우리의 몸을 지으시고 사람들에게 목공 일을 할 재능을 주신 분이 그분인데도 말이다. 불가지론자도 얼마든지 사람을 웃길 수 있다. 우리의 하늘 아버지는 **의로운 자에게 뿐만 아니라 불의한 자에게도** 자비로우신 분이다. 심판 날이 다가오고 있지만 **하나님은 천국으로 가는 길뿐 아니라 지옥으로 가는 길에도** 은혜로 기쁨의 순간들을 허락하신다.

그리스도께 대하여 살아 있으면 쾌락을 수용하여 즐길 수 있다. 그러면 평범한 것들도 예배의 도구가 된다. 다윗이 하나님의 선하심을 즐거워한 시편 23편에서 아주 좋은 모델을 볼 수 있다.

> 여호와는 나의 목자시니 내게 부족함이 없으리로다
> 그가 나를 푸른 풀밭에 누이시며
> 쉴 만한 물가로 인도하시는도다 …
> 주께서 … 내게 상을 차려 주시고 …

만일 다윗이 불안에 빠져 이렇게 묻는다면 이상하지 않을까? "좋다! 하지만 나는 하나님을 사랑하는 것보다 푸른 풀밭과 쉴 만한 물가와 잔칫상을 더 사랑하는 것은 아닐까?"

그는 이 선한 쾌락들을 자비로우신 하나님이 주시는 선물로 받았다. 그것들은 하나님을 향한 다윗의 애정을 빼앗으려는 경쟁자가 아니라 오히려 그 애정을 북돋아주는 종이다.

우리 딸 켈시가 "아빠, 시리얼이 떨어졌어요. 더 사 주세요!"라고 말할 때 나는 "넌 아빠만 있으면 충분하지 않니?"라고 되받지 않는다. 딸이 즐겨먹는 시리얼을 사주는 것이 내 기쁨이다. 우리 딸들이 어렸을 때 나는 아이들이 학수고대하던 인형을 크리스마스 선물로 준 적이 있다. 그때 나는 딸들에게서 "아빠, 난 이 인형도 좋지만 물론 아빠를 더 사랑해요!"라는 반응을 바라지 않았다. 딸들이 그 인형을 좋아하고 기뻐하는 것이 나에게 위협으로 느껴지지도 않았다. 오히려 나는 딸들이 좋아서 어쩔 줄 모르기를 바랐다. 마찬가지로 하나님도 우리가 이 세상을 즐거워하는 것을 결코 위협으로 느끼지 않으신다. 그분은 우리의 즐거움 자체를 즐거워하신다. 그 즐거움을 우리가 하나님의 애정과 자비와 선하심과 후하심으로 **받기만 한다면** 말이다.

"하나님 한 분만으로 행복해야지!" 간혹 우리는 그런 말로 독신자들을 수치심에 빠뜨린다. 결혼을 갈망하는 것이 죄라고 생각하게 만드는 것이다. 하지만 우리들 대다수를 결혼하도록 설계하신 분이 하나님이시다. 이 갈망을 인정하는 것은 교만한 반항이 아니라 오히려 그분의 창조 설계에 겸손히 복종하는 것이다.

우리는 비그리스도인들이 만든 음악이나 코미디나 예술작품도 즐길 수 있다. 운전하다 지루해져 아이팟을 니나 고든의 노래에 맞추거나 또는 음악을 들으며 조깅하다가 좋아하는 데이비드 크라우더의 노래가 나오면 나는 혼자서 배시시 미소를 짓는다. 그러면서 삶이란 **정말** 얼마나 좋은 것인가 하는 생각을 한다. 내가 이런 풍성한 삶을 누릴 수 있는 유일한 이유는 하나님이 그것을 허락하시기 때문이다.

음표와 음표를 솜씨 좋게 엮어내는 사람들은 하나님이 설계하신 소리를 우리의 귀로 보내주는 것이고, 우리의 귀도 하나님이 고안하셨음은 물론이다. 많은 작사가들과 작곡가들은 하나님의 진리를 엿보는 제2의 눈이 있을 수 있고, 우리는 그것을 인정하고 감상하고 거기서 배울 수 있다. 노래마다 "할렐루야"가 나와야만 제대로 된 음악인가? 아니다! 일반 진리와 탁월한 솜씨가 그 자체로 하나님을 찬양하며 그분을 인간 실존의 배후에 계신 최고의 예술가로 인정하기 때문이다.

그분이 설계하신 대로 즐기라

미국 최고의 마라톤 선수 중의 하나이자 독실한 천주교 신자인 알베르토 살라자르는 이런 고백을 한 적이 있다.

"육상은 단순히 훈련이 아니라 중독 대상이 될 수 있다. 육상은 신처럼 될 수 있다. 이 신을 숭배하면 다른 것은 다 잊어버린다. 그러다 이 신을 잃으면 아무것도 남지 않는다."4

이 땅의 쾌락은 우리를 눈멀게 해 하나님을 보지 못하게 하고 우리의 마음을 그분에게서 앗아갈 수 있다. 선한 것이 악한 것으로 **둔갑할 수 있는** 이 엄연한 위험 앞에서 우리는 어떻게 하면 균형을 이룰 수 있을까?

모세가 이스라엘 백성에게 준 경고를 들어 보라.

> 네 하나님 여호와를 잊어버리지 않도록 삼갈지어다 네가 먹어서 배부르고 아름다운 집을 짓고 거주하게 되며 또 네 소와 양이 번성하며 네

은금이 증식되며 네 소유가 다 풍부하게 될 때에 네 마음이 교만하여 네 하나님 여호와를 잊어버릴까 염려하노라 여호와는 너를 애굽 땅 종 되었던 집에서 이끌어 내시고신 8:11-14.

이 말씀을 문맥에서 뚝 떼어내면, 쾌락이 결국 우리의 마음을 하나님에게서 떼어놓을 것이라며 쾌락의 '위험'에 따끔한 일침을 가하는 설교가 나올 수 있다. 하지만 이 가르침의 앞뒤에는 아주 중요한 머리말과 맺음말이 있다.

머리말은 세상의 쾌락이 직접 하나님의 손에서 온다고 말해 준다.

네 하나님 여호와께서 너를 아름다운 땅에 이르게 하시나니 그 곳은 골짜기든지 산지든지 시내와 분천과 샘이 흐르고 밀과 보리의 소산지요 포도와 무화과와 석류와 감람나무와 꿀의 소산지라 네가 먹을 것에 모자람이 없고 네게 아무 부족함이 없는 땅이며 그 땅의 돌은 철이요 산에서는 동을 캘 것이라신 8:7-9.

그야말로 쾌락의 땅이다!

이런 쾌락이 **필연적으로** 우리를 하나님에게서 떠나게 할 것이라면 그분은 애초에 그것을 주지도 않으실 것이다. 물론 그분은 그럴 수 있는 가능성을 인정하시며, 그래서 그 유혹을 솔직히 경고하신다. 하지만 그분은 쾌락을 책임감 있게 즐기는 길을 바로 앞뒤의 말씀에서 가르쳐 주신다. 그대로만 하면 쾌락은 우리를 **하나님에게서 멀어지게** 하는 것이 아니라 오히려 **그분께로 인도하는** 역할을 한다.

쾌락을 책임감 있게 수용하는 첫 단계는 6절에 나온다.

"네 하나님 여호와의 명령을 지켜 그의 길을 따라가며 그를 경외할지니라" 신 8:6.

쾌락을 책임감 있게 수용하는 길은 쾌락을 **하나님이 설계하신 대로 즐기는** 것이다. 술을 마시더라도 취할 정도로 마시지 말라. 음식을 먹되 폭식하지 말라. 땅의 소산을 즐기되 물질만능주의에 빠지지 말라. 섹스를 즐기되 성적인 쾌락을 오직 부부 사이에만 표현하라. 이 땅의 물질이나 경험을 받아 누릴 때는 하나님이 주신 지침대로 해야 한다. 거기에 어긋나게 즐긴다면 그것은 우상숭배가 된다. 마음이 어디로 가 있는지는 잘 측정할 수 없어도 행동은 측정이 **가능한** 법이다. 정당한 쾌락은 하나님이 계시하신 뜻에 어긋날 수 없다.

둘째, 쾌락을 지키는 길은 **하나님을 인정하는** 것이다. 모세는 이렇게 선포했다.

"네가 먹어서 배부르고 네 하나님 여호와께서 옥토를 네게 주셨음으로 말미암아 그를 찬송하리라 내가 오늘 네게 명하는 여호와의 명령과 법도와 규례를 지키지 아니하고 네 하나님 여호와를 잊어버리지 않도록 삼갈지어다" 신 8:10-11.

다시 말해 하나님이 주신 복과 쾌락을 대할 때마다 우리는 그분의 임재에 둔해지는 것이 아니라 오히려 **하나님을 상기해야** 한다. 문제는 쾌락 자체가 아니라 하나님의 임재와 분리된 쾌락이다.

> 그러나 네가 마음에 이르기를 내 능력과 내 손의 힘으로 내가 이 재물을 얻었다 말할 것이라 네 하나님 여호와를 기억하라 그가 네게 재물 얻을 능력을 주셨음이라…
> 네가 만일 네 하나님 여호와를 잊어버리고 다른 신들을 따라 그들을 섬기며 그들에게 절하면 내가 너희에게 증거하노니 너희가 반드시 멸망할 것이라 신 8:17~19.

세상을 사랑하는 데는 반드시 엄연한 위험이 따른다. 사실 성경에서 비중을 보면, 세상이 주는 선한 것들을 마음껏 누리는 쪽보다 부도덕한 쾌락의 유혹을 경고하는 쪽에 더 중점을 둔다. 그것은 아마 우리의 죄성 때문에 하나님의 쾌락을 오용할 소지가 아주 높아 두 배의 경고가 필요해서일 것이다.

하지만 절반의 진리도 기만은 기만이다. 하나님은 그분이 창조하신 세상을 즐기라고 우리를 초대하실 뿐 아니라 명하신다. **그분이 설계하신 대로만** 즐기면 된다. 하나님의 법대로만 하면 이 창조세계는 예배와 기쁨과 영적인 경이를 자아내는 아름다운 장이 된다. 하나님을 영화롭게 하려면 그분이 선하신 구세주 이상임을 인정해야 한다. 그분은 지혜가 뛰어나신 설계자요 창조주이시기도 하다.

★ 생각해 보기

1. 자라면서 당신은 세상을 주로 매춘부로 보았는가 아니면 어머니로 보았는가? 그런 시각은 당신이 하나님과 동행하는 데 어떤 영향을 미쳤는가? 쾌락을 대하는 태도에는 어떤 영향을 미쳤는가?

2. 카렌 호니가 '신경증적 자기혐오'의 특징으로 꼽은 것은 '자기에게 무모한 요구를 일삼고, 가혹하게 자기를 비난하고, 자기를 경멸하고, 자기를 좌절에 빠뜨리고, 자기를 괴롭히고, 자기를 파멸로 몰아가는 것'이다. 이 중에서 당신에게 있거나, 그것 때문에 당신이 힘들어하고 있는 부분은 몇 가지나 되는가? 특히 그리스도인들이 이런 건강하지 못한 태도에 빠지기 쉬운 이유는 무엇인가? 은혜를 성경적으로 잘 이해하면 이런 태도를 물리치는 데 어떤 도움이 되는가?

3. 하나님은 우리의 구속자이실 뿐 아니라 창조주이시기도 하다. 이 사실을 기억하면 이 땅의 많은 건전한 쾌락들을 수용하는 데 어떤 도움이 되는가? 쾌락에 균형을 이루는 데는 어떤 도움이 되는가?

4. 우리 그리스도인들은 자신이 하나님보다 뭔가 다른 것을 더

사랑하는지를 어떻게 분간할 수 있는가? 예를 들어, 하나님보다 첫 아기를 더 사랑하는 것 같아 두렵다는 엄마에게 당신은 뭐라고 말해 주겠는가? 하나님보다 약혼녀를 더 사랑하는 것 같아 걱정인 갓 약혼한 남자에게는 어떤가? 피아노나 그림 그리기나 운동 등 자신의 취미를 너무 많이 사랑하는 게 아닌가 의문이 든다는 사람에게는 어떤가?

5. 저자는 하나님이 창조주이시므로 그리스도인들은 비그리스도인들이 만든 음악이나 코미디나 예술작품도 즐길 수 있다고 주장한다. 작품 자체가 하나님을 욕되게 하는 내용만 아니라면 말이다. 당신은 그 말이 맞다고 보는가? 혹시 위험한 생각이라고 보는가? 어떤 점에서 그런가?

6. 신명기 8장 6~20절을 읽어보라. 이 말씀은 쾌락의 위험에 대해서 그리스도인들에게 어떤 지침을 주고 있는가? 쾌락을 수용하면서도 쾌락 때문에 망하지 않는 길에 대해서는 어떤 지침을 주는가?

8. 당신의 쾌락은 어디서 오는가?

내가 좋아하는 신발을 신으면 평범한 화요일도 더 좋은 하루로 변한다. 쇼나 니퀴스트

우리의 옛 성품이 변하고 있는 게 보인다면 그때의 행복이야말로 진정 변화를 낳는 행복이다. 제임스 휴스턴

하나님의 원리에 따를 마음으로 신중을 기하기만 하면 아주 실없는 놀이도 선한 일로 변한다. 하나님이 이런 단순성에 눈뜨게 하실 때 우리의 마음이 얼마나 넓어지는가! 프랑소아 페넬롱

주께서 생명의 길을 내게 보이시리니 주의 앞에는 충만한 기쁨이 있고 주의 오른쪽에는 영원한 즐거움이 있나이다.

시편 16:11

당신의 쾌락은 무엇인가?

전해오는 이야기에 따르면 담배를 피우던 유명한 침례교 목사 찰스 스펄전이 역시 유명한 전도자인 드와이트 무디를 자신의 교회에 강사로 초빙한 적이 있다고 한다. 무디는 담배를 피우는 그리스도인들의 위선과 악을 맹비난했다. 그러자 스펄전이 일어나더니 자신과 자신의 '악'을 잘 아는 회중을 보면서 무디에게 이렇게 말했다.

"무디 선생님, 당신이 포크를 내려놓으면 저도 담배를 끊겠습니다."

이것이 실화든 아니든 이 두 가지만은 확실하다. 무디는 먹기를 좋아했고 스펄전은 담배를 즐겼다. 부인할 수 없는 사실이 하나 더 있다. 우리는 자신이 즐기는 일에는 무조건 집착하면서 다른 사람이 즐기는 일은 비판하는 버릇이 있다.

잠시 비판은 접어두고 겸손히 배워 보기로 하자. 지금부터 내가 몇 가지 질문을 할 텐데, 지금까지 교회에서 아무도 당신에게 이런 것을 물어본 사람이 없었을지도 모른다. 하지만 이것은 건강하고 거룩한 질문들이다.

당신에게 참되고 지속적인 즐거움을 주는 것은 무엇인가? 또한 새 힘과 기운과 활력을 가져다주는 것은 무엇인가? 충성스럽게 순종하고픈 의욕이 절로 날 정도로 당신에게 감화를 주고 영혼이 부풀어 오르게 하는 것은 무엇인가? 제대로 푹 쉬었다는 느낌이 들게 하는 것은 무엇인가?

야외 활동을 할 때인가? 고전 영화를 볼 때인가? 아주 좋은 메시지를 받을 때인가? 텃밭에서 흙을 고를 때인가? 30분 동안 고급 포도주를 조금씩 음미하며 마실 때인가? 함량 72퍼센트의 쓰고도 단 초콜릿이 입 안에서 천천히 녹을 때인가? 카푸치노 한 잔을 앞에 놓고 명작 소설에 빠져들 때인가? 좋아하는 풋볼 팀의 시합을 관전할 때인가? 사슴을 사냥하려고 잠복 장소에 숨어 있을 때인가? 추운 겨울날 아침에 꽁꽁 언 호수에서 손에 낚싯대를 붙잡고 있을 때인가? 그것은 당신을 웃게 하는 일인가? 아니면 땀을 흘리게 하는 일인가? 뭔가를 창작할 때인가? 뭔가를 심을 때인가? 아니면 그냥 해변에 드러누워 그야말로 '아무 일도 하지 않을' 때인가?

당신은 자신에게 정말 쾌락을 가져다주는 것이 무엇인지 생각해 본 적이 있는가? 아니면 너무 죄책감이 들어 거기까지 가지 못했는가?

감각의 쾌락

지금부터 우리가 쾌락을 누릴 수 있는 몇 가지 방법을 잠시 살펴보기로 하자.

촉각

당신은 촉감에서 즐거움을 얻는 사람일 수 있다. 나무토막을 새겨 뭔가 만드는 일일 수도 있고 자리에 누워 뜨거운 오일 마시지를 받는 것일 수도 있다. 내 친구들 중에 한동안 우리보다 경제적으로 약간 형편이 좋았던 친구가 있다. 한 번은 외부 강연 중에 호텔에서 만났는데 그는 목욕 가운을 걸치고 마사지를 받을 준비를 하고 있었다. 나는 전문 마사지를 받아본 적이 없지만 그에게는 마사지가 좋은 도움이 된다. 그도 역시 출장을 많이 다니는 사람인데, 좌석 공간이 세 살짜리 아이에게나 맞을 만한 비행기 안에 한참 끼어 있다 오면 마사지가 몸을 풀고 회복하는 데 참 좋다고 한다.

당신의 쾌락이 어디서 오는지 알아내는 가장 좋은 방법 중 하나는 평소에 당신이 돈을 어디에 쓰는지를 생각해 보는 것이다. '촉각의 쾌락'을 좋아하는 사람들은 큰돈을 들여서라도 최고급 세사(細紗) 시트를 산다. 살갗을 애무하는 듯한 그 보드라운 천 속으로 미끄러져 들어가는 느낌이 그들에게는 한 달 분의 커피 값 이상의 값어치가 있다. 나는 강의 때문에 1년에 100일 이상을 호텔방에서 자는 사람이다 보니 시트가 아주 형편없지만 않으면 크게 신경 쓰지 않는다. 한 번은 아내와 내가 어느 저렴한 숙소에 들었는데 시트가 꼭 사포처럼 꺼끌꺼끌했다.

"이것도 다 마케팅 수법인지도 모르지요."

내가 그렇게 말했더니 아내는 "이게 어떻게 마케팅이 돼요?" 하고 물었다.

"잠자는 중에 피부 박리까지 해 드립니다!"

성적인 즐거움의 배후 원리가 촉각의 쾌락임은 말할 것도 없다. 감각적인 즐거움도 하나님이 생각해 내신 것이다. 그것은 그분의 지혜에서 나왔고 그분의 기발한 사고와 솜씨를 잘 보여준다.

하지만 촉각의 쾌락은 성행위로 그치지 않고 그밖에도 얼마든지 많이 있다. 어떤 여자들은 아이에게 젖을 먹이면서 큰 기쁨을 누린다. 반대로 아이들에게서 벗어나 욕조에 거품을 풀어놓고 뜨거운 물속에 들어가 있기를 원하는 여자들도 있다. 그런가 하면 해먹에 누워 살살 흔들리는 느낌이나 보트에 누워 잔잔한 파도에 흔들리는 느낌이 지상천국에 가깝다고 느끼는 사람들도 있다. 어떤 사람은 목에 캐시미어 스카프를 두르거나 포근한 스웨터로 따뜻하게 감싸기를 좋아한다. 부드러운 천이 살갗을 어루만져 주면 정신없는 하루라도 좀 낫고 견딜 만하게 느껴지는 것이다.

청각

언젠가 나는 책 집필과 관련하여 어느 성공한 녹음 아티스트를 만나 고급 SUV의 조수석에 앉은 적이 있다. 그 아티스트가 아직 발매되지 않은 자신의 최신 CD를 틀자 일제히 스피커에서 소리가 살아났다. 그렇게 깊고 그윽한 베이스 소리는 처음이었다. 기분 좋게 손에 만져질 듯했다. 그러면서도 그 소리는 전체 화음을 삼키지 않았다. 저음이 깊게 쿵쿵 울리는 중에도 고음은 고음대로 섬세하고 뚜렷하게 귀에 들어왔다.

'이래서 사람들이 거금을 들여가며 고급 스테레오 시스템을 사는구나!' 그런 생각이 들었다.

여기서도 우리는 자칫 비판이 앞서기 쉽다. 나는 음악적인 면에서 별로 세련되지 못한 편이다. 사람들이 고급 음향기기에 큰돈을 들이는 것이 나로서는 영 이해하기 힘들다. 사실 값이 500달러나 하는 **헤드폰**을 보면 정말 어이가 없어진다.

나는 비행기를 자주 타다 보니 가끔씩 업그레이드 혜택을 받아 일등석에 앉게 될 때가 있다. 한 번은 나까지 모두 여덟 명_{전부 남자였다}이 일등석에 앉아 시애틀로 향하여 청명한 하늘을 날고 있었다. 도중에 주변을 둘러보다 나는 그만 웃고 말았다. 나만 빼고 일곱 명 모두 보즈Bose 헤드폰을 끼고 있었던 것이다. 패션에 밝은 여자들에게 구찌 핸드백이 있다면 남자 사업가들에게는 보즈 헤드폰이 있다.

하지만 그 가치를 모르는 나에게는 그것은 쾌락의 낭비다. 내 교만한 마음은 이것을 **도덕적인** 문제로 비약시키려 하지만"일부 나미비아 사람들의 1년 수입에 맞먹는 돈으로 헤드폰을 사다니 어떻게 이것을 책임감 있는 행동이라 할 수 있겠는가?" 사실 이것은 취향의 문제다. 나라면 200달러를 모아 거리와 속도가 표시되는 조깅용 손목시계를 사겠지만 어떤 사람에게는 오히려 이것이 무모한 일로 들릴 것이다.

미각

요리사 중에 미식가라면 누구나 끔찍이도 좋아하는 세 가지 재료가 있다. 실란트로와 마늘과 페타치즈다. 그런데 나는 이 세 가지라면 아주 질색이다. 그냥 싫은 정도가 아니라 거의 역겨울 정도다. 그렇다면 나는 별로 세련되지 않은 것인가? 음식 맛에 관한 한 나는 그저 평범한 정도다.

그러니 한 친구가 우리를 자기 집에 초대하여 저녁식사 메뉴를 내놓았을 때 나의 '즐거움'이 어떠했을지 상상해 보라_{지어내는 이야기가 아니다}. 그가 "게리, 이 피자가 마음에 쏙 들 겁니다"라고 말한 뒤 늘어놓은 재료에는 아니나 다를까 실란트로와 마늘, 페타치즈가 들어 있었다. 내 위장을 공격하는 바로 그 흉악한 트리오였다.

"맛있겠는데요."

나는 거짓말을 했다. 그런데 웬걸, 그 피자는 정말 성공작이었고 꽤 맛이 좋았다. 그 친구는 정말 대단한 사람이다.

그날 리자는 그야말로 천국에라도 갔다 온 사람 같았다. 나에게 식사란 주로 실용적인 기능일 뿐이며 그런 점에서 나는 아내에게 큰 실망거리다. 나는 먹는 일이 고도로 즐거운 경험이라기보다 그냥 꼭 처리해야 할 일이나 귀찮은 방해거리로 느껴질 때가 많다. 우리 부부는 앞으로 언젠가 유럽 여행을 갈 꿈을 꾸고 있는데 처음부터 아내는 친구들과 함께 가고 싶다는 뜻을 분명히 했다. '그곳의 식당들에 갈 때 음식을 즐길 줄 아는 사람과 함께 가고 싶다'는 것이다. 이렇듯 리자는 잘 만든 요리의 맛과 결과 온도 차이를 감지할 줄 아는데 반해 나에게는 대개 그런 것들이 느껴지지 않는다.

당신이 좋아하는 맛은 고급 포도주나 이국적인 커피일 수도 있다. 인구의 50퍼센트가 진한 다크 초콜릿에 사족을 못 쓴다고 하는데 여자들의 경우는 그 비율이 90퍼센트로 더 높다.

시편을 쓴 다윗도 미각이라는 쾌락을 이용하여 하나님의 선하심을 선포했다. "너희는 여호와의 선하심을 맛보아 알지어다"시 34:8. 잠언도 하나님이 주신 미각의 선물을 이렇게 예찬하고 있다.

"내 아들아, 꿀을 먹으라 이것이 좋으니라 송이꿀을 먹으라 이것이 네 입에 다니라"잠 24:13.

하나님은 이스라엘 백성에게 '젖과 꿀'이 흐르는 땅을 약속하셨는데 출 3:17 그것은 그 땅에 양식젖과 즐거움꿀이 있다는 뜻이다. 스타벅스는 우유를 탄 고급 음료로 고객들에게 그 둘을 함께 제공하고 있다.

후각

어떤 면에서 내 코는 여자의 코와 같다. 흔히 여자들이 남자들보다 후각이 예민한데, 나는 냄새가 내게 큰 기쁨이 됨을 어려서부터 알았다. 고등학교 때 복도에서 여학생이 지나가면 나는 그 향긋한 냄새에 취하여 당장 그 자리에서 청혼이라고 하고 싶어질 정도였다.

"나랑 결혼해 줄래?"

"난 네가 누군지도 모르는데?"

"너에게서 이런 냄새가 나는 한 사랑은 차차 배우면 돼!"라고 말하고 싶어질 정도였다.

물론 세상사가 그렇듯이 내가 결혼한 여자는 무취無臭라는 '향기'를 제일 좋아하는 사람이다. 결혼한 지 10년째부터 나는 단지 내 수건과 옷에 화학세제의 향긋한 냄새를 묻히고 싶어 내 빨래는 내가 하고 있다. 아내는 무공해 세재를 쓰는데 그 냄새는 정말이지 내게는 씻어내고 싶은 신발 냄새와 같다.

그것과 연관시켜본 적은 없지만, 병에 든 양초를 좋아하는 내 취향을 아내는 통 이해하지 못했다. 언젠가 아내는 내가 따로 간직해둔 양초를 일일이 다 셌다. 그러고는 기회를 보아 나에게 한소리하려고 했다. 하지만 아침에 일하거나 저녁에 책을 읽을 때 방에 좋은 초를 켜두면 그것이 내게는 마치 청각에 민감한 사람이 잔잔한 고전음악을 듣는 것과 같은 효과가 있다.

이런 인공적인 냄새보다 갓 꺾은 꽃이라든가 갓 구운 쿠키나 파이처럼 자연에 더 가까운 냄새를 좋아하는 사람들도 있다. 정원 일을 즐겨 하는 사람들은 시원한 공기나 갓 파낸 흙냄새를 아주 좋아한다. 어떤 커피 애호가들은 커피를 마시더라도 고급 커피숍의 냄새 속에서 마시는 걸 좋아한다. 책을 좋아하는 많은 사람들은 단지 새 책이나 하다못해 헌 책의 종이 냄새를 맡으러 서점 나들이를 가곤 한다. 좀 더 유서 깊은 전통에 속한 신앙인들은 향냄새를 소중히 여기게 된다. 그런가 하면 젊은 엄마들은 특정 상표의 베이비샴푸로 머리를 감은 갓 목욕한 아기의 냄새보다 더 사람을 취하게 하는 것은 세상에 없다고 말할 것이다. 성경은 몰약을 복으로 예찬하는데, 성경 전체에 좋게 표현되고 있는 이 몰약은 예수께서 태어나셨을 때 동방의 박사가 바친 고대의 향품이다.

당신이 냄새에서 즐거움을 얻는 사람이라면 속도를 충분히 늦추어 냄새를 맡으며 살아가라. 창피해하거나 부끄러워할 것 없이 당신의 가정과 사무실에 이 쾌락을 들여놓으라. 그 순간들을 흠뻑 들이마시며 코를 통하여 예배의 마음을 가꾸라.

시각

부모라면 누구나 아기가 작은 콧구멍을 벌름거리며 쌔근쌔근 자는 모습보다 더 신기하고 아름다운 광경은 별로 없다고 말할 것이다. 그 모습을 바라보고 있노라면 가슴이 사랑으로 아려올 정도다.

이전에 버지니아 주에서 보수도 적고 낙도 없는 일을 하던 그때, 퇴근 후면 나는 한적한 마나사스 전적지에 가서 주변을 거닐곤 했다. 지평을 뒤덮은 저녁노을에 물들어 나무들이 유난히 찬란해 보이던 어느 가을날, 내 입에서 이런 말이 나왔다.

"내가 억만장자든 재정이 적자든 그때 내가 그랬다 이 광경만은 똑같이 즐길 수 있다." 물론 억만장자라면 그 광경을 돈으로 사서 자기 집 창으로 내다볼 수도 있겠지만 나는 거기까지 걸어가야 했다.

시각이 누구에게나 똑같은 즐거움을 주는 것은 아니지만 만일 당신의 배우자에게 시각이 정말 중요하다면 그것을 존중하기 바란다. 어떤 사람들에게는 자신의 거주지가 도시인지, 아니면 들판이나 숲이 내다보이는 곳인지가 굉장히 중요한 문제다. 인공적으로 예쁘게 꾸민 정원을 좋아하는 사람들도 있고, 저녁마다 낙조의 배경이 될 호숫가나 바닷가를 원하는 사람들도 있다. 하루 종일 그들은 태양이 물속으로 떨어지는 광경을 바라볼 그 20분의 시간만 기다릴 수도 있다.

내 친구 하나가 자기 어머니와 함께 워싱턴 D.C.의 내셔널 대성당을 구경하러 갔다. 어머니는 대단치 않다는 듯이 코웃음을 치며 말했다.

"나는 여기보다 작은 통나무 오두막에서 예배드리는 게 훨씬 좋다!"

건축에 조예가 깊은 내 친구는 이렇게 대답했다.

"어머니, 이제부터 여기에 익숙해지시는 게 좋을 거예요. 요한계시록에 나오는 새 예루살렘을 보면 어머니네 작은 목조 교회당보다는 이 성당에 훨씬 더 가까우니까요."

우리가 몇 년 전 집을 샀을 때 나는 리자가 멀쩡한 카펫을 뜯어내고 전혀 때타지 않은 벽지를 갈고 싶어하는 이유를 몰랐다.당시 그 집은 지은 지 2년도 안 됐었다. 게다가 방 한두 개를 그렇게 손본 뒤로 아내는 이상하게도 늘 그 방들을 더 좋아했다. 자신의 취향을 살려낸 그 방들이 자신에게 큰 즐거움을 주었기 때문이다. 나는 집의 실용적인 측면과 비용만 생각했다"고장나지도 않았는데 왜 고친단 말인가?". 하지만 나의 그런 소극적인 자세를 청지기 정신으로만 볼 수는 없다. 거기에는 공감할 줄 모르는 내 약점도 들어 있었는데, 그것은 다분히 그런 '시각의 쾌락'에 내가 아내보다 흥미가 적었기 때문이다. 나는 자연도 좋아하지만 책을 늘어놓은 너저분한 실내 사무실에서 일하는 것도 만족스러운 사람이다.

활동의 쾌락

감각의 쾌락 외에 '활동의 쾌락'도 많이 있다. 즉 우리는 자신이 하는 일에서 즐거움을 얻는다.

창작

많은 그리스도인들이 뭔가를 만드는 데서 즐거움을 느끼는데, 이것은 놀랄 일이 아니다. 본래 우리는 창조주 하나님의 형상대로 지음 받은 존재다. 하나님의 사람들이 각양각색인 것처럼 창작 예술의 분야도 매우 다양하다. 당신이 선택할 수 있는 창작의 분야로는 섬세한 보석도 있고, 향기로운 양초나 전기톱으로 하는 거친 조각 활동도 있다. 많은 그리스도인들은 시간을 내서 뭔가를 창조할 때 자신이 가장 살아있음을 느낀다.

대량 생산의 문화는 여러 모로 이런 즐거움에 공격을 가한다. 창의적인 쾌락을 수용하려면 어리석은 '상업성의 논리'를 극복해야 한다. 어떤 화가들은 자신의 그림이 팔리지 않는 한 진정한 화가로 자처하지 않는다. 어떤 사진작가들은 자신의 서비스나 작품에 시장성이 없으면 자신이 **진짜** 사진작가가 아니라고 생각한다. 그러나 창조주 하나님의 형상대로 지음 받았다는 사실은 우리가 창조를 위한 창조를 마음껏 즐길 수 있다는 데 그 진가가 있다. **당신에게 즐거운 일이라면 그 자체로 하나님께 드리는 예배가 될 수 있다.**

그러므로 당신이 좋아한다는 이유만으로 뭔가를 만들어 보라. 그것을 팔고 싶은 마음이 전혀 없더라도 말이다. 얼마든지 시도 쓰고 작곡도 하고 그림도 그리고 융단도 짜라. 우리 문화는 창조라는 훌륭하고 심오한 활동을 단지 재물을 늘리는 수단으로 전락시켰지만, 시류에 저항하여 그러한 문화에 예언자적인 메시지를 발하라. 당신이 보기에 아름답고 당신이 할 수 있는 일이라는 것만으로도 뭔가를 창작할 이유는 분명하다.

짜릿한 흥분

"설교에 쓸 좋은 예화가 필요한가?" 내 친구가 물었다.

"물론이지."

"허리케인 카트리나가 뉴올리언스와 미시시피에서 수만 명에 달하는 사람들의 삶을 초토화시켰을 때 멕시코 만의 반대편에 있는 우리는 평생 최고의 서핑을 즐겼다네."

그러면서 친구는 아드레날린이 솟구치던 그때의 일을 들려주었다. 어깨 너머로 자그마치 4미터가 넘는 '산더미만한' 파도의 벽을 보고 있다가 꼬박 2분 동안 그 파도를 탔다고 한다. 보통은 30초의 스릴로 끝나므로 2분이라면 서퍼들로서는 영원에 해당하는 시간이다.

친구는 이런 말까지 했다.

"그 파도에 나를 때려눕히거나 휩쓸어가 버릴 위력이 있다는 걸 알면서도 손가락으로 물살을 가르며 그 파도를 탈 때, 솔직히 아내와 성관계할 때의 그 느낌에 가장 가까웠다네."

번지 점프든 암벽 등반이든 패러세일이든 스카이다이빙이든 어떤 사람들에게는 위험이 곧 재미로 통한다. 그들의 쾌락은 다분히 아드레날린의 분출에서 온다. 목숨을 잃거나 불구가 되어도 좋다는 조항에 서명할 필요가 없는 일은 그들이 보기에 해 볼 만한 일이 아니다. 다시 말해 할리-데이비슨이나 스즈키 하야부사 모터사이클을 구입하는 사내들은 거기에 수건이나 걸어놓고 제한속도보다 느리게 달리려고 구입한 것이 아니다.

최근에 나는 마라톤 훈련을 받다가 해마다 한 번씩 3년 연속 큰 부상을 당했다. 의사는 "이봐요, 게리! 당신도 이제 40대 중반입니다. 스포츠 종목을 다른 것으로 바꿀 때가 되었다는 말이지요. 이제부터 자전거가 어떨까요?"라고 말했다.

그래서 나는 의사를 바꾸었다.

새 의사는 마라톤을 해 본 적이 있는 사람이라 이 욕구를 이해한다. 그 뒤로 그의 진료 차트는 매년 두꺼워지고 있다.

이전의 주치의는 일주일에 88킬로미터씩 뛰는 연습을 중단해야 한다고 내게 꽤 일리 있는 충고를 했지만 나는 그것에 대해 아내에게 불평을 했다. 그러자 아내는 아주 부드럽고 민감한 말투로 내게 물었다.

"절반만 뛰는 건 어때요? 그러면 당신의 몸에 이 정도로 무리가 되지는 않을 거 아니에요."

"**절반만** 뛰라구?" 나는 믿어지지 않는다는 듯 되물었다.

"나도 어떤 사람들처럼 21킬로미터만 뛰고 중간에 그만두란 말이오?"

"여보, 21킬로미터도 먼 거리에요. 그만큼씩 더 자주 뛰면 왜 안 되나요?" 아내가 몰아붙였다.

"그건 스릴이 없어서 그래요." 내가 말했다.

그렇게 대답해 놓고 나도 그 말에 놀랐다. 때로 우리는 자신에게 즐거움을 가져다주는 일의 뿌리가 무엇인지 모른다. 하지만 그날 나는 내가 마라톤의 거리를 꽤 중시한다는 사실을 깨달았다. 나는 21킬로미터라면 언제라도 쉽게 뛸 수 있다. 하지만 42.195킬로미터를 완주하려면 준비를 더 철저히 해야 한다.

더글러스 와이스 박사는 남자들이 이 아드레날린의 배출구를 스스로 '없앨' 때 그것이 미치는 부정적인 파장을 이렇게 말한다.

여태까지 내가 상담한 수많은 남자들이 '한때는' 뭔가 이 욕구를 채워

주는 일을 했으나 그러다 결혼하고 '철이 들고' 아이를 낳고 일이 많아졌다. 자기도 모르게 결국 그들의 삶은 모험과 흥분을 잃고 말았다. 그들은 점점 겁이 많아졌고 살이 쪘고 심하면 우울해지기까지 했다. 많은 남자들에게 위험과 흥분과 모험은 꼭 필요한 쾌락의 장이다. 다른 모든 것들과 마찬가지로 이것도 스케줄을 짜놓고 잘 채워 주어야 한다.[1]

전문 상담가인 와이스 박사는 이 부분에서 나보다 더 깊이 들어간다. 모험을 추구하는 사람들에게 그는 이렇게 조언한다.

"당신의 영혼이 쾌락을 얻는 일차적인 장이 모험이라면, 여기가 당신이 물을 마시는 샘이다. 어떤 감각적인 경험 못지않게 이것도 당신의 영혼에 만족을 준다."[2]

그러나 물론 쾌락이 중요한 역할을 하기는 하지만, 그것이 우리의 가장 결정적인 동기가 되어서는 안 된다. 내 생각에 암벽을 등반하는 남자와 결혼한 여자는 남편이 결혼하자마자 그 일을 그만두기를 바라서는 **안 된다**. 하지만 남자가 아빠가 되었다든지 해서 새로운 책임이 생겼으면 이제 그는 더 넓은 관점에서 볼 필요가 있다. 가족들의 생활비를 버는 일을 주로 남자가 맡고 있다면 특히 더 그렇다. 그런 남자가 가정의 미래까지 위태롭게 하면서 스릴을 즐기러 다니는 것이 과연 옳겠는가?

다시 말해 나는 내게 진정 즐거움을 주는 것이 무엇인지도 알아야 하지만 또한 내 본분과 책임도 알아야 한다는 것이다. 삶의 시기에 따라 주변 사람들의 더 큰 유익을 위하여 개인의 욕구를 양보해야 할 때가 있다. 자녀를 기르는 시기도 그중 하나다. 흔히 프로 운동선수들이 서명하는 계약서에는 위험한 행동을 삼간다는 조항이 들어 있다. 그렇다면 부양할 자녀를 둔 아버지들은 현재의 본분에 비추어 자신의 행동에 더욱 신중을 기해야 하지 않겠는가?

쾌락이 중요하기는 해도 **가장 중요한** 것은 아니다.

정신적인 자극

어떤 부부들은 일요판 신문의 낱말 퍼즐에 답을 서로 먼저 쓰려고 싸운다. 어떤 사람들은 스도쿠를 풀거나 루빅스큐브를 맞추는 것을 좋아한다. 이야기를 바탕으로 한 최신 비디오게임을 '푸는' 법을 알아내려고 매뉴얼까지 사는 사람들도 보았다. 그런가 하면 체스를 두는 정도가 아니라 체스 명인들의 대국을 인터넷으로 보는 사람들도 있다. 머릿속에서 벌어지는 체스 한 판처럼 그들에게 스릴을 가져다주는 일은 없다.

진짜 독서를 즐기는 사람들은 탄탄한 줄거리와 흥미로운 등장인물들이 나오는 좋은 책을 탐독하는 것보다 더 즐거운 일은 별로 없다고 말한다. 그들은 어서 휴식 시간이 되기만을 고대하며 하루를 보내다가 잠깐이라도 그런 시간이 나면 얼른 작가의 세계로 들어가 줄거리에 빠져든다. 그러다 책이 다 끝나면 그보다 서운한 일도 없다. 책이 끝나지 말고 계속되었으면 싶은 것이다.

관계

어떤 사람들은 무조건 사람들과 함께 있기를 원하고 또 **그래야만** 한다. 우리 딸 켈시는 사람들과 어울리는 재미로 살아간다. 켈시의 휴대전화는 타임스광장의 디지털 버전이라 해도 과언이 아니다. 늘 울려대고 늘 살아있다. 집에서는 컴퓨터 앞에서 일하고 혼자 출장을 다니는 나의 생활방식을 보면서 켈리는 자신은 단 한나절이라도 말상대 없이 혼자 지낸다는 것은 생각할 수도 없다며 몸서리를 친다.

당신은 혼자 있는 것이 곧 고통일 수 있다. 사람들과 눈을 마주쳐야만 하고 사람들이 당신에게 속을 털어놓아야만 한다. 그렇다면 당신은 사람들과 어울려 교제하는 데서 큰 기쁨을 얻는 사람이다.

나처럼 앨리슨도 내성적인 사람이다. 하지만 내성적인 사람들도 대인관계에서 큰 기쁨을 얻을 수 있다. 하루는 큰딸 앨리슨이 대학부 모임에서 돌아와 깊은 만족의 탄식을 발했다. 앨리슨은 마침 여름방학을 맞아 대학 기숙사를 떠나 집에 와 있었는데, 어려서부터 친했던 친구와 나란히 함께 앉아 예배를 드리면서 거기서 아주 깊은 의미를 느꼈다고 했다.

"20대가 되어서도 우리가 이렇게 하나님을 예배하고 있잖아요!"

21년 인생에서 20년을 알고 지낸 친구와 붙어 앉아 예배를 드렸다는 사실 때문에 기쁨은 더욱 커졌다.

성경상담자 데이비드 폴리슨이 이렇게 말했다.

"낙원이란 곧 당신에게 한없이 편한 사람들, 보기만 해도 즐거운 사람들로 가득한 방에서 당신이 가장 즐거워하는 그분의 임재 안에 사는 삶이다."3

당신이 만일 가정에서 살림하는 아빠나 엄마인데 당신의 쾌락이 사람들을 만나는 데서 온다면 방법을 찾아내야 한다. 경제적인 형편상 아이들을 보면서 친구들을 만나야 할 수도 있지만, 그래도 이 욕구를 채우는 것은 당신 자신과 주변 사람들에 대한 당신의 의무다. 당신이 만일 온종일 외로움에 시달리면서 나중에 피곤한 배우자가 퇴근하여 열심히 말하고 들어주고 상대해 주기를 기대한다면 배우자는 직장에서 온종일 말하고 듣고 상대하는 일을 하다 왔다 그것은 좌절을 자초하는 일이 될 것이다.

하지만 그 피곤한 배우자에게 잠깐 전할 말이 있다. 아내가 외로움을 느끼는데 당신이 계속해서 아내에게 당신과 대화하며 친밀한 관계를 누리는 즐거움을 주지 않는다면 그것은 아주 어리석은 일이다. 배우자가 관계에서 큰 기쁨을 얻는 줄 뻔히 알면서도 그런 기쁜 시간을 내주려는 시도조차 하지 않는 것은 잔인한 일이다. 당신의 아내가 관계와 대화에 대한 욕구가 아주 강한 사람이라면 아내의 그런 욕구를 다 채워줄 수는 없을 것이다. 하지만 그중 얼마라도 채워주려고 노력하지 않는다면 그것은 변명의 여지가 없는 일이다. 그것은 마치 골프나 사냥을 즐기는 남자가 결혼한 뒤에 아내에게 골프나 사냥을 그만두라고 강요받는 것과 같다. 만일 결혼하기 위해서 잘 대해 주다가 결혼 후에는 정서적인 관계에서 손을 뗐다면 당신은 사기를 친 것이다. 관계적인 성향이 강한 여자는 다른 친구들도 즐겁게 사귀겠지만, 아무리 가까운 동성 친구들이 많아도 남편과 친밀한 관계를 누리고 싶은 마음은 **언제나** 그대로 있는 법이다. 그것은 정당하다 못해 거룩한 욕구다.

웃음

웃음에는 놀라운 생리적인 효과가 있다. 저지방 단백질이 함유된 건강한 샐러드를 먹으면 몸에 좋듯이 멋진 농담을 즐길 줄 알면 영혼에 풍부한 영양분이 된다.

사람들과 함께 웃는 일은 삶의 큰 즐거움 중의 하나다. 한 번은 신학교에서 가르치다가 수업 중에 '오피스' The Office라는 텔레비전 드라마를 즉석에서 언급한 일이 있다. 제목 외에 아무 말도 하지 않았는데 여남은 명쯤 되는 학생들이 웃기 시작했다. 어리석은 마이클, 엉뚱한 드와이트, 잘 참지 못하는 스탠리, 멍청하고 이기적인 상사의 미움을 잘 견뎌내는 토비 등 그 드라마의 등장인물들은 시청자들을 마냥 즐겁게 한다. 그래서 제목만 들어도 웃음이 나는 것이다.

웃음의 처방이 필요한 사람들을 위하여 위성 라디오에서는 코미디를 음악처럼 항상 내보내고 있고 유선 텔레비전에서도 하루 24시간 안방으로 코미디를 보내준다. 하지만 내가 제일 웃음에 취할 때는 실생활에서 어린아이들 틈에 있을 때다. 대중매체의 코미디는 영적으로 건강한 내용보다 부적절한 내용이 훨씬 많아 잘 분별해야 하지만 아이들과 함께 있으면 그럴 일이 없다.

다들 긴 한 주간을 보내고 모인 교회에 건강한 웃음이 있다면 그 또한 큰 유익이 될 것이다. 내가 아는 어떤 사람들은 예배 중에 웃으면 큰일이라도 나는 줄 안다. 이 문제는 뒤에서 더 자세히 살펴볼 것이다.

당신의 삶에 쾌락을 적용하라

물론 지금까지 말한 것 말고 다른 쾌락들도 많이 있다. 예를 들어 여행은 많은 사람들에게 큰 즐거움이 된다. 자원봉사도 있고 정치와 선거 활동도 있고 사냥과 골프도 있다. 여기서 그 목록을 다 댈 수는 없다. 다만 나는 많은 사람들이 흔히 죄책감을 느끼는 정당한 활동들을 이번 기회에 다시 생각해 보기를 바란다. 당신에게 참되고 지속적인 즐거움을 주는 것은 무엇인가? 어떻게 하면 그런 즐거움을 당신의 스케줄 속에 조금이라도 넣을 수 있겠는가?

교회에서 우리가 종종 듣는 질문이 있다.

"당신은 하루에 얼마 동안이나 기도하는가? 매일 성경을 읽고 있는가? 비그리스도인에게 마지막으로 전도한 것이 언제인가? 교회의 사역 중에 당신이 자원해서 돕고 싶은 일은 무엇인가?"

물론 중요한 질문들이다. 솔직히 나의 **가장 큰 즐거움** 중 두 가지는 성경을 연구하고 기도하는 시간이다. 하지만 마치 하나님이 순전히 '종교적인' 활동들만 받으시는 것처럼 교회가 **그런 활동들만** 즐거운 일이라고 가르친다면 그것은 정직하지 못한 일이다. 그래서 나는 더글러스 와이스의 책에 나오는 '영적인 쾌락'은 **일부러** 이 책에서 **뺐다**. 묵상이나 기도, 봉사, 헌금 등의 중요성에 대하여 그리스도인들을 질책하는 책들은 이미 수없이 많이 나와 있고, 그것은 하나님께 감사한 일이다. 하지만 이제 우리 복음주의자들은 커피를 음미하거나 스포츠 경기를 보거나 양초를 밝힐 때도 마치 하나님이 그 자리에 계셔서는 안 될 것처럼 느끼지 않고도 그 일을 할 수 있어야 한다. 오히려 하나님이 애초에 그 쾌락을 지으신 분으로 생각하면 어떻겠는가?

당신의 삶에 건강한 쾌락의 자리를 내면 그것이 힘든 하루 중에 당신의 영혼을 일으켜 세워준다. 어쩌면 하루에 15분 정도 근처의 커피숍에 앉아 있는 시간이 당신이 낼 수 있는 유일한 '휴가'일 수도 있다. 험프리 보가트나 톰 행크스가 나오는 2시간짜리 영화를 다 보려면 사흘이 걸려야 할지도 모른다. 조깅을 일주일에 사흘만 하거나 모차르트 음악을 10분 단위로 끊어서 들어야 할지도 모르고, 아이들이 잠자리에 드는 밤 10시까지 대화를 미루어야 할 수도 있다. 그렇더라도 어떻게든 방법을 찾아, 당신의 영혼을 세워주는 그 즐거움을 당신의 일상 속에 끼워 넣으라.

당신의 욕구를 솔직히 인정하라. 낙이 없는 삶의 좌절감을 당신이 얼마나 견딜 수 있을지 현실적으로 생각해 보라. 당신은 여태 이 부분에서 자신의 영혼을 방치해 왔는가? 그래서 거짓된 쾌락과 헛된 환상에 빠지기 쉬운 상태가 되었는가? 당신은 마치 주 7일 하루 24시간 아무런 휴식이나 재미나 참된 쾌락이 없이도 버틸 수 있을 것처럼 살아왔는가? 그래서 당신의 성품과 사역과 가정을 위험한 상태에 빠뜨리고 있는가? 당신이 지금 그렇게 살고 있다면 당신의 삶에서 쾌락의 자리를 무시해도 된다고 생각한다면 내가 보기에 그것은 너무 고지식한 태도다. 당신이 21세기를 살고 있는 사람이기에 더욱더 그렇다.

★ 생각해 보기

1. 이번 장 첫머리에 나오는 스펄전과 무디의 일화를 다시 한 번 읽어보라. 우리는 자신이 좋아하는 쾌락의 위험성은 잘 보지 못하면서 다른 사람들이 좋아하는 쾌락의 위험성만 예리하게 지적하는 경향이 있다. 왜 그렇다고 생각하는가? 어떻게 하면 자신의 쾌락에 대해서는 더 정직해지고 다른 사람들의 쾌락에 대해서는 더 이해하는 마음을 품을 수 있겠는가?

2. 시각, 청각, 촉각, 미각, 후각 등 다섯 가지 '감각적인 쾌락'을 당신에게 가장 큰 즐거움을 주는 순서대로 적어 보라. 당신의 배우자나 친구에 대해서도 똑같이 해 보라. 그런 다음에 그 적은 종이를 바꾸어 두 사람이 서로를 얼마나 잘 알고 있는지 확인해 보라.

3. '활동의 쾌락' 중에서 당신에게 늘 지속적인 즐거움을 주는 것은 무엇인가?

4. 그밖에 당신이 생각해낼 수 있는 개인적인 쾌락이 더 있는가? 있다면 그 내용을 나누어 보라.

5. 현재 당신의 삶에는 그런 쾌락들이 충분히 있는가? 혹시 너무 많은 것은 아닌가?

III부 쾌락은 삶을 풍성하게 한다

9. 하나님 앞에서만 즐겨야 할 쾌락들

불행히도 내 삶은 음식물 외에는 거의 모든 것이 역겹거나 실망스럽게 느껴지는 지경에까지 이르렀다. 그래서 나는 하루 종일 먹는다. 토니 콘하이저

금주를 부르짖는 사람들 중 일부는 포도주 따위를 약으로만 써야 한다고 말하지만 나는 극구 반박하지 않을 수 없다. 포도주를 정말 위험하고 부도덕하게 마시는 한 가지 방법은 그것을 약으로 마시는 것이다. … 그렇다고 환자의 기운을 북돋는 차원에서 술을 주는 것이 꼭 부당하다는 말은 아니다. 하지만 술이란 건강한 사람에게 재미로 마시라고 주는 것이 제대로 된 사용법이며 건강의 개념과도 훨씬 잘 맞아든다. G. K. 체스터튼

인간은 양심의 가책을 느끼는 한 악한 삶에서 행복을 얻을 수 없고, 악과 타협하는 한 선한 삶에서도 행복을 얻을 수 없다.
A. J. 러셀

너는 가서 기쁨으로 네 음식물을 먹고 즐거운 마음으로 네 포도주를 마실지어다 이는 하나님이 네가 하는 일들을 벌써 기쁘게 받으셨음이니라. 전도서 9:7

여유롭고 즐거웠던 점심시간

그날 오후는 정말 내 평생을 통틀어 손에 꼽을 만큼 즐거운 시간이었다.

나는 아들과 함께 남아프리카공화국의 케이프타운에 있었다. 내가 예배 시간에 말씀을 전한 스텔렌보쉬 게메엔테 교회는 인근 학교에서 모이는 꽤 큰 교회였다. 그동안 나는 미국의 50개 주와 세계 여러 나라를 다녀보았지만 케이프타운 같은 곳은 처음이었다. 그 곳보다 에덴동산에 더 가까운 곳은 없을 거라고 생각될 정도였다.

2부 예배가 끝나자 한 의사가 담임목사에게 다가와 열띤 대화를 나누었다. 자연히 그 대화는 내 호기심을 자극했다. 어쩌면 그 저명한 의사는 내 설교의 어떤 부분을 반박하고 싶었는지도 모른다. 혹시 내가 언급한 책이 강한 반감을 불러일으켰거나 정치적인 이슈가 그런 열정을 자극했는지도 몰랐다.

그런데 나중에 담임목사의 설명을 들으니 그 선한 의사는 외부 강사인 나의 점심식사에 행여 적절한 포도주가 제공되지 않을까봐 우려했다고 한다. 본래 나는 5달러짜리 포도주와 500달러짜리 포도주도 구별하지 못하는 사람이다. 술이 내게 신학적으로 문제될 것은 전혀 없지만, 나는 그냥 생활방식 때문에 술을 거의 마시지 않는다.

그러나 케이프타운에서는 포도주로 세상이 돌아간다. 식사 중에는 물론이고 식전과 식후에도 포도주를 마시는데, 그때마다 각기 다른 종류로 시점에 맞게 공을 들여 포도주를 고른다.

기도로 시작된 그날 오후는 곧 세 시간 동안의 식사로 이어졌다.

그야말로 **장장 세 시간**이었다.

우리는 어떤 포도원이 내다보이는 옥외에 앉았다. 케이프타운에서 옥외에 앉지 않을 사람이 누가 있겠는가? 시끄러운 배경음을 내는 텔레비전은 한 대도 없었고 느긋한 대화가 오가며 흥이 무르익었다. 나는 '이게 정말 **안식일**이구나' 하는 생각이 들었다.

하지만 안타깝게도 일부 그리스도인들은 포도주 때문에 그날의 일을 악평할지도 모르겠다. 어떻게 우리 그리스도인들은 '위험한' 쾌락들을 적절히 즐기는 법을 배울 수 있을까? 다른 사람들을 실족시킬 수도 있으니 아예 손도 대지 말아야 하는 것일까?

위력적인 쾌락들을 제어하자

우리 삶에서 가장 위력적인 세력들일수록 제어가 필요하다. 예를 들어 워싱턴 주의 동물원에 가면 사방에 다람쥐들이 기어 다니고 머리 위로는 까마귀들이 앉아 있다. 하지만 아무도 그런 동물들에 신경을 쓰지 않는다. 그것들이 제멋대로 돌아다녀도 누구도 걱정하지 않는다.

하지만 호랑이가 우리 밖으로 나오거나 곰이 식탁 옆에 어슬렁거린다고 생각해 보라.

그렇다면 모두들 **걱정할** 것이다.

위험한 쾌락들도 어떤 면에서 그런 동물들과 아주 비슷하다. 섹스는 강력한 힘이므로 잘 제어하고 통제해야 한다. 섹스는 가정을 결속시켜

주고, 정절이 깊어지게 하고, 친밀한 추억을 더해주고, 단조로운 일상에서 벗어나게 하고, 새 생명을 잉태하게 하는 등 큰 유익이 될 수도 있지만 자칫하면 큰 해를 끼칠 수도 있다. 음악은 영혼을 달래줄 수도 있지만 폭동을 선동할 수도 있다. 군대는 나라를 보호할 수도 있지만 무죄한 나라를 공격할 수도 있다. 좋은 포도주는 미뢰를 깨워줄 수도 있지만 지나치면 뇌를 무디게 하고 간을 해칠 수도 있다.

쾌락은 인간의 의욕을 자극하기 때문에 또한 엄청난 위력을 안고 있다. 그런 위력을 제어하지 않으면 악한 폭군으로 변하고 만다.*일부 예리한 독자들은 내가 여기에 하나님도 포함시키는지 궁금해 할 것이다. 나는 그들에게 하나님의 위력은 그분의 거룩한 성품이 스스로 제어하고 있다고 말해주고 싶다. 자족할 줄 알고 하나님을 영화롭게 하는 사람의 손에 놓인 돈은 엄청난 유익이 될 수 있다. 그러나 돈이 영적으로 병든 사람의 손에 놓이면 흉포한 악의 세력이 될 수 있다.

음식물이라는 친구

'위험한 쾌락들'이라 할 때 나는 돈, 섹스, 술 같이 금방 머릿속에 떠오르는 것들만 말하는 것이 아니다. 어떤 사람들에게는 음식을 먹는 일 같은 가장 기본적인 쾌락도 위험해질 수 있다.

한 번은 야심한 밤에 어느 외딴 곳의 트럭 기사식당에서 렌터카에 기름을 넣은 적이 있다. 한밤중인데도 식당이 열려 있었다. 병적이리만치 비만인 한 남자가 카운터 의자에 겨우 엉덩이 한 쪽만 올려놓고 감자튀김과 베이컨 치즈버거를 게걸스레 먹고 있는 모습이 보였다. 이 딱한 남자는 거기서 모종의 쾌락을 얻고 있었을지 모르지만 그야말로 음식으로 자신을 죽음으로 몰아가고 있었다.

그렇다면 요지는 무엇인가? **위험해질 소지가 있는 쾌락의 노예가 되지 않고 참으로 즐기려면 우리는 쾌락보다 더 크신 하나님께 복종해야 한다**는 것이다.

하나님이 우리에게 허락하신 쾌락들을 전동 공구나 장전된 총을 다루듯이 다루어야 한다. 일정한 안전 조치를 취해야만 쾌락이 비극으로 끝나지 않고 행복한 삶으로 이어질 수 있다. 하나님의 더 크신 지혜와 온전하신 설계와 계획을 무시하면 자칫 하나님이 우리를 잘되게 하려고 주신 그것이 오히려 우리를 속박하다 못해 파멸로 이끌 수 있다. 쾌락에는 **엄청난 힘**이 있다. 하나님이 본래 쾌락을 그렇게 지으셨다. 우리는 그에 상응하는 두려움과 외경으로 쾌락의 인력(引力)을 상쇄해야 하며 우리의 마음은 그보다 더 큰 것을 지향해야 한다.

칼럼니스트 토니 콘하이저는 중년이 되면 음식이 가장 진실한 친구로 느껴지는 시점을 피할 수 없다며 이렇게 설명한다.

"불행히도 내 삶은 음식물 외에는 거의 모든 것이 역겹거나 실망스럽게 느껴지는 지경에까지 이르렀다. 그래서 나는 하루 종일 먹는다."[1]

영적 대가인 어거스틴(354~430)_ 유명한 주교이자 『참회록』(생명의 말씀사)을 비롯한 여러 고전을 남긴 저자다. 서구 교회의 첫 15세기 동안 가장 큰 영향력을 미친 기독교 신학자라 할 수 있다.

도 젊은 시절 날마다 정욕과 싸우던 데서 하나님이 자신을 구해주신 후에 나이가 들어서는 식탐 때문에 더 힘들었다고 회고했다. 수도사는 자신의 삶에 정욕을 자극하는 요소들이 없도록 미리 손을 쓸 수 있다. 하지만 살려면 먹어야 하는데 식탐의 유혹은 어떻게 피하느냐고 어거스틴은 반문했다. 음식물은 늘 우리 눈앞에 있으므로 자칫 잘못하면 언제라도 오용하기 쉽다.

나는 보수적인 침례교회에서 자랐다. 나이 많은 어른들은 상소리는 물론 그 비슷한 말이라도 입 밖에 내는 것을 죽도록 싫어했다. 미성년자 관람불가 영화를 본다든가 포커 게임에 낀다는 것은 그들로서는 상상할 수도 없는 일이었다. 하지만 그런 그들도 교인들이 음식을 가져와 나누어 먹는 파티에서는 디저트까지 깨끗이 먹어치우곤 했다. 어쩌면 많은 평범한 쾌락들을 잃은 상태에서 '무난한' 쾌락이 눈앞에 있으니 마치 에베레스트 산 정상에 오른 등반가가 필사적으로 공기를 들이마시듯이 걸신들린 것처럼 실컷 먹었는지도 모른다.

콘하이저는 자신과 자신의 한 직장 동료가 음식을 대하는 방식이 완전히 달랐다며 이렇게 썼다.

"그녀는 스물다섯 살 때부터 늘 원칙이 똑같았다. '배고파 기절하기 직전까지는 절대로 먹지 말 것.' 그것은 '조금만 더 먹자'는 내 원칙과는 다르다."[2]

우리가 거식증 환자처럼 음식을 즐기기보다 두려워한다면 그것 또한 하나님을 영화롭게 하는 일이 아니다. 또한 평생을 '조금만 더 먹자'는 주의로 살아간다면 정말 이 땅에서 하나님을 섬길 수 있는 기한이 10년이나 그 이상까지도 짧아질 수 있다. 알코올 중독자와 흡연자가 각각 술과 담배로 자신의 수명을 단축시킬 수 있듯이 우리도 음식으로 수명을 단축시킬 수 있다. 먹는 일은 큰 즐거움이지만 또한 우리를 죽일 수도 있다.

우리는 먹는 즐거움을 오용하지 않도록 조심해야 한다. 나는 오늘날의 교회가 이 부분에서 잘못을 범하고 있지 않은지 자못 우려스럽다. 우리는 성적인 부도덕, 물질만능주의, 마약 복용, 음란한 오락물, 술 취함 따위의 쾌락을 피하는 데만 집중한 나머지 옛 신앙의 선배들과 성경이 경고하고 있는 탐식은 거의 무시하고 있지는 않은가? 우리는 다른 쾌락들은 계속 물리치면서도 날마다 원 없이 먹는 데는 전혀 문제를 느끼지 못한다. 다른 사람들이 우리가 선택한 생활방식의 결과를 보고, 우리의 귀와 눈과 혀와 생식기는 하나님께 드려졌을지 몰라도 배는 아닌가 보다고 결론을 내려도 틀린 말은 아닐 것이다.

거룩함이 곧 날씬함을 뜻한다고 말한다면 그것은 터무니없는 일반화이자 거짓말이 될 것이다. 다양한 체형도 하나님이 지으신 것이다. 그러나 식욕을 절제하지 않는 것이 탐식의 죄가 될 수 있듯이 일정한 체형을 만들려고 몇 시간씩 소비하는 것도 허영의 죄가 될 수 있다. 그러므로 체구와 관계없이 당신에게 조용히 묻고 싶다. 당신은 음식을 자제하여 하나님을 영화롭게 하고 있는가? 당신이 음식이라는 쾌락을 절제하지 못하거나 아예 이 문제를 무시해서 혹시라도 당신의 전도가 막히고 있지는 않은가?

궁극적으로는 하나님만이 아신다. 내가 이 문제를 제기하는 주된 이유는 이것이다. '위험한' 쾌락들을 논하면서 가장 흔하고 그래서 어쩌면 가장 위험한 쾌락인 탐식을 제쳐둔다면 그것은 너무 편협한 시각이 되겠기 때문이다.

그럼 이제부터는 가장 뜨거운 논란이 되는 문제로 넘어가보자. 바로 그리스도인과 술의 문제다.

대논쟁: 그리스도인과 술

목사인 친구 하나는 거룩함을 중시하는 전통에서 자랐다. 13세 이하 관람가 영화도 보아서는 안 되었고 남들이 보는 데서 술을 마시는 것은 최악의 일이었다. 성경이 절대적인 금주를 말하지 않는다는 것을 알고는 있었으나, 그럼에도 마음속으로 음주를 받아들이지 못했다.

이 책에 대한 대화가 시작되자 그는 이렇게 물었다.

"내가 만일 어떤 식당에서 포도주를 한 잔 하고 있는데 어떤 교인이 들어와서 나를 본다면 어떻게 생각하겠나? 그런 상황에 대해 자네는 목사인 나에게 어떻게 조언할 텐가?"

"자네 말에는 이미 큰 전제가 깔려 있어." 내가 말했다.

"전제라니?"

"포도주를 마시다 교인의 눈에 띄는 게 무조건 부정적인 일이라는 전제지. 하지만 그 교인은 당신이 **책임감 있게** 삶을 즐기는 모습을 보며 오히려 **치유**를 얻을 수도 있거든. 자네 손에 들려 있는 포도주 잔 자체가 아주 강력한 설교가 될 수도 있다는 말이지."

행여 독자들의 절반이 뚝 떨어져 나가기 전에 미리 해둘 말이 있다. 나는 일부 그리스도인들이 술을 주저하는 것을 이해한다. 나는 그리스도인들에게 음주를 권할 생각이 전혀 없다. 평소에 나는 맥주는 전혀 마시지 않고 포도주만 아주 조금 마시는 사람이다. 아내와 둘만 있을 때에도 알코올 대신 스무디를 선택한다.

나는 '독한' 술을 마신 경력도 없고 앞으로도 마실 생각이 없다. 그러니까 내가 지금 하고 있는 말은 나 자신의 행동을 정당화하는 것과는 거리가 멀다. 만일 하나님이 내게 오셔서 "게리야, 나는 네가 술을 일체 입에 대지 않기를 원한다"라고 말씀하신다면 그것은 "나는 네가 남극으로 이사 가기를 원하지 않는다"라는 말씀에 순종하는 것만큼이나 내게는 쉬운 일이다.

또 하나 덧붙일 말이 있다. 만약 내 아내가 알코올 중독자 가정에서 자라면서 술 때문에 상처를 입었다면, 아내에게 선물을 주는 의미에서 나는 술을 한 방울도 입에 대지 않을 것이다. 어떤 상황에서는 다른 사람들을 위하여 우리 자신의 쾌락을 절제해야 한다.*바울은 고린도전서 10장 23-24절에 분명히 그렇게 가르치고 있다. "모든 것이 가하나 모든 것이 유익한 것은 아니요 모든 것이 가하나 모든 것이 덕을 세우는 것은 아니니 누구든지 자기의 유익을 구하지 말고 남의 유익을 구하라." 나의 소그룹에 속해 있는 한 남자는 술 때문에 문제를 일으키는 아버지 밑에서 자랐다. 그는 술을 전혀 마시지 않는데, 그 이유는 자신의 집안에 그런 이력도 있을 뿐더러 자신에게 이 쾌락의 위력을 감당해낼 능력이 있는지도 믿을 수 없기 때문이라고 한다. 이것은 술을 피해야 할 아주 좋은 이유다.

자고로 술이 수많은 삶과 가정을 파멸에 빠뜨렸기 때문에 일부 사역 기관들과 교회들이 교역자들과 직원들에게 금주를 요구하는 것을 나는 이해한다. 이들은 성경적으로 허용되는 쾌락을 자신의 소명을 위하여 기꺼이 포기하는 이타적인 그리스도인들이다.

그 외에도 그리스도인들이 술을 마시지 않기로 선택할 수 있는 이유는 얼마든지 많이 있다. 하지만 스스로를 의롭게 여기는 거짓된 경건함이 그 이유가 되어서는 안 된다. 남들보다 더 많은 것들을 끊음으로써 자신이 그들보다 '더 거룩하다'는 인상을 주려는 욕심도 마찬가지다. 하나님은 자신이 주신 것들을 우리가 다 감사함으로 받기를 원하시며 술이라고 예외는 아니다. 그런데 단지 술을 마시다 사람들의 눈에 띄면 그들이 나를 낮추어 보지 않을까 하는 두려움으로 금주를 한다면, 그 두려움은 나를 바리새인들의 세계로 데려갈 것이다.

분별이 있는 주석가라면 누구나 동의하겠지만, "먹고 마시는 것을 … 이유로 누구든지 너희를 비판하지 못하게 하라"골 3:16고 한 바울의 말은 포도주나 기타 주정酒精 음료를 마시고 싶어 하는 사람들을 변호하려고 한 말이다. 그는 **지금 물이나 다른 음료수 이야기를 하고 있는 것이 아니다.** *구약 성경에 부정한 음주를 암시했을 수 있는 말[나실인의 서원(느 6:3), 부정한 그릇에 담긴 음료(레 11:34), 성전에서 섬기는 제사장(레 10:9)]은 극히 제한적이고 구체적이므로 바울이 1세기의 골로새 교인들에게 그런 경우들에 대해서 말했을 가능성은 매우 희박하다.

1세기의 골로새 교회에 4달러짜리 커피를 가지고 도덕적인 문제를 제기한 사람은 아무도 없었다! 바울이 우리에게 하는 말은 매우 분명하고 강력하다. 다른 사람들보다 내가 더 낫다는 빗나간 경건주의만 가지고는 진짜 무분별한 방종을 제지하기 어렵다는 것이다. 그보다 우리에게는 하나님의 명령이 필요하고 더 중요하게는 그분의 은혜가 필요하다.

프랑소아 페넬롱은 우리의 영성이 전도를 막아서는 안 된다고 경고한다. 특히 '주의해야 할 쾌락들'을 대하는 방식과 관련하여 그는 이렇게 썼다.

> 나는 우리가 그런 쾌락들을 하나님 앞에서 적당히 누리는 것이 좋다고 본다. 너무 엄격하고 억지스럽고 불쾌감과 반감을 주는 식으로 하면 오히려 세상 사람들에게 신앙을 잘못 알리는 것뿐이다. 그러잖아도 세상 사람들은 이미 우리의 신앙에 너무나 많은 반감을 품고 있다. 그들은 근엄하고 침울하게 사는 사람만 하나님을 섬길 수 있다고 생각할 것이다.[3]

한 번 생각해 보자. 세상은 이미 우리의 삶과 신앙에 많은 반감을 느끼고 있다. 물론 그렇더라도 우리는 신앙의 특정한 면들에서는 감히 그들의 '비위를 맞추지' 않는다. 우리가 죄인이고 하나님이 우리의 죄에 진노하신다는 메시지와 그 둘을 다 해결하는 길은 십자가밖에 없다는 교리가 아무리 사람들에게 인기가 없다 해도 우리는 그것을 고수해야 한다.

하지만 아직 하나님의 은혜를 모르고 그분의 용서와 능력과 기쁨과 생명을 누려보지 못한 사람들을 긍휼히 여기는 마음에서 우리가 신중에 신중을 기해야 할 것이 있다. 두려움에 찬 공허한 신앙, 결국 성경적 근거도 없는 그런 신앙을 고집하다가 사람들을 그리스도 안의 영광스러운 삶에서 오히려 밀쳐내서는 안 된다는 것이다. 우리는 술이 교회에 미치는 영향을 걱정한다. 하지만 절대적인 금주에 집착하는 우리의 태도가 비그리스도인들에게 미치는 영향을 생각해 본 적이 있는가?

술도 하나님이 창조하신 것이며 그분의 감화로 기록된 말씀이 술을 예찬하고 있다.*창세기 27:28, 민수기 18:12, 신명기 14:23, 사사기 9:13, 열왕기하 18:32, 시편 104:15, 잠언 3:9~10, 전도서 9:7, 아가 7:9, 이사야 25:6, 요엘 2:24, 스가랴 10:7, 요한복음 2:10 등을 참조하라. 물론 술을 오용해서는 안 된다는 경고도 그 못지않게 많이 나온다. 예수님은 이 땅에 사실 때 직접 술을 만드시기까지 하셨다요 2:1~11. 그것도 아주 좋은 술을 만드셨다. 술을 절대적인 악으로 본다면 그것은 우리의 메시아시고 주님이신 그분을 악하다고 하는 것과 같다. 그것이 우리가 정말 하고 싶은 일인가? 예수님은 술을 만드심으로써 이렇게 선언하신 셈이다. 선한 쾌락들은 때와 장소에 따라 얼마든지 즐길 수 있다고 말이다. 선한 쾌락이 자칫 위험한 쾌락이 될 소지가 있다 해도 마찬가지다.

적당한 음주의 효과

사실 적당한 음주는 **건강에도 좋다.** 덴마크에서 실시된 한 연구에 따르면, 술도 마시지 않고 운동도 하지 않는 사람들은 "술을 마시거나 운동을 하거나 두 가지를 다 하는 사람들에 비해 심장질환에 걸릴 위험이 30~49퍼센트나 높았다." 어떤 사람들에게는 충격적인 말로 들릴지 모르지만 "**적당한** 음주는 남녀 모두에게 사망의 위험률을 낮추어 주었다." 뿐만 아니라 "운동을 하는 사람들 중에서도 술을 마시지 않는 사람이 술을 **적당히** 마시는 사람에 비해 치명적인 심장질환에 걸릴 위험이 30~31퍼센트 높았다." 이 연구진은 다음과 같은 결론을 내렸다.

운동을 하고 적당량의 알코올을 섭취하면 치명적인 심장질환의 위험률과 모든 원인의 사망률을 낮출 수 있다. 하지만 운동만 하거나 알코올만 섭취해서는 운동도 하지 않고 술도 마시지 않을 때 높아지는 위험률을 완전히 뒤집을 수 없다. 따라서 치명적인 심장질환의 위험률과 모든 원인의 사망률을 낮추려면 운동과 알코올 섭취를 병행하는 것이 중요하다.4

예일대학교 의과대학의 예방연구센터 소장인 데이비드 캐츠 박사는 덴마크에서 실시된 이 연구가 이미 알려진 사실을 확인해 주었다고 말한다.

"알코올을 적당량 섭취하면 심장질환에 걸릴 위험이 낮아진다. 적당한 운동도 마찬가지며 오히려 술보다 더 효과가 좋다. 이 둘을 병행하면 그만큼 유익도 더 커진다."

여기서 '적당량'의 음주란 남자의 경우 하루에 두 잔, 여자의 경우 하루에 한 잔을 말한다. 서너 잔을 넘어가면 심장질환과 뇌졸중을 일으킬 위험이 높아지는 등 건강에 각종 문제가 발생한다. 사실 그런 위험은 아주 심각한 결과를 불러오기 때문에 의료 전문인들은 "술을 적당히 절제하며 마실 수 없는 사람들은 아예 마시지 말아야 한다"고 조언한다.5

술이 이렇게 건강에 좋다고 해서 내가 술을 '적당히 즐기는' 사람이 된 것은 아니다. 침례교에서 자란 배경 탓일 수도 있지만 나는 지금도 그것을 귀히 여긴다 어쨌든 나는 대개 사람들과 어울리는 자리에서 꼭 마셔야 할 때를 제외하고는 술을 거의 마시지 않는 편이다. 하지만 하나님의 말씀이 예찬하고 과학이 인정하는 술, 그것을 절대적으로 금하는 것이 과연 지혜로운 행동일까?

성경이 절대적으로 금하는 것들도 많이 있다. 성경은 술에 취하는 것을 분명히 나쁘게 말한다. 또 하나님이 우리에게 정부에 순종하라 하셨으므로롬 13:1~7 모든 그리스도인들은 미성년자의 음주를 막아야 한다. 그러나 성경이 금하지 않는 것을 우리가 금한다면 자칫 사람들을 너무 극단으로 몰아갈 위험이 있을 뿐만 아니라 명백한 명령들의 긴박성과 의의마저 별것 아닌 것처럼 반감시킬 수 있다. 평소에 적절한 쾌락을 즐기고 있으면 성경이 명백히 금한 일들에 더 잘 순종할 수 있다. 맛좋은 식사, 웃음, 격려가 되는 대화, 좋은 포도주 한 잔, 디저트 뒤에 입가심으로 마시는 적포도주 한 모금, 이런 것들은 우리의 마음을 밝게 할 뿐 아니라 **영혼을 강하게 해줄 수 있다.**

교회는 위험이 두려워 종종 술을 적으로 보고 싸우려 든다. 하지만 이렇게 무조건 금주를 부르짖는 것은 배고파 쓰러지기 직전에만 먹는다던 토니의 친구와 비슷한 태도다. 많은 사람들에게 우리는 섹스를 반대하는 사람들로 보인다. 우리가 성적인 부도덕이 가져오는 비참한 결과만 보기 때문이다. 어떤 사람들은 우리를 예술을 반대하는 사람들로 본다. 우리가 예술이 추악하게 변질된 포르노만 걱정하기 때문이다. 우리는 또 술을 반대하는 사람들로 비친다. 우리가 술 때문에 망한 인생들만 보기 때문이다. 우리를 음악을 반대하는 사람들로 보는 사람들도 많이 있다. 우리가 마약, 폭력, 섹스 따위를 예찬하는 갱스터랩의 가사만 문제 삼기 때문이다. 우리는 또 재미를 반대하는 사람들로 보인다. 재미는 '이 세상에 속한' 것이기 때문이다.

이렇게 절대적인 금지에 매달리는 그리스도인들은 삶에서 모든 기쁨을 몰아내기 쉽다. 하지만 삶에서 기쁨을 몰아내면 결국 삶에서 하나님의 한 부분도 몰아내게 되므로 그것은 비참한 일이다. 그럴 때 당신은 하나님의 영광스럽고 아름답고 한없이 매혹적인 일면에 자신을 닫는 것이다. 아울러 많은 전도의 문도 닫힌다. 잃어버린 영혼들의 다수는 우리가 외면하는 그런 세계 속에 살고 있기 때문이다.

술을 절대적으로 금하는 것은 성경적인 자세가 아니라 문화적인 자세다. 마크 드리스콜의 「새롭게 복음 전하는 교회」죠이선교회출판부에 따르면, 존 칼빈의 연봉에는 그와 손님들이 쓸 250갤런의 포도주가 들어 있었다. 마틴 루터의 아내 캐서린은 술을 빚는 솜씨가 아주 좋았고, 그래서 루터가 아내와 떨어져 있는 기간에 보낸 사랑의 편지들에는 아내가 빚은 맥주가 몹시 그립다는 말이 여러 번 나온다. 게다가 **청교도들**이 아메리카에 정착해서 맨 처음 지은 영구 건물이 양조장이었다.[6]

언젠가 기도 중에 나는 책의 판매량이나 명성이나 강사로 와달라는 초청이나 대중의 박수 따위에 이끌리지 않고 오직 한 가지에만 이끌려 살겠다고 헌신했다. 그 한 가지란 바로 하나님 나라의 의와 통치와 주권이다. 내 소명과 목적은 오직 하나님 나라를 확장하는 데 있어야 함을 그분이 내게 확실히 보여 주셨다. 나는 하나님의 사람들이 의에서 자라가기를 원하며, 그리스도인들이 참되고 경건한 쾌락을 수용하고 즐기는 것이 도움이 된다고 믿는다. 그러지 않으면 우리는 영혼을 파멸로 이끄는 대용품들에 빠지기 쉽다.

포도주가 어떤 이들의 수명을 연장시켜 더 오래 하나님을 섬기게 해준다면, 포도주가 그들의 영혼에 웃음과 쾌락을 더해주어 그들을 더 온유하고 행복하고 자족하고 하나님께 더 감사하게 해준다면, 포도주가 하루 동안 섬기고 일한 그들에게 하나님을 영화롭게 하는 끝마무리 역할을 해준다면, 그렇다면 나는 하나님의 교회에 포도주의 정당하고 경건한 자리가 있다고 변호할 것이다.

나는 이 문제에 아무런 사심도 없고 내 입장을 변호할 것도 별로 없다. 술 문제가 나에게 특별히 중요한 것도 아니다. 그러나 이것도 하나님 나라의 일이며, 그렇다면 이야기가 전혀 달라진다.

중독 공포증

우리 딸들은 어려서부터 춤을 좋아했다. 감사하게도 한 젊은 그리스도인 무용가가 근처에 기독교 댄스 스튜디오를 열었다. 그곳은 각종 춤을 가르치는 곳인데 서정적인 워십 댄스뿐만 아니라 현대무용과 재즈와 힙합과 발레도 다 가르친다. 덕분에 우리 딸들은 10대 초반의 어린 아이들을 선정적인 쪽으로 이끌지 않는 적절한 춤동작들을 배울 수 있었고 우리는 그것을 무척 감사하게 여겼다. 그런데 한 번은 공연을 보다가 아내와 내가 불편한 눈길을 교환한 적이 있다. 누구나 취하기 쉬운 동작이기는 했지만 분명히 어느 한 춤동작이 '아슬아슬해' 보였다. 아이들과 교사들은 뭔가 새롭고 창의적인 안무를 선보이고 싶어

가끔씩 본의 아니게우리는 그들이 선의에서 그랬다고 믿는다 선을 살짝 넘어갈 수도 있다.

많은 쾌락들에 그런 면이 있다. 그래서 어떤 사람들은 춤이라면 무조건 반대한다. 하지만 나는 백 가지 동작 중 하나 때문에 딸들을 더 이상 그 학원에 다니지 못하게 하지는 않았다. 그 학원은 딸들의 삶에 신체적으로는 물론 영적으로도 아주 긍정적인 역할을 하는 곳이었다지금도 그곳에서는 연습 전후에 성경공부를 한다.

일 년에 두 번씩 모여 함께 둘러앉아 담배를 피우는 중년 남자들에 대해서도 똑같이 말할 수 있다. 나는 담배를 피운 적이 없지만 내 그리스도인 친구들 중에 해마다 독립기념일과 설날에만 그렇게 하는 친구들이 있다. 그것이 그들의 건강을 심각한 위험에 빠뜨린다고 말한다면 약간 과장이 아닐까 싶다.

"하지만 담배는 중독될 수 있지 않는가?" 그렇게 말할 사람들이 있을 것이다.

중독될 수 있는 것을 이야기하자면 모든 것이 다 마찬가지다. 한 잔의 포도주는 알코올 중독이 될 수 있고 수술 후에 먹는 진통제는 약물남용으로 발전할 수 있다. 미술을 즐기는 사람은 포르노에 빠질 수 있고 미식가는 식탐에 빠질 수 있다. 돈을 잘 버는 사람은 물질만능주의에 떨어질 수 있고 골프를 즐기는 사람은 평생 거기서 헤어나지 못할 수 있다. 무엇이든 과하면 문제가 될 수 있다. 그런 일을 하나도 하지 않고 유혹을 일체 피하려면 하루에 스무 시간씩 잠만 자면 된다하기야 특히 우울한 사람들을 비롯해서 어떤 사람들에게는 잠도 문제가 될 수 있다.

결국 문제는 이것으로 귀결된다. 성적인 죄의 해답은 섹스를 금하는 것이 아니라 거룩한 섹스다. 알코올 남용의 해답은 반드시 금주가 아니라(회복 중인 알코올 중독자의 경우는 그럴 수 있지만) 거룩한 음주다. G. K. 체스터튼은 이렇게 역설한다.

> 이 문제의 건전한 원칙도 다른 많은 건전한 원칙들과 비슷하게 역설적이다. 술을 마시려거든 행복해서 마셔야지 절대로 불행해서 마셔서는 안 된다. 술이 없으면 비참해진다면 그때는 마시면 안 된다. 그러지 않으면 당신은 빈민굴에서 술에 찌들어 사는 노인처럼 된다. 술이 없어도 행복할 때, 그때 마시라. 그러면 당신은 밝게 웃는 시골 농부처럼 된다. 술이 없으면 안 되기 때문에 마셔서는 안 된다. 그것은 죽음과 지옥에 이르는 길이다. 술이 필요 없기 때문에 마시라. 그것은 예로부터 건강에 이로운 길이다.[7]

위험한 쾌락을 즐기려면?

하나님은 우리에게서 쾌락을 완전히 거두시는 것이 아니라 위험한 쾌락들을 적당한 선 안에서 즐길 수 있는 능력을 주신다. 데이비드 폴리슨은 쾌락이 위험하게 변하는 신호를 다음과 같이 보았다.

- 집착한다 – 늘 그 생각만 한다
- 충동적이 된다 – 일단 하고 본다

- 강박적이 된다 – 안 하고는 못 배긴다
- 불치의 상태로 간다 – 쾌락이 통제를 벗어나 사람을 삼켜버린다
- 변태처럼 된다 – 불안하고 안절부절못하고 괴상하고 인정사정없고 사람을 사람 취급하지 않는다[8]

폴리슨은 올바른 균형을 보여주고 있다. 우리는 쾌락을 몽땅 싸잡아 비난하거나 쾌락에 역행할 것이 아니라 오히려 쾌락을 즐겁고 책임감 있게 누려야 한다. 그는 계속해서 이렇게 말한다.

> 음란함에 맞서 도덕군자가 되지 말라. 사치에 빠진 물질만능주의에 맞서 감사를 모르는 엄격한 금욕주의자가 되지 말라. 욕망이라면 무조건 발산하는 사람들에 맞서 무감각한 기계처럼 되지 말라. 쾌락을 사랑하는 사람들에 맞서 갑갑하고 삐딱한 금욕주의로 반응하지 말라. 기독교 신앙인간성의 구속은 급진적인 제3의 길이다. 기독교 신앙은 방종과 까다로운 종교성 둘 다에 대안이 된다.[9]

가하지만 위험한 쾌락들에 대해서 사도 바울은 자신의 입장을 분명히 밝혔다. 고린도의 일부 교인들은 '모든 것이 내게 가하다'고 했지만 바울은 '그러나 다 유익한 것이 아니요 … 내가 무엇에든지 얽매이지 아니하리라'고 되받았다 고전 6:12. 나는 NLT의 번역이 마음에 든다. "너희는 무엇이나 해도 된다고 말하지만 그렇다고 모든 게 다 너희에게 유익한 것은 아니다. 설사 무엇이나 해도 된다 해도 무엇에도 노

예가 되어서는 안 된다."

우리가 쾌락을 통제하지 않으면 쾌락이 우리를 통제하게 된다.

가장 위험한 쾌락 중 하나는 소유물이다. 그래서 나는 내 개인 장서의 일부를 자주 싸게 팔거나 그냥 나누어 준다. 나는 쉽게 욕심쟁이가 될 수 있고, 그렇게 되면 결국 소유물이 나를 소유하게 될 것이다. 다른 사람들의 경우에는 2년 걸러 한 번씩 새 차를 사고 싶은 충동, 몇 벌이고 새 옷에 돈을 팍팍 쓰고 싶은 충동, 집을 **또 다시** 뜯어고치고 싶은 충동과 싸워야 할 수도 있다. 차나 옷이나 세간을 언제 바꾸어야 하는가에 대해서는 성경에 확실한 언급이 없다. 사실 성경에는 그런 생활 필수품들이 하나님의 복으로 표현될 때가 많다. 그러므로 소유물도 우리에게 정당한 쾌락을 준다.

하지만 예수님의 소유물을 옷 외에 **단 하나도** 떠올릴 수 없다는 사실은 내게 충격으로 다가온다. 이스라엘 성지에 가도 그분이 사셨던 집이 없고 그분의 물건을 모아놓은 박물관도 없다. 그분이 몸단장에 쓰셨던 소품들이나 벽에 거셨던 그림들은 물론이고 하다못해 그분이 앉으셨던 의자나 주무셨던 침대도 없다. 물론 그분은 우리와는 아주 다른 세상에 사셨다. 그래도 나는 예수님이 **소유물을** 사거나 모으거나 갖고 계신 장면이 어디에도 없다는 사실이 놀랍기만 하다. 그런데도 그분의 삶에는 엄청난 쾌락과 만족이 있었다. 예수님의 이야기는 결코 소유물 중심이 아니라 전적으로 사람들을 중심으로 돌아간다. 우리도 그분을 닮는다면 좋을 것이다.

이 책의 위험

어떤 면에서 나는 이 책이 장전된 총이라고 생각한다. 우리는 총으로 자신을 방어할 수도 있고 가족들의 먹을거리를 사냥할 수도 있지만 또한 자신을 해칠 수도 있다. 마찬가지로 이 책에 들어있는 진리도 도움과 깨달음을 줄 수도 있지만 또한 이런 식으로 왜곡될 수도 있다.

"하나님은 음식과 포도주를 내가 즐기라고 창조하셨다. 내가 약간 과하게 먹고 마신다 해서 해로울 게 무엇인가? 근본주의자들 때문에 내 즐거움을 빼앗길 수는 없다."

"섹스도 좋은 것이고 쾌락도 좋은 것이다. 둘 다 하나님이 지으셨다! 내가 섹스를 정확히 하나님이 명하신 방식대로 즐기지 않는다 해서 무슨 피해가 있겠는가? 약간 곁길로 빠지는 거야 뭐 어떻겠는가?"

당신에게 **간곡히** 당부한다. 쾌락을 수용하되 균형을 잘 이루기 바란다. 쾌락은 하나님의 선물이며 좋은 것이다. 그분은 우리를 지으실 때 여러 가지 쾌락을 받아 누리도록 설계하셨고, 실제로 지금도 우리를 영원한 쾌락을 누리도록 준비시키고 계신다. 하지만 우리는 쾌락에도 **위계**가 있음을 알아야 한다. 맨 위에 하나님이 계시고 그밖에 다른 쾌락들에도 다 질서가 있다. 이 위계가 깨지거나 뒤틀리면 덜 중요한 쾌락들이 가장 중요한 쾌락을 상대로 싸움을 벌인다. 우리에게 가장 중요한 쾌락은 그리스도를 즐거워하는 것이다.

우리 그리스도인들은 무엇을 고쳐도 '너무 많이 고치는' 성향이 매우 강하다. 우리는 하나의 오류"쾌락이란 정당하게 수용하고 가꿀 수 있는 것인데 그간 나는 금욕주의적인 사고방식으로 나 자신을 위태롭게 만들고 하나님의 영광을 가렸다"를 보면 그 오류에서 벗어나려고 반대쪽 극단으로 달려가 새로운 오류"남은 평생 동안 '먹고 마시고 즐기고' 싶다"를 만들어 낸다. 이런 책을 쓰거나 읽을 때도 바로 그 중대한 위험이 존재한다. 솔직히 오늘날의 교회는 지적인 균형을 이루는 부분에서 좋은 평을 얻지 못하고 있다. 우리는 매사에 건강한 균형을 이루기보다 위험한 양극단 사이를 왔다 갔다 하는 경향이 있다.

쾌락에 관한 책을 쓰다 보면 그 양극단을 모두 접하게 된다. 이와 관련해서 폴리슨이 몇 년 전에 한 경고가 있다. 그에 따르면 어떤 내담자들은 "강박적인 책임 쪽에서만 살아가는 반면 어떤 사람들은 쾌락과 재물과 레크리에이션을 위해서 살아간다. 양쪽 모두 산만하고 늘 쫓긴다. … 이 문제에서 인류의 적어도 99퍼센트는 가벼운 역기능 상태와 완전히 미쳐버린 상태 사이의 어딘가에 있다고 해도 과언은 아니다."[10]

책임에서 벗어날 구실을 찾아 이 책을 읽는 사람들은 하나님과 쾌락에 대한 신학적인 진리들 중에서 주로 자신의 균형 잃은 삶과 끊임없는 유희를 정당화 해주는 것들만 붙잡을 것이다. 이들을 기다리고 있는 것은 파멸과 불행이다. 반대로 어떤 사람들은 쾌락에 대한 이 모든 논의를 평생 '디즈니랜드' 신앙 속에 살아도 좋다는 피상적이고 진부한 방임으로 보고 그냥 무시할 것이다. 이들은 심신이 망가지거나 위선과 중독에 빠질 위험이 있다. 하나는 쾌락주의적인 방종이고 또 하나는 바리새인적인 금욕인데, 두 가지 태도 모두 하나님을 슬프시게 한다.

균형을 잡으라

 십계명의 제4계명_{안식일}에 성경적인 균형이 나온다. 나의 신학교 교수였던 클라우스 복뮤얼 박사는 하루를 쉬라는 명령 전에 엿새 동안 일하라는 명령이 있음을 우리에게 상기시켜 주었다. 어떤 그리스도인들은 엿새에 초점을 맞추어 하루를 쉴 때도 마지못해 쉰다. 반대로 어떤 그리스도인들은 엿새 동안 부지런히 일해야 함을 잊은 채 매일이 안식일인 것처럼 살아간다.

 일과 쉼·놀이 사이에 올바른 배합을 찾으면 우리도 우리를 지으신 하나님과 똑같은 리듬으로 살아가게 된다. 하나님은 우리를 자신의 형상대로 지으셨고 그분의 형상대로 살아가도록 설계하셨다. 일 쪽으로든 놀이 쪽으로든 균형을 잃으면 하나님의 형상과 설계가 일그러진다.

 오랫동안 나는 균형을 잃고 일과 책임 쪽으로 치우쳤었다. 나에게 안식일은 불편하지만 어쩔 수 없는 의무였다. 안식일을 지키지 않으면 건강을 해쳐 결국 효율성과 생산성이 떨어질 거라고만 생각했다. 나에게 안식일이란 노동 윤리의 한 장치였고, 인류의 타락_{내 몸과 영혼을 불완전하게 만들어 놓은} 때문에 필요성이 대두된 유감스러운 조항이었다. 물론 하나님은 인류가 타락하기 훨씬 전부터 안식일을 지키셨다. 하지만 우리 극단주의자들은 엄연한 사실 앞에서도 자신의 소신을 굽히지 않는 대단한 능력이 있다. 폴리슨의 말이 내 마음속에까지 파고들었다.

여기 뜻밖의 신기한 사실이 또 하나 있다. 안식의 즐거움이 일의 성취보다 더 먼저 있었다. 기쁨과 감사를 위하여 구별된 이 날은 당신이 쉬는 날이다! 그러므로 안식의 쾌락은 단순히 기능적인 것이 아니다. 다시 고된 일로 돌아가려고 오직 재충전을 목적으로 한숨 푹 낮잠을 자는 것과는 다르다. 이 안식은 어떤 목표를 위한 수단이 아니라 그 자체가 목표다. '하나님의 백성에게 남아 있는 안식의 때', 모든 해야 할 일이 마침내 다 끝나고 모든 잘못된 것들이 다 회복된 그때를 우리는 지금의 일상생활 속에서 미리 조금씩 맛볼 수 있다.[11]

멋진 포도원들에 둘러싸여 고급 포도주와 세 시간 동안의 식사 같은 위험한 쾌락들을 즐기는 '케이프타운식 기독교', 그것이 완전히 내 것이 되었다고는 말할 수 없다. 내가 살고 있는 북서부 지방에서는 세 시간 동안 바깥에 앉아 있으면 대개는 비를 맞게 되어 있다. 하지만 속도를 늦추고 위험한 쾌락들까지도 수용할 줄 아는 남아프리카공화국의 사람들은 오늘까지도 나에게 도전이 된다.

당신에게도 도전이 될지 모른다.

★ 생각해 보기

1. 다음 두 질문을 가지고 토의해 보라. '위험한' 쾌락들이라면 왜 굳이 위험을 무릅쓰고 누려야 하는가? 아예 피하는 것이 안전하지 않겠는가?

2. 저자는 음식을 위험한 쾌락들 중의 하나로 꼽고 있다. 하지만 식탐의 증상들을 다른 도덕적인 결함을 대하듯이 심각하게 대하는 사람들은 별로 없어 보인다. 그것은 과연 바람직한 태도인가? 왜 그렇다고 생각하는가? 특히 오늘날의 교회와 관련하여 생각해 보라.

3. 당신은 자라면서 술에 대해서 어떻게 배웠는가? 당신은 하나님의 성도들이 술을 마시는 것을 성경이 수용한다고 보는가 아니면 거부한다고 보는가? 본 장의 내용을 바탕으로 당신은 술과 관련하여 자신에게 어떤 방침을 정하겠는가? 그 방침을 다른 사람들에게도 권하겠는가, 아니면 당신 자신에게만 적용하겠는가? 왜 그런가?

4. 데이비드 폴리슨은 쾌락이 위험하게 변하는 신호를 "집착한다, 충동적이 된다, 강박적이 된다, 불치의 상태로 간다, 변태처럼 된다" 등으로 보았다무슨 의미인지 기억이 나지 않거든 "중독 공포

중" 부분을 다시 읽어 보라. 여기에 비추어 볼 때 당신의 삶에 자칫 위험할 수 있는, 그래서 없애야 하는 쾌락들이 있는가? 반대로 전에는 걱정했으나 이 시험에 통과하여 이제는 괜찮아 보이는 쾌락들이 있는가? 각각의 부분에 대하여 앞으로 어떻게 하겠는가?

5. 이번 장에 언급되지는 않았지만 중독되기 쉬운 위험한 쾌락들로 또 무엇이 있겠는가? 그리스도인들은 거기에 어떻게 적절히 반응할 수 있겠는가? 이 부분에서 우리가 결정의 지침으로 삼아야 하는 것은 무엇인가?

6. 저자는 오늘날의 교회가 진리의 균형을 잘 이루지 못하고 있으며 우리가 어느 한쪽 극단으로 치닫는 경향이 있다고 말한다. 당신도 그렇게 생각하는가? 왜 그런가?

7. 항상 절대적인 금지 쪽으로 기우는 데는 어떤 위험이 있는가? 또는 항상 방임적인 군중을 따라가는 데는 어떤 위험이 있는가? 항상 그 중간에서 살아가는 데는 어떤 위험이 있는가?

10. 쾌락의 비용, 낭비가 아니다

하나님은 어떤 이에게는 쓰라린 궁핍으로 이끄시고, 또 어떤 이에게는 재물을 나눠줄 수 있는 즐거움을 누릴 만큼 부를 허락하신다. 프랑소아 페넬롱

지금 우리가 할 일은 도덕성과 따분함을 서로 떼어내는 것이다. 하나님은 그 둘을 결합하신 적이 없다. 인간이 과거에 어떤 일시적인 목적을 위하여 그 둘을 하나로 묶었다면 이제 영원한 목적을 위하여 다시 떼어낼 의무가 있다. 리처드 캐벗

지나치게 의인이 되지도 말며 지나치게 지혜자도 되지 말라 어찌하여 스스로 패망하게 하겠느냐 지나치게 악인이 되지도 말며 지나치게 우매한 자도 되지 말라 어찌하여 기한 전에 죽으려고 하느냐 너는 이것도 잡으며 저것에서도 네 손을 놓지 아니하는 것이 좋으니. 전도서 7:16~18

쾌락의 무난한 가격표는?

우리 큰딸 앨리슨은 어렸을 때 피겨스케이팅을 무척 좋아했다. 그 아이는 스케이터들의 우아하고 아름다운 몸동작과 스릴 있는 점프에 매료되었다. '스케이트 날이 얼음에 스치는 소리'까지 좋다고 말하기도 했다.

그때 우리는 워싱턴 D.C.에 살고 있었고 소득이 별로 많지 않았다. 내가 일하던 기독교 기관에서는 기독교 기관 수준의 월급만 주었다. 그때 마침 낸시 케리건이 올림픽에서 은메달을 땄는데 앨리슨은 낸시가 전국 순회 스케이트 쇼의 일환으로 워싱턴에 온다는 말을 들었다.

"우리도 갈 수 있을까요?" 앨리슨이 물었다.

그 마음이 너무나 간절했기에 나는 자못 떨리는 마음으로 매표소에 전화를 했고 내 두려움은 사실로 확인되었다. 입장권이 결코 싸지 않았다.

"두 장 주세요." 내 입에서 한숨이 새어나왔다.

입장권을 아주 늦게 샀기 때문에 나는 우리 자리가 맨 위쪽의 기둥 뒤쯤 되려니 생각했다. 그런데 안내하는 사람은 뜻밖에도 우리에게 빙판 쪽을 가리켜 보였다. 링크 쪽으로 가까이 갈수록 어린 딸아이의 얼굴이 빛나기 시작했다. 아마 아이의 얼굴빛을 그 스케이트장의 조명으로 썼어도 될 성 싶었다.

"아빠, 오늘 예수님이 정말 우리를 보고 웃으시는 것 같아요. 그렇죠?"

우리가 앉은 자리는 빙판에서 한 줄 뒤였다. 어떻게 그렇게 됐는지 **지금도** 알다가도 모를 일이다. 한 번은 낸시가 앨리슨의 손에 닿을 정도로 가까이 다가온 적도 있었다.

그런 행사에 가면 티셔츠도 사고 간식도 먹어야 한다. 게다가 주차비도 있다. 딸과 함께 그곳을 빠져나오면서 나는 애써 총비용을 합산하지 않으려 했다.

누가 그리스도인이 아니랄까봐 즉시 내 머릿속에 이런 생각이 돌아가기 시작했다. '세상에, 이 돈이면 제3세계에 사는 가난한 사람한테는 웬만한 소액 융자액에 해당할 텐데. 컴패션Compassion을 통해 또 한 명의 아동을 몇 달 동안 후원할 수도 있고. 이 돈이면…'

그 돈으로 할 수 있는 좋은 일들이 계속 떠올랐다.

내가 그런 비용을 지출하는 데 민감했다는 사실이 한편으로는 다행이다. 하지만 한편으로는 이런 생각도 들었다. '게리, 좋은 쪽으로 생각해! 넌 지금 딸과 함께 평생 잊지 못할 추억을 만들었잖아. 그걸 어떻게 가격표로 환산할 수 있겠어?'

정말 중요한 질문이다. 쾌락의 무난한 가격표는 과연 얼마인가?

"라테 변수"

"컵이 빨간색으로 바뀌는 날"

우리 집 아이들에게 그 말을 하면 다들 무슨 말인지 단번에 안다. 11월 둘째 주에 스타벅스는 크리스마스 시즌에 들어서면서 평상시의 흰

색 컵을 거두고 축제 분위기가 나는 빨간색 컵을 내놓는다. 우리 식구들은 그 날이 오기도 전부터 그 이야기를 하다가 그 날이 오면 축배를 든다.

올해도 내가 차이 티에 계피를 타고 있는데 아들한테서 문자 메시지가 왔다. "이쪽에 크리스마스 컵이 나왔어요!"

나는 웃으며 답신을 보냈다. "알아. 나도 지금 하나 들고 있어."

그레이엄한테서 다시 답신이 왔다. "이 컵을 보면 기분이 좋아져요."

내가 쓴 책들에는 스타벅스에 대한 언급이 자주 나온다. 독자들도 알 것이다. 한 번은 내가 어딘가로 강의를 하러 갔는데 어느 양심적인 부부가 공항으로 나를 태우러 나왔다. 부인이 내 손에 들린 스타벅스 컵을 보며 말했다.

"스타벅스를 그만 다니고 그 돈으로 선교 헌금을 할 생각은 안 해 보셨어요?"

나는 냉소적으로 받아칠 수도 있었다. 그들이 몰고 나온 차는 내가 타는 포드 포커스Ford Focus보다 적어도 2만 달러는 더 비싼 차였다. 나는 "이 차를 포드로 바꾸고 그 남은 돈으로 선교 헌금을 할 생각은 안 해 보셨나요?"라고 되물을 수도 있었다.

물론 나는 그렇게 하지 않았다. 스타벅스 이야기만 나오면 사람들은 설교를 한다. 교회 앞에서 이런 말을 하는 것을 나는 수없이 들었다. "하루에 카페라테 한 잔 값이면 아무개 선교사 부부를 몇 달 동안 후원할 수 있대요." 재정 설계사들은 매일 한 잔씩 마시는 고급 커피가 은퇴 자금을 크게 축낼 수 있다며 '라테 변수'로 그것을 증명해 보이곤

한다.

한 번은 소그룹 모임 중에 인도자가 이런 말을 했다.

"제가 어디서 읽었는데 카페라테를 매일 한 잔씩 사면 그 비용이 10년이면 12,000달러가 된다고 합니다."

다들 "와!"하고 놀랐지만 나는 "그 정도면 괜찮은 투자 같은데요"라고 말했다. 그들은 내가 농담을 하는 줄로 알았다.

나는 농담이 아니었다.

"들어 보십시오." 내가 설명했다.

"나는 담배를 피운 적도 없고 맥주는 냄새도 맡지 못합니다. 음악이나 비싼 음식에 돈을 많이 쓰는 것도 아닙니다. 물론 책 사는 데 쓰는 돈은 솔직히 너무 많은 편이지만요. 내가 모는 차도 비교적 비싸지 않은 것들입니다. 하지만 나는 날마다 스타벅스에서 보내는 휴식 시간만큼은 **정말** 좋아합니다. 다들 수십 년씩 고대하는 은퇴 생활, 그것을 지금부터 날마다 즐긴다면 그건 충분히 1만 달러의 값어치가 있지 않을까요?"

만일 내가 스타벅스에 쓰는 돈이 선교와 하나님의 일과 가난한 사람들을 위하여 드리는 헌금보다 더 많다면 그건 심각한 문제일 것이다. 비싼 커피를 마시는 습관이 지탄을 받는 이유를 나도 이해한다. 가난한 사람들에게 무관심한 태도와 물질만능주의는 둘 다 하나님의 영광을 가린다. 하지만 조심해야 할 위험한 일이 또 하나 있다. 바로 가난을 우상화하는 것이다. 그렇게 되면 우리는 경건함이라는 옥에 갇히게 되고 그 경건함의 기준은 갈수록 더 높아진다.

개신교의 위대한 종교개혁가 존 칼빈은 이렇게 경고했다.

> 사람이 자신의 시트와 셔츠와 손수건과 냅킨에 좋은 옷감을 써도 되는지 의문을 품기 시작하면 결국 그보다 낮은 옷감에 대해서도 마음이 불안해질 것이다. … 냅킨 없이도 식사할 수 있고 손수건 없이도 지낼 수 있지 않을까 하는 생각으로 마음이 어지러워질 것이다. 사람이 맛난 음식을 부당하게 여기면 결국 박한 음식을 먹어도 하나님 앞에서 마음이 평안하지 못할 것이다. 그보다 더 박한 음식으로도 몸을 지탱할 수 있다는 생각이 들테니 말이다. 사람이 단 포도주에 몸을 사리면 깨끗한 양심으로는 싱거운 포도주도 마시지 못할 것이고, 결국 다른 물보다 달고 깨끗한 물에는 감히 손도 대지 못할 것이다.[1]

전도서에 다음과 같은 흥미롭고도 약간 직관에 반하는 지혜가 나온다. "지나치게 의인이 되지도 말며 지나치게 지혜자도 되지 말라 어찌하여 스스로 패망하게 하겠느냐 … 하나님을 경외하는 자는 이 모든 일극단에서 벗어날 것임이니라"전 7:16,18. 그 지혜를 칼빈의 말이 여러 모로 잘 보여주고 있다. 극단적인 까다로움은 우리를 지치게 만든다.

경건함에도 색깔이 있다

언젠가 어떤 사춘기 남자아이와 대화를 터보려고 이렇게 물었던 적이 있었다.

"돈이 문제가 되지 않는다면 너는 어떤 차를 제일 갖고 싶으냐?"

"부가티 베이론요."

나는 웃으며 말했다.

"그건 돈의 문제가 아니라 도덕성의 문제다. 세상에 굶고 있는 사람들이 이렇게 많은데 백만 달러도 넘는 차를 소유한다는 걸 어떻게 정당화할 수 있겠니?"

그렇다면 5만 달러는 어떨까?

5만 달러면 고급 차라고 생각할 사람들도 많겠지만 사실은 세금과 융자 비용까지 합쳐서 표준 7인석 SUV 한 대의 가격 정도다.

5만 달러도 너무 과하다면 2만5천 달러는 어떤가? 그 돈도 사실은 많은 나라들에서 많은 사람들이 1년 내내 버는 돈의 **열 배가 넘는** 액수다. 하지만 그 돈으로 살 수 있는 새 차는 아무런 옵션도 넣지 않은 혼다 CRV 정도다.

우리는 존 칼빈이 설명한 덫에 얼마나 쉽게 빠지는가. 2만5천 달러도 너무 과하다면 1만 달러짜리 중고차는 어떤가? 700달러짜리 트렉Trek 자전거는 어떤가? 아니, 그보다 더 싸게 월마트에서 250달러짜리 자전거를 사면 안 되는가? 물론 자전거 값까지도 아끼고 아예 남의 차를 얻어 타고 다니기로 할 수도 있다. 하나님이 누군가 5만 달러짜리 차를 산 사람을 보내 주셔서 당신을 태우고 어디든지 데려다 주게 해 주실 줄로 믿으면 되지 않겠는가!

나는 대단히 성공한 연예인 하나를 만났는데, 그는 값이 수백만 달러에 달하는 G-IV 비행기를 공동 구매하여 그것을 타고 다닌다. 나도 일반 항공사의 일반석으로 1년에 십만 마일까지 비행기를 타는 사람인지라 그의 심정을 알 것 같다. 그는 주말마다 나처럼 좁은 좌석에 불편하게 앉기도 싫었을 것이고, 비행기가 취소되거나 연착될 때마다 겪는 곤란도 싫었을 것이고, 시카고에서 시애틀까지 내내 쌕쌕거리고 재채기하는 사람들 바로 옆자리에 앉기도 싫었을 것이다.

하지만 비행기를 사는 데는 수십만 달러를 써도 괜찮아 보이는데 왜 차에는 큰돈을 들이면 안 된다고 생각되는 것일까?

어쩌면 그런 생각을 버려야 할지도 모른다.

전국적으로 유명한 목사로 내가 아주 존경하는 사람이 있는데, 그는 자신이 여행을 다닐 때 꼭 일등석으로 다니는 이유를 나에게 설명해주었다. 그는 내가 무료로 업그레이드를 받을 때를 제외하고는 늘 일반석으로 다닌다는 말에 놀라는 눈치였다. 그러면서 유명한 침례교 목사 찰스 스펄전의 일화를 들려주었다. 한 번은 스펄전이 기차를 타려고 일등석 칸의 위치에서 기다리고 있는데 어떤 사람이 다가와 말했다.

"스펄전 목사님, 오늘 일등석을 타시네요."

"맞습니다, 선생님."

그 사람은 은근히 뻐기는 말투로 대답했다.

"저는 주님의 자원을 잘 간수하려고 삼등석을 탑니다."

"예, 아주 좋습니다." 스펄전이 말했다.

"당신은 주님의 재정을 잘 간수하십시오. 저는 주님의 종을 잘 간수하겠습니다."

일등석과 일반석, 별장과 임대, 고급 차와 보트, 매일 마시는 커피와 골프장 멤버십. 그런 것들을 꼽자면 한이 없다.

1년에 4만 달러면 외국의 가난한 신학생 100명에게 학자금을 지원할 수 있는데, 그 돈을 혹은 그 이상을 들여 자녀 하나를 노트르담대학이나 위튼대학에 보낸다면 청지기 노릇을 잘 못하는 것인가?

내 친구의 집에서 잔디를 깎는 사람이 그리스도인인 내 친구에게 세상에 굶어죽는 사람들이 이렇게 많은데 집에 꼭 개가 있어야 하느냐고 물었다.

"당신이 이 개에 돈을 얼마나 낭비하는지 생각해 보십시오. 그 돈이면 많은 가난한 사람들을 먹일 수 있을 텐데요." 그는 그렇게 설교를 늘어놓았다. 물론 잔디를 깎는 그 사람은 내 친구에게 그 무더운 샌디에고에서 굳이 조경 서비스에 돈을 들여가며 잔디를 푸르게 가꾸고 식물들이 잘 자라게 해야 하는 이유에 대해서는 묻지 않았다.

이 마지막 예는 우리가 어떤 특정한 비용들을 지출하는 데 얼마나 맹목적이 될 수 있는지를 잘 보여준다. 동물을 보살피느라고 쓰는 돈과 마당을 보살피느라고 쓰는 돈 중에서 어느 쪽이 하나님 보시기에 더 가치 있는 일일지 누가 쉽게 분간할 수 있겠는가?

이런 의문은 얼마든지 많은데 안타깝게도 나에게 답은 없다. 하지만 때로는 의문을 그대로 품고 사는 것도 좋다. 나의 경우 스타벅스가 매일의 습관이 되었음을 깨달은 뒤로 매달 돈이 들어가는 일 두 가지를 포기했다. 그중 하나는 유나이티드 항공사의 레드카펫 클럽이다. 공항에서 조용한 장소에 앉아 있기보다는 차라리 매일 카페라테를 마시기로 한 것이다. 우리 그리스도인들은 책임감 있게 행동해야 한다. 그런 면에서 하나를 누리기 위해 다른 하나를 포기하는 것은 좋은 일이다. 어떤 남자는 10년 된 혼다 어코드를 모는 대신 골프장 멤버십을 갖기로 할 수 있다. 어떤 여자는 가구에 드는 돈을 바짝 줄이는 대신 가끔 비싼 옷을 사 입기로 할 수 있다. 쾌락에는 비용이 들 수 있지만 우리는 그 와중에서 책임감 있게 행동할 길을 찾을 수 있다.

나는 1년에 서른다섯 번의 주말을 집 밖에서 보낸다. 그러다 보니 출타 중에 내 나름대로 오후 시간을 잘 보내는 방법이 있다. 빡빡한 강연 스케줄에서 잠시 벗어나 조깅을 한 다음, 좋은 소설책 한 권을 들고 근처 스타벅스에 가서 한두 시간 동안 다른 세계에 빠져드는 것이다. 많은 남자들이 사업차 출장을 가서 온갖 문제를 일으킨다. 내 경우에는 사역에 걸림돌이 되지 않는 삶을 그런 식으로 유지할 수 있다. 그것은 취미치고는 비교적 건전할 뿐 아니라 다른 사람들에 비하여 비용도 저렴한 편이다밤마다 스트립쇼 클럽에서 200달러 내지 300달러를 쓴다고 털어놓은 남자도 있다.

어떤 그리스도인들은 내가 합리화를 하고 있다고 말할 것이다. 하지만 나는 하나님이 나를 지으실 때 특정한 쾌락들을 즐기고 싶고 또 즐겨야 할 존재로 지으셨음을 인정할 책임이 있다고 본다. 나는 정당한 필요를 부정하다가 쓰러져 건강하지 못하고 죄가 되는 방종에 빠지기보다는 그분의 대의와 그분이 나를 부르신 삶에 가장 도움이 되는 쾌락들을 의지적으로 선택하고 싶다.

나는 스타벅스에서의 일과를 통하여 건강한 쾌락들을 누리고 있기 때문에 건강하지 못한 쾌락들에 빠질 소지가 훨씬 적다. 하지만 여기서 제기되는 의문이 있다. 아무리 삶을 긍정하는 쾌락이라 해도 비용이 너무 과해지는 기준점이 있을 텐데, 그것이 무엇인가? 무조건 '싼게 좋다'는 생각이 반드시 성경과 일치하는 것은 아니다. 회개한 매춘부의 경우에서 그것을 볼 수 있다.

예수께 비싼 향유를 부은 매춘부를 기억하자

"꼭 새로 연 메리어트 호텔에서 묵으셔야 합니다. 요즘 막 개업했는데 이 도시에서 단연 최고입니다."

나에게 그렇게 말한 사람은 재능과 명성을 갖춘 데다 사설 제트기 서비스까지 이용하고 있는 남자였다.

메리어트에 전화를 했더니 비용이 내 예산보다 세 배쯤 비쌌다. 마침 근처에 하워드 존슨 호텔도 막 새로 열었는데 개업 특가로 하룻밤에 59달러 99센트라는 광고를 하고 있었다.

나는 그곳으로 정했다.

이튿날 그 명사가 내게 호텔이 어떻더냐며 "정말 좋은 곳이지요?" 하고 물었다.

"그게~." 나는 당황하여 눈길을 돌리며 말했다.

"사실은 메리어트에 투숙하지 않았습니다."

"아니, 왜요? 메리어트가 이 도시에서는 정말 최고인데. 내가 있어봐서 압니다."

내 안에서 굴욕감이 춤추기 시작했다.

"메리어트가 조금 비싼 것 같아서 말이지요." 나는 솔직히 말했다.

"마침 요즘 새로 연 다른 호텔을 보았는데 개업 기념으로 가격이 좋더군요."

"아, 거기가 어딘데요?"

굴욕은 마침내 극에 달했다.

"하워드 존슨이라던가 그렇지요 아마."

나는 거기가 하워드 존슨이라는 걸 **정확히** 알고 있었지만 어떻게든 조금이라도 자존심을 세우고 싶었다. 그래서 진부한 수법이지만 잘 모르겠다는 투로 말하면 손톱만큼이라도 체면이 설까 싶었다.

오랜 침묵이 흘렀다. 그 공백은 그와 나의 지위의 차이만큼이나 컸고, 은행 잔고로 따지자면 그 차이는 두 배로 더 벌어졌다.

그 순간까지만 해도 나는 "**제일 좋은** 호텔이 어디입니까?"라고 묻는 사람을 본 적이 없었다. 내가 호텔방을 잡을 때 하는 질문들은 늘 뻔했다. "컬러텔레비전이 있다고 광고하지 않고 방을 시간제로 빌려주지 않는 호텔들 중에서 가격이 무난한 호텔은 어디입니까? 뭐라고요? 변기에 위생 처리를 했고 그 확실한 표시로 변기 위에 종이를 깔아놓았다고요? 그것 좋습니다. 한밤중에 히터가 돌아갈 때 비행기 엔진 소리만 나지 않으면 됩니다."

내 지인인 그 명사처럼 어떤 사람들은 메뉴를 받으면 제일 맛있어 보이는 요리를 찾으려고 왼쪽부터 읽는다. 반면에 어떤 사람들은 디저트 부분까지 가기도 전부터 은행 잔고에 타격이 가는 일이 없게 하려고 오른쪽부터 읽는다.

"내가 흰밥을 곁들인 닭 불고기를 시키면 아내는 무엇이든 자기가 원하는 걸 시킬 수 있겠지. 어쩌면 큰맘 먹고 디저트로 아이스크림까지 가능할지도 몰라." 이 둘의 차이는 그야말로 천지 차이다.

우리 부부의 생활 패턴은 신학적으로 말해서 로날드 사이더의 「가난한 시대를 사는 부유한 그리스도인」^{IVP}, 리처드 포스터의 「심플 라이프」^{규장}, 죽을 때 자기 명의로 10파운드 이하만 남기겠다고 서원한 존 웨슬리, 메노나이트 중앙위원회의 유명한 요리책 「검소한 요리법」$^{More\ with\ Less}$ 등과 맥을 같이한다. 옛날부터 나는 샤워할 때도 머리에 샴푸를 칠하는 동안에는 으레 수도꼭지를 잠갔다. 물을 틀어둔다는 것은 생각만 해도 다른 사람들이 쓸 자원을 매정하게 낭비하는 일 같았다. 지금도 나는 양치질을 하는 동안 물을 틀어두면 죄책감이 든다. 연인들이 나무에 자기네 이름을 새기는 것처럼 그런 의식도 나에게 깊이 배어버렸다. 나이가 들고 주름살이 늘어도 그런 습관들은 오히려 내 속으로 더 깊이 파고든다.

그래서 아내와 나는 아이들을 데리고 제대로 '크게' 휴가를 가본 적이 별로 없다. 그것은 정당화될 수 없는 비용이라고 늘 생각했다. 차마 우리는 해마다 하와이에 다니거나 그보다 더 심하게 제2의 별장을 구입하는$^{하나도\ 장만할\ 형편이\ 못\ 되는\ 사람들이\ 수두룩한데}$ '그런 사람들' 처럼 될 수 없었다.

우리 가정이 존재한 지난 25년 동안 우리는 한 해의 수입이 변변치 못할 때도 최대한 희생적으로 헌금을 했고 거기에 대해서는 지금도 뿌듯함을 느낀다. 하지만 엄청나게 후회스러운 부분도 있다.

작년에 우리는 큰맘 먹고 처음으로 돈을 들여 제대로 크게 가족 휴가를 갔다. 우리도 '그런 사람들'이 되어 하와이에 가서 우리 다섯 식구만 2주일을 함께 보냈다. 떠나기 전에 사람들이 휴가 계획을 물을 때마다 나는 당황스러웠다. 그래서 얼른 항공권은 그간 누적된 마일리지를 보태서 샀다고 토를 달았고, 우리 집이 삶의 잔인한 현실에 떠밀려 곧 이산가족이 될 거라는 말도 덧붙였다.

큰딸은 이미 대학에 들어가 집을 떠났고 아들도 1년 후면 떠날 것이었고 막내 켈시도 그리 오래 남지 않은 상태였다. 그래서 우리는 친구들이 찾아올 일도 없고 '오후에 잠깐 나오라'는 초대도 없고 나를 유혹할 홈 오피스도 없는 곳에서 두 주간을 보내며 **우리끼리만 오붓하게** 서로를 즐거워하고 싶었.

그러기 위해서 태평양을 건너야 한다면 그마저도 감수하기로 한 것이다.

막상 다녀오고 보니 왜 매년 그러지 못했는지 정말 **후회막급**이다. 물론 형편상 매년 하와이에 갈 수야 없겠지만 그래도 나는 모든 가정에게 "적어도 1년에 한 번은 아이들과 함께 여행을 떠나라"고 말해주고 싶다. 그러기 위해서 희생이 필요하다면 희생하라. 하나님도 쾌히 승낙하실 것이다.

어쨌든 떠나라!

여행에는 비용이 든다. 하지만 젊은 부모들은 모르겠지만 가정생활도 **한때**다. 아이들은 언제까지나 우리 곁에 있는 게 아니다. 우리가 지금 이 순간들을 잘 누리지 않으면 아이들은 금방 우리 품을 떠난다. 그 사실을 가볍게 여겨서는 안 된다. 우리가 인생의 가장 큰 즐거움 중의 하나를 여기 이 땅에서 십분 누리지 말아야 할 까닭이 무엇인가?

사실 나는 이것이 아버지로서 내가 가장 크게 실패한 부분 중의 하나라고 본다실패한 부분이 많지만 이것이 유독 두드러진다. 물론 우리도 아이들이 어렸을 때는 재미있는 일을 많이 했다. 퍼레이드, 불꽃놀이, 박물관, 사적지 등에도 다니고 그랬다. 하지만 아이들이 청소년이 되어 한창때를 친구들과 함께 보내면서부터 나는 가족끼리 함께하는 시간이 흐지부지해지도록 그냥 두었다. 아이들이 친구들을 만나거나 친구네 집의 별장에 다니는 동안 나는 생각이 부족해서 가족끼리 재미있게 지낼 시간을 수시로 계획하여 주말과 휴일에 끼워 넣지 못했다. 아이들이 혼자 초대를 받았다며 승낙을 구할 때마다 나는 당연히 그러라고 하곤 했다. 온 가족이 함께 즐길 만한 일을 적극적으로 계획하지 못하는 내 수동적인 태도도 특히 한몫 했다. 친구들은 **뭔가를** 내놓는데 나는 **아무것도** 내놓을 것이 없으니 딱히 할 말이 없었다.

내가 적극적이지 못했던 데는 재정적인 원인도 있었다. 또 프리랜서로 일해서 가족들을 부양하려다보니 늘 피곤한 것도 있었다. 열 살인 아이가 열여덟 살이 되기까지 세월이 얼마나 쏜살같이 빠른지를 그때 내가 잘 모른 탓도 있었다. 그리고 아마 게으름도 있었을 것이다.

그런데 지금은 그 모든 것이 후회스럽다.

어리석은 물질만능주의와 책임감 없는 소비는 **죄이며**, 하나님의 사람들은 후하게 나아가 희생적으로 **베풀도록** 부름 받았다. 하지만 어떤 쾌락들은 비용을 들일 가치가 있다. 가족끼리 오붓하게 함께 보낼 시간을 '사는' 것도 그런 경우다. 절약의 제단에 가정을 제물로 바치면 절약이 우상이 될 수 있다. 어떤 면에서 나는 사람보다 원칙을 앞세웠다.

당신의 자녀들이 디즈니랜드에 가고 싶어 한다면 돈을 모아서 가라. 그보다 더 간단한 것도 있다. 어린 자녀들에게 바다를 보여주고 불가사리를 따게 해주라. 당신의 아들이나 딸에게 비행기를 타는 기분을 직접 맛보게 해주라. 그리고 당신은 아이의 얼굴에 가득 번지는 경이감을 지켜보라.

비용을 들일 가치가 있는 일이다.

예수님께 값비싼 향유를 부었던 회개한 매춘부를 기억하는가? 몇몇 제자들은 비용 운운하며 그 돈으로 가난한 사람들을 도울 수 있다고 투덜거렸다. 그런데 예수님은 매춘부를 꾸짖으신 것이 아니라 **제자들을 꾸짖으셨다.** 지금 내가 하려는 말은 당신이 지금까지 기독교 서적에서 읽어보지 못한 말일 것이다. **우리는 제자들처럼 되지 말고 그 매춘부처럼 되자.** 뜨겁고 경건한 애정 때문에 우리도 가끔씩 돈을 과감히 써보자. 쾌락에는 비용이 들기도 하지만 유익을 생각하면 그 비용이 아깝지 않다.

★ 생각해 보기

1. 당신은 자신이나 가족을 위하여 쾌락에 큰돈을 쓴 적이 있는가? 지금 돌아보면 돈을 그렇게 쓴 것이 적절했다고 보는가? 왜 그렇거나 그렇지 않은가?

2. 당신의 삶에는 액수는 비교적 적지만 한 가지에 꾸준히 돈을 쓰는 일이 있는가? 예를 들면 매일 커피를 마신다든가 가끔씩 저녁 외식을 한다든가 음악이나 책을 구입하는 것 등이다. 당신은 그것이 적절한 일이라고 보는가? 혹시 짚고 넘어가야 할 문제는 없는가?

3. 저자의 차보다 비싼 차를 타고 다니는 한 여자가 스타벅스에서 차이 티를 마시는 저자에게 이의를 제기했다. 그리스도인들은 큰돈과 적은 돈의 지출에 어떻게 적절한 균형을 이룰 수 있겠는가?

4. 침례교의 설교자 찰스 스펄전은 하나님의 종이 일등석을 타고 다니는 것을 적절한 일로 보았다. 당신은 여기에 동의하는가? 왜 그렇거나 그렇지 않은가?

5. 요한복음 21장 1~8절을 읽으라. 이 본문은 큰 비용을 들이는 호사에 대해서 우리에게 무엇을 가르쳐 주는가? 각자 자신의 지출을 생각하면서 여기서 얻을 수 있는 교훈은 무엇인가?

11. 가족들을 기쁘게 하는 종이 되라

너무 엄격하고 억지스럽고 불쾌감과 반감을 주는 식으로 하면 오히려 세상 사람들에게 신앙을 잘못 알리는 것뿐이다. 그러잖아도 세상 사람들은 이미 우리의 신앙에 너무나 많은 반감을 품고 있다. 그들은 근엄하고 침울하게 사는 사람만 하나님을 섬길 수 있다고 생각할 것이다. 프랑소아 페넬롱

우리가 불행하다면 그것은 스스로 기쁨을 버렸기 때문이다. 하나님이 처음부터 우리에게 기쁨을 주시려 했다는 사실은 지금도 변함이 없다. 제임스 패커

내가 내 자녀들이 진리 안에서 행한다 함을 듣는 것보다 더 기쁜 일이 없도다. 요한삼서 1:4

함께 삶을 즐거워해 줄 사람

클로디아는 온두라스 테구시갈파의 빈민가에서 고생하다 결국 미쳐 버렸다. 정신적인 고생 외에 이 아가씨는 자폐증까지 앓고 있었다. 그녀는 밤낮없이 비명을 질러댔고 벽에 똥을 칠하여 고통을 표현했다.

라르쉬 Arche는 지적 장애인들을 돕는 공동체들의 국제적인 네트워크인데 라르쉬를 설립한 장 바니에는 미친다는 것을 대다수 사람들과는 약간 다르게 본다. 그는 "미친다는 데는 의미가 있다. 그것은 간절한 절규이며 하나의 질환이다. 고통스러운 세상 속에서 살아가는 스트레스가 너무 클 때 거기서 벗어나려는 하나의 수단이다. 미친다는 것은 고통을 피하는 탈출구다"라고 역설한다.[1]

바니에가 지적한 대로 많은 전문가들은 클로디아와 같은 극단적인 증상을 '치료해야 할 병'으로 본다. 하지만 라르쉬의 일꾼들은 클로디아에게 아주 다르게 접근했다.

"클로디아와 같은 사람들에게는 웃음과 놀이도 필요하다. 함께 삶을 즐거워해줄 사람들, 그들과 함께 있는 것을 기뻐해줄 사람들이 필요하다."[2]

쉬지 않고 비명을 질러대는 사람을 어떻게 즐거워할 수 있을까? 벽지에 똥을 바르는 사람과 어떻게 함께 '놀' 수 있을까?

그러려면 대단한 인내심을 발휘하여 오래 참아야 하고 은혜에서 비롯된 온유하고 초자연적인 사랑을 보여야 한다. 그것이 답이다. 아울러 쾌락이 인간의 근본적인 욕구임을 수용하는 것도 도움이 된다.

라르쉬에서 쓴 방법들은 잘 통했다. 오늘 당신이 클로디아를 찾아간다면 대체로 평온한 중년의 여성을 만나게 될 것이다. 간혹 혼자서 노래도 부르는 그녀는 자신을 '행복하게' 해주신 공을 하나님께 돌린다. 바니에는 이렇게 말한다.

> 수많은 장애인들의 부모와 가족들은 무조건 그들을 비극으로만 본다. 그래서 장애인들은 슬픈 얼굴들, 때로 연민에 차있고 때로 눈물로 얼룩진 얼굴들에 둘러싸여 살아간다. 하지만 모든 자녀와 모든 인간은 자신이 기쁨의 대상임을 알 필요가 있다. 우리는 모든 자녀와 모든 인간을 있는 모습 그대로 즐거워해야 한다. 모든 연약함을 인간의 한 부분으로 수용할 때에만 부정적이고 깨어진 자아상이 변화될 수 있다.[3]

우리도 장 바니에처럼 결국 서로의 연약함을 인간의 한 부분으로 수용할 것인가? 그렇게 수용하는 시기가 앞당겨질수록 그만큼 우리는 서로 간에 친밀함을 경험하고 또 유지하게 된다. 아울러 가정생활이 가져다주는 혼란스럽고 때로는 복잡한 쾌락들을 온전히 수용할 줄도 알게 된다.

죄인인 자녀들을 기르는 기쁨

지금까지 나는 헤아릴 수 없이 많은 소그룹에 참여해 보았다. 첫 시간에 각자의 지나온 삶을 나눌 때면 예외 없이 모든 참가자에게서 나오는 이야기가 있다. 비참하고 연약하고 죄짓고 깨어진 순간들이 그들에게 있었으나 그리스도의 한없는 은혜로 마침내 구속되었다는 사연들이다. 이런 모임이 끝나고 나면 우리는 고통이란 누구나 겪는 것이고 때로는 내 쪽에서 유발하기도 하는 것이라는 사실 앞에 매번 숙연해진다.

그런데 신기하게도 부모들은 죄와 '평범한 연약함'이 자기 자녀들에게서 나타나면 깜짝 놀라는 것 같다. 또한 부부들은 자신의 배우자가 이래저래 넘어지면 충격을 받는 것 같다. 전 세계의 인구는 빠른 속도로 70억에 육박하고 있지만 우리 중에 도덕적으로 완전한 경지에 도달한 사람은 아무도 없다. 도덕적으로 **탁월한** 경지에 도달했다고 할 만한 사람도 별로 없다. 그런데도 우리는 상대방이 완전하지 못하다고 분통을 터뜨릴 뿐만 아니라 심지어 죄를 가지고 서로를 규정하기 시작한다.

이렇게 은혜가 없는데 서로를 즐거워하게 될 리가 만무하다. 타락한 세상을 살아가는 타락한 인간들로서 우리가 기쁨을 누릴 수 있는 유일한 근거는 십자가의 복음과 그것이 가져다주는 용서와 은혜뿐이다. 그러나 서글프게도 많은 기독교 가정들은 비판과 비난과 지독한 실망의 장이 된다. 너무도 서글픈 사실이다.

여기 한 가지 명백한 사실이 있다. 죄인인 자녀를 사랑하고 기뻐하며 즐겁게 기를 수 없다면 당신은 **어떤 자녀도** 사랑하고 기뻐하며 즐거워할 수 없다. 죄인인 배우자를 사랑하며 함께 즐겁게 지낼 수 없다면 당신은 어떤 배우자에게서도 기쁨을 얻을 수 없다. 죄인이 아닌 자녀나 배우자는 세상에 단 한 명도 없기 때문이다.

죄와 깨어진 모습은 누구에게나 있는 것이다. 그것 때문에 우리가 놀이나 축제를 그만두거나 서로를 기뻐할 줄 몰라서는 안 된다. 자녀 양육에 관한 책들은 자녀에게 책임감과 규율과 존경심과 자기부인과 믿음과 절제를 가르쳐야 한다고 강조한다. 물론 다 좋은 것들이다. 하지만 **그 노래 하나만** 부른다면 우리의 가정은 한 음정밖에 내지 못하는 음치 가정이 되고 말 것이다.

가족들이 더 이상 서로를 즐거워하지 않을 때 가정은 무너지기 시작한다. 남편이 아내의 즐거움을 생각하지 않고 아내가 남편의 즐거움에 무심할 때, 부모가 자녀를 고쳐야 할 문제로만 볼 뿐 즐거워할 대상이나 함께 웃고 놀고 관계할 참 인간으로 보지 않을 때, 자녀가 부모를 주로 돈줄과 실망거리로만 볼 때, 가정생활에 비판은 많은데 웃음은 적고 스트레스는 넘치는데 놀이는 거의 없고 온갖 활동과 의무는 무겁게 짓누르는데 쾌락은 없을 때, 그럴 때 가정은 서서히 무너진다. 그런 답답한 분위기 속에서는 어떤 가정도 승승장구는 고사하고 살아남기도 힘들다.

클로디아는 지저분한 습관으로 사람들의 비위를 상하게 하고 비명을 질러대는 자폐증 여인이었다. 그런 사람을 즐거워하는 법을 배울 수 있을진대 당신 자신의 가족들과 함께 노는 법도 얼마든지 배울 수 있다. 그리고 그 결과는 역시 상상을 초월할 수 있다. 지혜롭게 쾌락을 잘 활용하면 깨어진 관계를 회복할 수 있고 건강하고 친밀한 관계를 계속 유지할 수 있다.

가족 간의 즐거운 시간을 가꾸라

12월이 저물어가던 어느 날, 나는 열여덟 살 난 아들과 함께 사막의 대기 속으로 운동을 하러 나갔다. 우리는 캘리포니아 주 남부에서 일주일 동안 처가 부모님과 함께 지내던 중이었다. 팜 데저트에서 보내던 마지막 날, 우리는 항상 비에 젖어있는 북서부 지방으로 돌아가기 전에 방수장비 없이 파란 하늘 아래서 마음껏 달려보고 싶었다.

우리는 처음 7.25킬로미터를 오르막길로 해서 14.5킬로미터[9마일] 거리로 코스를 정했다. 고등학교 크로스컨트리 선수와 함께 뛰려니 마치 치타를 따라잡으려는 것 같았다. 그레이엄이 느긋하게 달려야 내가 빨리 달리는 속도와 엇비슷했다. 어느 아빠든 십대의 아들과 함께 뛰어 보면 자신이 늙었음을, 정말로 팍 늙었음을 느끼게 된다. 그래도 나는 평소에 마라톤으로 다져진 몸이라 한 번 해보자고 나섰다.

3마일쯤 갔을 때 아들이 곁길로 빠지자고 했다. 평소에 나는 늘 큰길을 고수하기 때문에 혼자서는 생각하지 못할 일이었다. 하지만 그레이엄과 함께 있고 싶어 외진 길로 그를 따라갔다. 그 길로 한참 가니 탁 트인 사막이 나왔는데 어찌나 광활하게 뻗어있던지 그야말로 취할 것 같았다. 우리는 마치 구름 위를 달리는 기분이었다.

희색이 만면해진 그레이엄은 멈출 줄을 몰랐다. 그가 숫염소처럼 안정된 걸음으로 작은 언덕을 재빨리 올라가 한 바퀴 빙 도는 동안 나는 서투른 암소처럼 천천히 가장자리만 맴돌았다. 마침내 더 광활한 평지에 이른 우리는 사막의 아름다움에 넋을 잃을 지경이었다. 내리쬐는

땡볕 아래서 심장박동이 빨라진 우리는 달리는 사람들이 느끼는 그 유명한 도취감에 둘이 동시에 잠겼다. 그 도취감은 절대로 미리 계획하거나 억지로 불러일으킬 수는 없지만 일단 찾아오면 그렇게 기쁠 수가 없다. 더 좋았던 것은 예정대로 반환점을 돌아서자 그때부터 길이 내리막으로 바뀌었다는 것이다. 마침내 돌아와서 시계를 확인해보니 우리가 달린 속도는 1마일에 6분 45초였다. 9마일 코스에서 그 정도면 나로서는 거의 기적에 가까웠다.그레이엄에게는 겨우 '워밍업' 수준이었지만 말이다. 그야말로 아드레날린이 펑펑 솟아났던 것이다!

그날 아침 나는 오래오래 깊은 예배를 드렸다. 그 순간을 그레이엄과 함께할 수 있다는 사실이 말로 표현할 수 없을 만큼 하나님께 감사했다. 함께 달리면서 우리는 의미 있는 대화와 까다로운 대화, 그리고 간혹 부끄러운 대화도 나누었다. 어느 가정에서나 부자간에 으레 나눌 수 있는 이야기들이었지만, 이토록 아름다운 즐거움을 함께 누릴 수 있다는 것은 얼마나 큰 복인가.

이런 시간들이야말로 내가 마음에 늘 새겨두고 고이 간직하고 싶은 가족 간의 추억들이다.

예전에 우리 딸 켈시가 단핵증單核症에 걸려 학교에 가지 못하고 집에 있어야 했던 적이 있었다. 나는 딸과 함께 이런저런 게임도 하고 그냥 어울려 놀던 그 시간을 즐겼다.딸이 좋아하던 "길모어 걸스"(Gilmore Girls)라는 텔레비전 드라마도 함께 보았다. 영락없는 막내인 켈시는 그 와중에도 정말 믿기 힘들 만큼 활달했다. 오죽하면 내가 "켈시야, 너 같이 재미있는 단핵증 환자는 처음 보았다!"라고 말했을 정도다.

켈시의 설명인즉 자기는 가족들이 돌아올 때 기운을 내서 놀려고 다들 나가있는 동안 쉬었다는 것이다. 간혹 나는 켈시가 말하고 웃고 노는 모습을 넋을 잃고 바라본다. 아무래도 이름을 '신바람'이라고 지을 걸 그랬나 보다.

우리 큰딸 앨리슨은 내성적인 아이인데 현재 캐나다 국경 바로 너머의 트리니티 웨스턴 대학교에 다니고 있다. 어느 날 밤에 내가 학교로 앨리슨을 찾아갔다. 아이의 학과목 리포트에 대해 대화한 뒤에 우리는 걸어서 챕터스라는 서점에 갔다. 그 서점은 하드커버 소설책 재고를 헐값에 팔곤 한다. 캐나다의 서점에는 미국에서 흔히 보기 힘든 책들도 있다. 그래서 우리 부녀는 DVD 하나를 대여하는 값이나 그보다도 싼 책들을 마치 사탕 가게에 들어간 아이들처럼 신나게 골랐다. 딸아이는 여남은 권의 책을 놓고 주체할 줄 모르는 나를 보며 웃었다. 나는 솔직히 도움을 청했다.

"이걸 다 가지고 들어가면 네 엄마가 날 잡아먹으려 들 거다. 네가 좀 여섯 권으로 줄여줘라. 그 정도면 네 엄마도 봐주겠지?"

앨리슨은 절제하지 못하는 아빠를 보니 책을 세 권만 고른 자신은 아주 성숙한 사람 같다며 의미심장한 미소를 지었다.

지금까지 나는 평범한 가정생활에서 볼 수 있는 세 가지 짤막한 일화를 소개했다. 틀림없이 당신에게도 그런 일들이 많이 있을 것이다. 그런 즐거운 순간들이야말로 우리가 소중히 간직하고 싶은 순간들이 아닌가? 흔히 가정들은 주로 미래와 온갖 잘못될 수 있는 일들 때문에 두려움과 근심걱정에 사로잡힌다. 하지만 현재를 즐거워하면 모든 잘

된 일들에 집중하게 된다. 가족 간의 즐거운 시간을 가꾸지 않을 때 우리는 현재와 그 기쁨을 미래와 그 위협의 중압감 아래 파묻는 것이다. 그것은 기름 없이 엔진을 돌리려는 일과 같다. 마찰이 심해질 것이고 그러면 차가 망가질 수 있다.

간단한 질문을 하나 해보자. 당신의 자녀들은 당신 앞에서 편하게 있을 수 있는가? 혹시 그들은 당신에게 끊임없이 잔소리와 훈육과 책망을 듣는 기분은 아닌가? 만일 그렇다면 자녀들이 친구들과 놀러 나갈 시간만 기다리는 것을 당신은 왜 이상하게 보는가? 즐거움이라고는 찾아보기 힘든 곳에 누가 있고 싶겠는가?

몇 년 전에 나는 유명한 그리스도인 저자이자 강사인 케빈 리먼 박사와 뜻 깊은 시간을 함께 보냈다. 성인이 된 그의 자녀들이 부모님 집에 놀러 오는 것을 아주 즐기는 모습을 보며 나는 묻지 않을 수 없었다. "어떻게 하면 이런 가정이 될 수 있습니까?"

리먼 박사의 대답은 간단했다. "자랄 때부터 가족들과 함께 있는 시간이 즐거웠던 자녀들은 커서도 그것을 놓칠 생각이 없습니다. 반대로 자녀마다 발레다 축구다 보이스카우트다 야구다 중고등부 모임이다 해서 각자 재미있는 일이 따로 있고 가족끼리 함께 노는 시간이 없다면, 그 아이들은 커서도 매년 두 번씩 의무적으로 모일 때만 집에 옵니다. 정말 기쁨의 시간은 될 수 없지요."

건강한 자녀양육에는 많은 교정과 훈육과 지적과 훈계가 필요하다. 삶이란 항상 놀이터만은 아니다! 하지만 당신이 즐거운 가정을 이루기 위해 거의 아무런 노력도 하지 않는다면 결국 가정이 따분한 곳으로 변하더라도 놀라지 말라. 한 번 떠난 식구는 아무도 다시 오려 하지 않더라도 놀라지 말라.

우리 가정은 이미 두 아이가 1년에 8개월을 집 밖에서 지낸다. 그들에게 가정이 피난처로 기억되었으면 좋겠다. 한 번은 내가 앨리슨의 말을 듣고 깊이 감동한 적이 있다. 대학 신입생 시절에 가끔씩 외로워질 때면 책방에 들어가 내 책들을 찾아 뒤표지의 내 사진을 보고 책을 몇 줄 읽다 나오곤 했다는 것이다. 딸은 "그러고 나면 항상 마음이 좋아졌어요"라고 말했다. 새로운 환경에 막 첫발을 내딛은 앨리슨에게 가정은 그렇게 마음과 마음이 통하는 자리였던 것이다.

배우자를 즐거워하라

가족들을 부양하고 보살펴야 하는 일상생활의 고된 현실을 감안할 때, 즐거움의 시간을 소홀히 하는 남편과 아내는 위험을 자초하기 쉽다. 부부가 더 이상 서로를 즐거워하지 않으면 서서히 거리가 멀어져 종종 부부간의 애정이 식는다.

하나님의 뛰어난 지혜의 한 증표는 그분이 남편과 아내에게 창조해 주신 성생활에서 볼 수 있다. 성생활은 부부 사이로만 한정된 전혀 거리낌 없는 쾌락의 행위로서 생리학적으로 서로의 애정을 새롭게 해준다. *옥시토신은 친밀감과 유대감을 느끼게 해주는 뇌의 화학물질인데 남자의 경우 성관계 직후에 그것이 가장 많이 분비된다. 사실 남자의 옥시토신 수위는 그때에만 자기 아내의 수위에 근접해진다. 성생활을 유지하는 일이 집 청소만큼이나 의무적인 일로 변할 때가 너무 많은데 그렇게 되면 당연히 결혼생활이 힘들어진다.

여러 연구에 따르면 성생활은 결혼생활의 만족을 측정하는 좋은 기준이 된다. 남녀 모두 성관계의 횟수와 결혼생활의 만족도 사이에 직접적인 상관관계가 있다. 그렇다고 섹스를 자주 하면 나빴던 부부 사이가 꼭 좋아진다는 뜻은 아니다. 오히려 결혼생활이 모든 면에서 친밀하면 섹스가 자연스럽게 뒤따른다는 뜻이다. 행복한 남편은 아내에게 즐거움을 주고 싶어질 것이고 만족한 아내는 남편을 기쁘게 해주고 싶어질 것이다.

성적인 친밀함이 주는 쾌락은 때로 상상을 초월한다. 그리스도인 부부들은 그것을 부끄러워하거나 꺼릴 것이 아니라 오히려 수용해야 한다. 하나님이 여성의 몸에 **성적인 쾌락이라는 기능만을 위하여** 클리토리스라는 기관을 지으셨다는 사실에는 중요한 의미가 있다. 하나님은 여자를 남편과 신체적인 친밀함을 즐기도록 설계하셨다. 이 경험을 생각하고 계획하고 즐기고 이 경험을 위하여 시간을 떼는 일은 건강하고 거룩한 일이다.

성경은 부부가 성적인 기쁨에 빠지는 것을 예찬한다. 아가서에 나오는 남자의 목소리를 들어보라.

> 내 누이, 내 신부야, 네 사랑이 어찌 그리 아름다운지
> 네 사랑은 포도주보다 진하고
> 네 기름의 향기는 각양 향품보다 향기롭구나
> 내 신부야, 네 입술에서는 꿀방울이 떨어지고

네 혀 밑에는 꿀과 젖이 있고

네 의복의 향기는 레바논의 향기 같구나

내 누이, 내 신부는 잠근 동산이요

덮은 우물이요 봉한 샘이로구나

네게서 나는 것은 석류나무와

각종 아름다운 과수와

고벨화와 나도풀과

나도와 번홍화와

창포와 계수와

각종 유향목과

몰약과 침향과

모든 귀한 향품이요아 4:10~14.

이 남자는 지금 성적인 욕구에 **도취되어 있고** 황홀한 만족감에 젖어 있다. 성경은 부부가 잠자리에서 누리는 쾌락을 나약하거나 부끄러운 방종의 행위로 보기는커녕 오히려 예찬하고 있다.

나의 친구들아, 먹으라

나의 사랑하는 사람들아, 많이 마시라아 5:1.

하나님이 우리를 성적인 친밀함을 갈망하고 즐기도록 설계하셨다는 사실은 인간의 이성과 성경이 공히 가르치는 바다. 고통과 소외로 가득한 세상에서 우리에게 이런 친밀함과 이런 순간들을 허락하시는 하나님은 얼마나 마음이 너그러우신 분인가.

지금까지 당신이 부부간의 쾌락을 계획하거나 깊이 누리는 일을 어딘지 꺼림칙하게 여겼다면 이제 이 성경말씀을 마음에 새겨야 할 것이다. "나의 친구들아, 먹으라. 나의 사랑하는 사람들아, 많이 마시라."

가족을 기쁘게 하는 종이 되라

서로를 섬기며 즐겁게 하는 일은 물론 성생활에서 끝나지 않는다. 지혜로운 남편은 아내에게 가끔 아이들에게서 벗어나 자신이 정말 즐거워하는 일을 하게 해줄 것이다. 현명한 아내는 남편에게 가끔 한나절쯤 모터사이클을 타거나 송어 낚시를 가도록 권할 것이다. 지혜로운 부모는 가급적 온 가족이 함께 즐길 수 있는 재미있는 일을 의지적으로 스케줄에 짜 넣을 것이다. 현명한 대학생 자녀는 부모와 만나는 재미있는 시간을 계획하여 감사를 표할 수도 있다.

당신의 자녀들이 학교 공부와 숙제에 치여 있는가? 그럴 때 당신은 숙제를 다 했느냐고 묻기보다 잠시 쉬면서 뭔가 재미있는 일을 하자고 제안해 본 적이 **있는가**? 데이비드 폴리슨은 다음과 같은 심오한 말을 했다. "함께 살고 있는 배우자와 자녀들에게 당신은 그들을 기쁘게 하는 종이 되어야 한다."[4]

16세기의 유명한 관상가로 많은 기도원을 세운 아빌라의 테레사는 집집마다 침묵과 관상이 있어야 할 것을 강조했지만 또한 정오와 저녁

때에 각각 한 시간씩 매일 두 시간은 레크리에이션도 필요함을 지혜롭게 강조했다. 그녀는 이 두 시간이 있기에 다른 시간들도 가능하다고 설명했다.

많은 기독교 가정들이 '바른 생활'에는 굉장히 힘쓰지만 잠시 멈추어 쾌락의 위력을 동원하지는 않는다. 이런 가정들은 많은 것을 희생하지만 진정한 레크레이션과 즐거움이 없이 살다가 고역스런 일상생활에 치여 무너지는 경우가 많다.

'쾌락의 위력을 동원한다'는 말은 특히 가정생활과 관련하여 어떤 뜻일까? 아들이나 딸이 숙제하느라 지쳐 있거나 그냥 침울하다면 아이에게 재미있는 일을 하게 해줄 수 있다. 아이에 따라 이를테면 함께 극장에 갈 수도 있고 큰맘 먹고 음악회 입장권을 사줄 수도 있고 잠시 탁구 시합을 벌일 수도 있다. 아내가 스트레스를 많이 받고 있다면 갑자기 아내를 데리고 당일로 온천에 다녀올 수도 있다.

스포츠를 무척 좋아하는 한 남편이 대학농구 플레이오프전이 시작되던 날 아내가 자기에게 해준 일을 그룹의 남자들에게 들려주었다. 그는 교대제로 근무하는데 마침 그날은 오전에 퇴근했다. 아내는 남편이 좋아하는 간식을 차려놓고 그를 반가이 맞이했다. 그리고 남편을 평소에 그가 즐겨 앉는 의자로 데려가 그가 좋아하는 마실 것을 가져다주며 이렇게 말했다. "당신 늘 열심히 일하느라 수고가 많아요. 오늘 하루는 재미있게 쉴 자격이 있어요. 리모컨 여기 있어요. 뭐든 더 필요한 게 있으면 말씀하세요."

다른 남자들은 거의 침을 흘리며 그 이야기를 들었다. 그날 그 아내는 "내가 당신을 기쁘게 하는 종이 될게요"라고 말했고 그것은 그 남편에게 거액의 배당금이나 같은 것이었다.

오늘날 수많은 아내들은 자신의 결혼생활이 기능주의로 전락했다는 생각에 괴로워하고 있다. 남편들은 아내라는 **사람 자체**는 망각한 채 아내가 하는 일소득의 일부를 벌고, 집을 치우고, 아이들을 단속하고, 섹스를 하는 등에 가치를 부여한다. 하지만 아내들이 원하는 것은 자신이 하는 **일과 무관하게** 그냥 자기를 사랑하고 알고 좋아하고 관심을 가져줄 사람이다. 당신이 시간을 내서 아내의 피곤함"여보, 당신 무리하는 것 같아요. 설거지는 내가 할 테니 가서 목욕이나 해요"이나 외로움"여보, 우리 잠깐 나가서 커피 마시며 이야기나 합시다. 당신하고 속마음을 서로 나눈 지도 오래된 것 같구려"에 주목해 준다면, 그것은 당신이 그만큼 아내를 챙기고 있다는 표시다. 아내에게 주는 즐거움지금은 섹스 이야기가 아니다이야말로 당신이 보여줄 수 있는 최고의 사랑 중 하나다. 많은 아내들이 자신이 당연시되는 것 같고 이용당하는 것 같고 무시당하는 것 같아 40대 중반에 상담자 앞에 주저앉아 눈물을 쏟지만, 당신의 아내는 그 자리에 없을 것이다.

부모로서도 우리는 조심해야 한다. 자녀를 책임감 있는 사람으로 기르려는 욕심 때문에 동일하게 중요한 목표 하나가 밀려날 수 있기 때문이다. 그 목표란 바로 자녀에게 쾌락을 수용하는 법을 가르치는 것이다. 자녀들이 부족하여 결정을 잘못하는 일이 왕왕 있다 보니 간혹 우리의 부정적인 교정이 긍정적인 칭찬을 압도할 수 있다. 그래서 안 된다고 할 때는 많지만 좋다고 할 때는 드물다.

감사하게도 우리 집의 세 아이들은 모두 책임감이 강한 편이다. 십대 때의 나보다 시간 관리를 잘한다. 이유는 하나님만이 아시겠지만 우리는 아이들에게 숙제하라고 다그쳐야 했던 적이 없었던 것 같다. 무절제하게 비디오게임이나 텔레비전에 푹 빠져 시간을 낭비하지도 않았다.

나는 아들이 공부를 열심히 했거나 육상에서 좋은 성적을 냈거나 장학금을 받았을 때가 아니어도 아들을 많이 칭찬하는 편이다. 아들이 고등학교 때 가끔씩 게임기 엑스박스로 풋볼 시합을 할 때도 칭찬해 주었고, 대학생이 된 지금 빡빡한 공부 스케줄에서 잠시 벗어나 클럽에서 얼티미트 프리스비ultimate Frisbee를 할 때도 마찬가지다. 우리 딸들이 집으로 친구들을 데려와 영화를 볼 때면 나는 애써 그들을 반갑게 대한다. 나는 그 아이들이 휴식 시간을 즐기는 모습이 **보기 좋은데**, 그런 내 마음을 그 아이들도 알았으면 해서다.

건강을 위해서 아이들은 이따금씩 재미있는 일을 할 필요가 있다. 나는 공부할 때만 칭찬하고 놀이에는 마지못해 동조하는 그런 부모가 되고 싶지 않다. 기독교는 축제를 예찬해야 한다. 기독교는 흥을 깨는 것이 아니라 오히려 흥을 돋우어야 한다.

물론 당신에게 '쾌락이 도를 넘어선' 자녀가 있다면 다른 각도에서 접근해야 하겠지만, 그런 상황에서라도 공부와 놀이를 무조건 적대관계로 만드는 실수는 범하지 말았으면 한다. 자녀들에게 우리가 쾌락을 반대한다는 인상을 주어서는 안 된다. 오히려 자녀가 쾌락을 **책임감 있게** 수용하도록 도와줄 방법을 모색해야 한다. 부모는 **공부만** 닦달하고 자녀는 **놀 생각만** 하는 상황이 된다면 가정에 평화가 없을 것이다.

가족들을 기쁘게 하는 종이 되려면 이전의 율법주의적이던 내 사고방식으로 보기에는 완전히 직관에 어긋나는 일이지만 자신의 가정에 쾌락을 들여놓을 방법들을 의지적으로 찾아야 한다. 그런 작업은 그대로 예배가 될 수도 있다. 나는 아내에게 차를 사주면서 그것을 깨달았다.

차를 구입하는 일이 예배가 되다

내 아내는 1년에 110일쯤을 편모로 살아간다.

내 강연 스케줄 때문에 아내는 한 해의 거의 3분의 1을 남편 없이 삶의 짐을 져야만 한다. 우리의 충복이던 미니밴의 주행거리가 2십만 킬로미터를 넘어서자 나는 슬슬 걱정이 되었다. 내가 집을 떠나 있는 사이에 캐나다에 있는 딸한테 갔다가 차가 고장이라도 나면 아내는 오도 가도 못하는 신세가 될 것이었다. 아울러 나는 아내가 미니밴이라는 차종에 대한 애정을 다 잃었다는 것도 알고 있었다. 그랜드 캐러밴은 9년 동안 우리 가정의 발 노릇을 톡톡히 잘해 주었지만, 그 차를 구입하던 당시 우리는 형편상 제일 싼 모델을 살 수밖에 없었다. 그래서 그 차는 창문도 자동이 아니었고 그밖에도 소소하게 귀찮은 것들이 많았다.

우리 가정의 지출을 감안할 때 내 강연 여행을 줄일 수는 없었지만, 대신 아내에게 안전하면서도 아내가 정말 운전하기 좋아하는 차를 꼭 사줄 수는 있었다. 언젠가 우리가 렌트했던 차에 좌석 온열 기능이 있었는데, 나는 교외 지역에 사는 40대의 아내에게 추운 겨울날 아침에 자동차의 따뜻한 좌석보다 더 행복을 주는 것은 없음을 깨달았다. 그래서 우리가 미니밴을 교체하기로 결정했을 때 이미 몇 가지 사양은 정해져 있었다. 우리는 자동 창문과 **좌석 온열 기능**을 갖춘 도시형 SUV를 사기로 했다.

가계 예산에 맞추려고 우리의 형편을 따지고 있는데 어쩔 수 없는 내 복음주의적인 죄책감이 신차 구입에 돈을 쓴다고 자꾸만 나를 질책했다. 우리는 벤츠를 살 계획은 아니었지만 그렇다고 우리가 생각하고 있던 차가 싼 모델도 아니었다. 자동차는 워낙 지위의 상징이 되어버렸기 때문에 나는 등급을 높일 때가 되면 늘 자책감이 들곤 한다.

나는 그런 지위 놀음이 그냥 싫다.

이 문제로 기도하는 가운데 하나님이 이렇게 말씀하시는 것이 분명히 느껴졌다. "내 딸을 잘 보살펴 주어 고맙구나."

그 말씀이 내 주목을 끌었고, 그래서 더 귀 기울여 듣노라니 점차 하나님의 마음이 느껴졌다. 리자가 한 해의 상당 기간을 편모로 섬겨야 하는 상황에 그분도 공감하고 계심을 알게 되었다. 리자의 삶을 더 편하고 안전하게^{또한 좌석 온열 장치로 약간 더 쾌적하게} 해주고 싶은 내 마음을 하나님이 기뻐하셨다고 믿는다. 아내를 챙겨주고 즐겁게 해주려는 내 마음을 그분이 좋아하신 것은 어쩌면 당연한 일이었다. 내 아내는 또한 그분의 딸이니까 말이다.

그때 퍼뜩 이런 생각이 들었다. 아버지로서 나는 내 앞에 앉아 나를 칭찬하고 치켜세우는 사위와 혼신을 다하여 내 딸을 섬기고 사랑하는 사위 중에서 어느 쪽이 더 고맙게 느껴질까? 생각할 필요조차 없는 일이었다. 하나님을 예배하고 높이는 것도 꼭 필요하지만 전체적인 시각을 놓쳐서는 안 된다. 아내를 기쁘게 하는 종이 될 때 나는 아내의 하늘 아버지이시자 나의 영적인 '장인'이신 그분께 기쁨을 더욱 많이 드리는 것이다.

그렇게 해서 차를 구입하는 일이 예배로 바뀌었다. 나는 하나님이 좌석 온열 장치가 딸린 더 높은 등급의 차를 샀다고 나를 정죄하신 것이 아니라 오히려 흐뭇하게 웃으셨다고 믿는다. 내가 하나님의 딸을 즐겁게 하는 종이 되어 헌신적으로 사랑할 때 하나님은 결국 나의 행동에서 큰 기쁨을 얻으신다.

가족을 기쁘게 하면 하나님이 기뻐하신다

이번에는 방향을 돌려서, 중년 남성의 약 80퍼센트는 자신의 직업에 실망감이 크다고 한다. 많은 그리스도인 남자들은 삶의 여러 가지 책임 때문에 꼼짝없이 덫에 갇힌 심정일 때가 많다. 그들은 주택 융자금을 상환해야 하고, 자녀를 기르는 일에 지쳐 있으며, 만족이 거의 혹은 전혀 없는 그러나 좌절은 많은 직장에 충실해야 하는 중압감을 느낀다. 이런 남자의 삶에 아내가 기쁨을 가져다 준다면 그것이 하늘 아버지께 얼마나 큰 섬김이 될지 생각해 보라. 아내가 남편에게 공감을 보인다면, 주말마다 잡다한 일을 시키기보다 뭔가 재미있는 일을 계획하여 남편을 놀래준다면, 그것이 하나님을 얼마나 기쁘시게 할지 생각해 보라. 당신이 아내라면 당신은 **하나님의 아들**과 결혼한 것이다. 당신은 남편을 기쁘게 하는 종인가, 아니면 남편의 죄를 지적하는 사람인가?

물론 배우자와 자녀에게 안 된다고 말해야 할 때도 있다. "안 돼요. 그것만은 함께 할 수 없어요. 당신한테는 즐겁게 보일지 몰라도 하나님의 영광을 가리는 일이니까요." "안 돼, 현재 우리의 여러 가지 책임과 지출을 생각해볼 때 그것은 무책임한 사치거든." "그건 안 된다. 그렇게 쉬는 것은 건강한 방법이 아니야." 그러나 '안 된다'는 말은 대부분의 경우에 대화의 끝이 아니라 시작이어야 한다. 지금까지 대화가 거기서 끝났다면 이제는 뒤집어야 한다. 안 된다고 했으면 그 일 말고 다른 '되는' 일은 무엇인지 적극적이고 의지적으로 답을 찾아야 한다.

그렇다면 즐거움과 축제에 대한 하나님의 위계를 존중하는 가운데 오늘 당신이 배우자와 아이들에게 기쁨을 가져다주기 위해 할 수 있는 일은 무엇인가? 그동안 배우자나 자녀가 무엇을 원하는지 알면서도 당신은 아무런 손도 쓰지 않고 있었는가? 전에는 배우자나 자녀가 재미있게 웃는 모습을 보며 기쁨을 느꼈는데 이제 이런저런 실망 때문에 그 기쁨을 잃고 말았는가? 지금 잠시 시간을 내서 자신에게 이렇게 물어보면 어떨까?

"어떻게 하면 그 사람에게 참되고 거룩한 즐거움을 가져다줄 수 있을까?" 하나님께 여쭈어 보면 더 좋을 것이다.

"어떻게 하면 제가 창의적으로 아내나 남편이나 아들이나 딸이나 부모에게 **진정한 쾌락**을 가져다줄 수 있을까요?"

어떻게 하면 나는 가족들을 기쁘게 하는 종이 될 수 있을까?

★ **생각해 보기**

1. 하나님이 당신을 불러 섬기게 하신 사람인데 당신이 더 이상 즐거워하지 않는 사람이 혹시 있는가? 클로디아처럼 극단적인 경우는 아니겠지만, 그래도 상대방을 즐거워하지 않는 당신의 태도가 그 사람에게 어떤 영향을 미치고 있다고 보는가? 혹시 당신이 상대방을 즐거워하고 있다면, 그것이 그 사람에게 어떤 도움이 된다고 보는가?

2. 나 자신의 죄를 더 깊이 깨달으면 죄인인 자녀와 죄인인 배우자를 더 기쁘게 사랑할 수 있다. 어떻게 그런가? 나 자신의 죄와 그 파장을 보지 못하게 막는 것들은 무엇인가?

3. "여기 한 가지 명백한 사실이 있다. 죄인인 자녀를 사랑하고 기뻐하며 즐겁게 기를 수 없다면 당신은 **어떤 자녀도** 사랑하고 기뻐하며 즐거워할 수 없다. 죄인인 배우자를 사랑하며 함께 즐겁게 지낼 수 없다면 당신은 어떤 배우자에게서도 기쁨을 얻을 수 없다. 죄인이 아닌 자녀나 배우자는 세상에 단 한 명도 없기 때문이다." 저자의 이 말에 대하여 토의해 보라.

4. 저자는 가족들이 더 이상 서로를 즐거워하지 않을 때 가정이 무너지기 시작한다고 말한다. 당신이 배우자나 자녀나 부모

나 형제자매를 즐거워하는 것이 그 사람과의 관계에 어떤 도움이 되고 있는지 토의해 보라. 반대로 당신이 상대방을 즐거워하지 않는 것이 그 사람과의 관계에 어떤 방해가 되는지도 토의해 보라.

5. 이번 주 중에 가족 중 한 사람과 함께할 수 있는 쾌락의 시간을 의지적으로 계획하여 그 내용을 서로 나누어 보라. 관계를 회복하기 위한 시간이어도 좋고 관계를 유지하기 위한 시간이어도 좋다.

6. 가족 중 한 사람을 정하여 이번 주에 그 사람을 기쁘게 하는 종이 되어 보라. 그 사람을 섬기기 위해 당신이 할 수 있는 일은 구체적으로 무엇인가?

7. 가족들을 섬기는 소명과 가족 이외의 사람들을 돕는 책임 사이에 어떻게 하면 균형을 이룰 수 있을까? 배우자나 자녀에게 돈을 쓰는 일과 가난한 사람들을 구제하고 선교를 성심껏 후원하는 일 사이에 적절한 균형은 무엇인가?

12. 역경 중에도 쾌락을 찾으라

휴일을 대하는 예술적인 태도는 삶을 수용하는 방식이고, 싸움을 대하는 도덕적인 태도는 죽음을 수용하는 방식이다. 모든 시민에게 가장 중요한 것은 이 두 가지다. G. K. 체스터튼

우리가 그분 안에서 충만한 복을 누리지 못하는 한 그분도 우리 안에서 충만한 복을 누리지 못하신다. 노르위치의 줄리안

하나님을 만나고 나면 더 이상 인간에게 바랄 것이 없어진다.
프랑소아 페넬롱

우리가 이방 땅에서 어찌 여호와의 노래를 부를까. 시편 137:4

역경 중에 찾은 작은 쾌락

즐라타 필리포비치가 쓴 일기 중에 목가적인 여름날에 관한 대목은 영락없이 사춘기를 앞둔 열한 살 여자아이의 글답다.

"오늘은 우리끼리 한 턱 냈다. 마당의 나무에 열린 버찌를 몽땅 따먹은 것이다. 나무에 꽃이 피고 조그만 초록색 잎들이 천천히 빨간색으로 변하는 것을 보았었는데 어느새 우리는 열매를 먹고 있었다. 아, 너는 정말 훌륭한 벗나무야!"[1]

즐라타가 이 글을 쓸 때가 전쟁 중이었다는 것을 알면 이 즐겁고 달콤한 여름날의 회상은 충격으로 다가온다. 즐라타는 이렇게 속마음을 털어놓았다.

"과일이 무척 그립다. 요즘처럼 전쟁 중인 사라예보에는 기초식량도 없고 사람에게 필요한 다른 것들도 없고 과일도 없다. 하지만 이제 나는 버찌를 원 없이 먹었다고 말할 수 있다."

빈곤과 질병과 심지어 전쟁의 시기에도 쾌락의 욕구는 사라지지 않는다. 오히려 그런 때일수록 세상에서 가장 단순한 쾌락을 발견하고 재발견해야 할 필요성이 더 절실해진다.

예수님은 답답해질 수 있는 환경에서도 가장 단순한 쾌락을 수용하는 법을 친히 본으로 보이셨다. 그분은 결코 풍족하게 사신 적이 없으며 집도 없으셨다. 비록 병드셨다는 기록은 없어도 그분은 박해와 모함과 오해와 공격을 받으셨다. 이런 고생 가운데서 예수님은 그냥 이를 악물고 밀고 나가신 것이 아니다. 그렇다고 끝없는 고독 속으로 숨어들어 스스로 불행에 파묻혀 살지도 않으셨다. 오히려 예수께서 가장 근본적인 쾌락을 얼마나 자주 누리시는지 유심히 본 적이 있는가? 그 가장 근본적인 쾌락이란 바로 진지한 대화다. 그분은 종교적인 사람들, 가난한 사람들, 죄 많은 사람들과 대화하신다. 제자들, 그분을 따르는 사람들과 대화하신다. 끝없이 이어지는 대화가 예수님의 삶에 활력소가 되었다.

예수님은 여간해서 쾌락을 찾아보기 힘든 시대유대인들은 로마의 압제로도 모자라 바리새인들의 극단주의에까지 시달리고 있었다에 사셨지만 그 피폐한 상황 속에서도 가장 기본적인그리고 비용이 들지 않는 쾌락을 수용하는 법을 본으로 보이셨다. 이렇듯 돈 없이도 큰 보상을 누릴 수 있는 것이 관계라는 예술이다.

우리 또한 역경과 시련 속에서도 각자의 '작은 쾌락'을 찾아야 한다.

거룩한 불만족

당신은 쾌락의 위력을 동원한다는 이 개념이 풍요롭고 안락한 서구 이외의 세계에 어떻게 가능할지 의아할 수 있다. 또는 불행을 질리도록 겪고 있는 사람들의 삶 속에 이것이 어떻게 적용되는지 의문이 들 수도 있다.

예를 들어 아내는 하나님께 '빠져' 있는데 남편은 그렇지 않다면 우리가 이 아내에게 해줄 말은 무엇일까? 그녀는 왕이신 하나님을 섬기며 살고 싶은데 남편은 교회라면 한 달에 한 번이면 족하다고 한다. 그

나마 사냥철도 아니어야 하고 시카고 베어스 팀의 야구 경기도 없어야 하고 전날 밤에 자신이 너무 늦게 잠자리에 들지도 않았어야 한다고 한다.

이렇게 결혼생활에 뭔가가 결핍되어 있는 상황에서는 아내가 어느 시점에 인정해야 할 사실이 있다. 자신이 바라는 쾌락이 끝내 오지 않을 수도 있다는 사실이다. 이제 아내는 거기에 맞게 자신의 삶을 조정하여, 신앙을 함께할 수 있는 다른 의미 있는 우정을 가꿀 필요가 있다. 그렇게 한다고 해서 남편의 마음을 차차 변화시키실 수 있는 하나님의 능력을 부인하는 것은 아니다. 오히려 이를 통하여 아내는 현재의 실망스러운 상황 속에서 하나님의 다른 공급을 구하는 것이다.

사랑하는 자녀가 '불치병'과 싸우고 있고 하나님은 아이를 치유해주실 뜻이 없어 보일 때 부모는 어떻게 즐거움을 얻을 것인가? 일자리를 잃은 남자는 날마다 거부와 모욕과 재정적인 압박과 스트레스로 힘들어하는 중에도 어떻게 즐거움을 얻을 것인가? 휠체어에서 살아가는 사람은 끝없는 제약을 어떻게 감당해낼 것인가? 사람들이 당신에게 실망과 상처와 낙심을 줄 때 당신은 어떻게 하나님의 우물에서 사랑과 영적인 양분과 정서적인 공급과 자상한 관계와 나아가 쾌락까지도 길어 올릴 수 있을까?

이런 상황을 우리는 정면으로 돌파해야 한다. 자칫하면 우리가 하나님이 가장 절실히 필요한 바로 그 시점에 쾌락의 위력을 동원하지 못할 수 있고, 그렇게 되면 자신이 알고 있는 모든 선하고 옳은 것들까지 버리고 싶어질 수 있기 때문이다. 지금까지 이 책에서 한 말, 즉 거룩한 쾌락을 무시하면 부도덕한 쾌락에 빠지기가 더 쉬워진다는 말이 사실일진대 그런 결과가 불가피할 것이다.

앞서 강조했듯이 우리의 사고는 균형을 이루어야 하며 특히 이 부분에 그런 지혜가 필요하다. 영적으로 말하자면 우리는 영성 계발을 위하여 쾌락의 자리를 수용하고 중시할 필요가 있다. 하지만 사람에 따라 그리고 삶의 시기에 따라 어떤 쾌락은 아예 누릴 수 없는 것들도 있다. 또 어떤 쾌락은 워낙 실망과 슬픔에 퇴색되어 삶의 가장 맛좋은 과일조차도 우리 영혼에 쓰게 느껴질 수 있다. 그런 상황에서 예수님은 곧장 문제의 정곡을 찌르시며 우리의 시선을 다시 그분께로 돌리신다. 어떻게 그렇게 하시는지 그분의 가장 유명한 대화중의 하나를 통하여 살펴보자.

더 중요한 쾌락이 해결책이다

이 여자는 이혼을 여러 번 한 여자로는 아마 단연 가장 유명한 사람일 것이다. 남편 다섯을 갈아치우고 애인과 동거하고 있던 그녀는 남자들이 편하게 느껴졌을 법도 하다. 하지만 그런 그녀도 이런 남자는 처음이었다.*이 이야기는 요한복음 4장에 나온다.

그분이 맨 처음에 하신 말씀은 단순한 부탁이었다.

"나에게 물을 좀 주겠는가. 목이 마르구나."

당신은 정말 아웃사이더로 살아본 적이 있는가? 그런 적이 없다면 다른 사람에게 "너도 우리와 한 편이다"라는 말을 듣는 기분이 어떤 것인지 상상하지 못할 것이다. 예수께서 이 사마리아 여인에게 말을 거신 행동 자체가 그녀에게는 바로 그런 의미였다. 성전의 바른 위치를 둘러싼 지리적인 논쟁은 유대인들과 사마리아인들 사이에 수세기에 걸쳐 지독한 적대감을 낳았다. 게다가 역사적으로 조상들의 유전자 때문에 이 여자는 어지간한 유대인 남자에게 저주의 대상이었고 선지자에게는 더 말할 것도 없었다. 그녀는 이 모든 배척에서 벗어날 재간이 없었다. 배척의 모든 원인이 그녀의 핏속에 흐르고 있었다. 그녀는 사회적으로 버림받은 사마리아인이었고, 사마리아인 중에는 그녀를 원한 남자들이 많았어도 **정통 유대인**은 아무도 그녀를 원하지 않았다.

그런데 유대인 남자가 **사마리아인 여자**에게 물을 달라고 청한 것이다. 그것도 랍비이자 선지자이신 분이 말이다.

여자가 그것이 부당한 일임을 지적하자 예수님은 여태까지 '정통' 유대인들에게 간접적으로만 말씀하셨던 사실을 그녀에게 알려주신다. 자신이 메시아이심을 단도직입적으로 밝히신 것이다.

얼마나 특별한 계시인가! 하나님의 선민이자 어쩌면 '바른' 위치에 성전을 두고 있는 유대인들은 예수님이 메시아라는 진리를 비유와 간접적인 암시와 구약의 해석을 통해 끌어내야만 했다. 그런데 이 여자는 그럴 필요가 없었다! 그 진리를 가장 직설적인 방식으로 들었기 때문이다. "네게 말하는 내가 그라"요 4:26. 이 말씀의 의미는 삼척동자라도 놓칠 수 없는 것이었다.

결국 이 여자는 그 이상 더 들을 필요가 없었다.

이 유명한 대화를 처음부터 끝까지 잘 살펴보면 예수님은 단 한 번도 이 여자에게 남자관계를 '해결하는' 법이나 인간끼리의 친밀함 속에서 '참된 쾌락'을 얻는 법을 말씀하신 적이 없다. 이 만남은 피상적인 해결의 순간이 아니었다. 오히려 예수님은 정곡을 찔러 그녀에게 가장 근본적으로 필요한 것을 짚어내셨다.

그녀는 남자들에게서 만족을 찾으려던 것을 그만두고 하나님께 나아와야 했다. 지금까지 살아온 이력 때문에 이 여자는 본래 하나님이 계획하신 평생의 친밀한 결혼생활은 누릴 수 없게 되었다. 자신의 행위로 그 가능성을 이미 날려버린 것이다. 하지만 예수님은 보람된 결혼생활보다 더 깊고 풍성한 무엇을 말씀하신다. 그것은 바로 하나님과의 관계다. 바로 이것이 그녀가 구해야 할 쾌락이었다. 사마리아 여인 같은 절박함이 없이 결혼생활을 '행복하게' 하고 있는 여자는 신앙이 그렇게까지 절실하지 못할 수 있다. 그래서 사마리아 여인의 죄는 오히려 그녀를 하나님 한 분께로만 돌아오게 하는 종의 역할을 한다.

여기서 우리가 깨달아야 할 것이 있다. 자신에게 필요하다고 생각되는 그것을 끝내 얻지 못할 수도 있다는 사실이다. 나는 인생을 망쳐버린 사람들에게서 늘 이메일을 받고 있다. 어떤 사람들은 이전의 배우자에게서 낳은 자녀와 현재의 배우자가 늘 싸우는 통에 시련의 나날을 보내고 있다. 어떤 사람들은 외도, 술이나 마약, 잘못된 재정 관리, 불순종과 그 복잡한 결과 때문에 서로 상처를 주거나 받으면서 그 상처에 짓눌리고 있다. 이전에 생각했던 '최선의 상태'는 더 이상 가능하지 않으며 영영 물 건너간 일이다.

쾌락은 그 자체로도 의미가 있지만 사실은 더 중요한 쾌락으로 이끄는 역할을 한다. 그래서 예수님은 여인에게 더 중요한 쾌락을 지적해 주신다. 그분은 예배를 말씀하시고 그녀의 갈증을 완전히 없애줄 물을 말씀하신다. "**나에게** 물을 달라고 하라. 너를 채워주지 못한 이전의 다섯 남편이나 현재 동거 중인 애인한테 구하지 말라. 지금 너와 말하고 있는 사람이 누구인지 네가 정말로 안다면 너는 나에게 만족을 구할 것이다." 예수께서 그녀에게 단순히 남자관계를 '해결하는' 법을 알려주셨다면 그분은 정서적인 물을 주시는 데서 그쳤을 것이고 결국 그녀는 다시 목마르게 되었을 것이다. 하지만 예수님이 주시는 물은 진정한 해갈을 가져다준다.

"이 물을 마시는 자마다 다시 목마르려니와 내가 주는 물을 마시는 자는 영원히 목마르지 아니하리니 내가 주는 물은 그 속에서 영생하도록 솟아나는 샘물이 되리라" 요 4:13-14.

당신 스스로 원한 일이다

음식, 마약 등 무엇에든 중독된 사람과 이야기해 보라. 대개 그들은 부모, 배우자, 잔인한 불량배, 권위를 내세우는 교사, 불공정한 정부 등 남을 탓한다. 남들 때문에 자신의 고통을 자위하느라 '어쩔 수 없이' 그렇게 되었다는 것이다. 그러나 이런 변명 뒤에는 심각한 착각이 숨어있다. 그런 실망과 배신이 흔치 않은 일이며 나에게만 있다는 착각이다.

사실 성경에 보면 우리가 가장 사랑하는 사람들이 우리를 **배신하리**

라는 것이 잘 나타나 있다. 우리는 배신을 **당연히** 예상해야 한다. 예수님은 우리에게 '심지어 부모와 형제와 친척과 벗이 너희를 넘겨주어배신하여 너희 중의 몇을 죽이게 하겠고 또 너희가 내 이름으로 말미암아 모든 사람에게 미움을 받을 것'이라고 경고하신다눅 21:16-17. 다윗도 지독한 배신을 당하고 이렇게 말했다. "내가 신뢰하여 내 떡을 나눠 먹던 나의 가까운 친구도 나를 대적하여 그의 발꿈치를 들었나이다"시 41:9.

친한 친구나 가족에게 배신당한 적이 없다면 **당신이 특이한** 경우다. 나는 아주 많은 교회를 돌아다니다 보니 종종 좌절감과 상처를 안고 있는 목회자들에게 이 메시지를 나누게 된다. 그들 중에는 어떻게 친구가 자기를 배신할 수 있는지 이해가 가지 않아 힘들어하는 사람들이 있다. 자신의 동지인 줄 알았던 교역자나 장로, 집사가 그들의 등에 칼을 꽂았을 수도 있다. 사실 친한 친구에게 배신을 당해보지 않은 목회자는 거의 없다. 유독 당신만 그런 상황에 처한 것처럼 행동하는 것은 도움이 되지 않는다. **사역으로 부름 받았다는 것은 곧 박해받고 배신당하는 세계로 부름 받은 것이다.**

대법관 클레런스 토머스는 30대 초반에 해병대에서 참여했던 마라톤 경험에서 참신한 시각을 얻었다.

> 경주가 중반쯤 되었을 때 나는 동료 육상 선수들에게서 늘 듣던 '벽'에 부딪쳤다. 다리가 굳어지면서 금방이라도 쓰러질 것 같았다. '포기해선 안 돼, 포기해선 안 돼.' 훈련할 때 하던 식으로 그렇게 속으로 나를 다그치고 또 다그쳤지만 이번에는 소용이 없었다. 한 발짝 한 발짝

이 그야말로 고문이었고 그때마다 내 몸은 그만두자고 졸라댔다. 다음 번 물 마시는 곳까지 가까스로 갔다. 국방부 건물의 주차장에서 한 젊은 흑인 해병대원이 지친 선수들에게 물을 나누어주고 있었다. "아, 힘드네요." 내가 그렇게 말했더니 그는 일말의 동정심도 내비치지 않으며 "당신 스스로 원한 일입니다"라고 대답했다. 나는 자기연민을 털어내고 다시 속도를 내서 3시간 11초 만에 마라톤을 완주했다.[2]

자녀를 여럿 두었는데 그중 하나가 정말 나쁜 선택들을 하고 있다. 당신은 '실수가 많은' 약 3:2 인간들을 기르면서 그들의 반항 때문에 고통을 당하지 **않는** 것이 가능하다고 보는가?

당신 스스로 원한 일이다.

당신은 실수가 많은 죄인과 결혼했거나 기숙사에서 하나님을 모르는 사람들 틈에서 살아가고 있다. 그러면서 그런 관계가 당신에게 상처나 좌절을 줄 수 있다는 사실에 새삼스럽게 **놀라고** 있는가?

당신 스스로 원한 일이다.

당신은 불완전한 몸으로 살아가고 있다. 그런데 그 몸에 병이나 부상이나 통증이 생겼다 해서 놀라고 있는가?

가혹하게 말할 뜻은 없지만 솔직히 우리는 이 세상에서 매우 연약한 존재다. 정서적, 신체적, 영적인 고통과 고생은 흔한 정도가 아니라 **누구에게나** 있는 일이다.

이 세상에서 자신의 우물이 말라 텅 빈 것 같고 특히 쾌락을 찾아보기 힘들 때면 우리는 예수님이 주시는 생명의 우물에서 물을 길을 줄 알아야 한다.

우물이 마를 때 해서는 안 될 일들

우리가 해야 할 일들을 살펴보기 전에 먼저 우물이 마를 때 해서는 안 될 일들부터 짚어보자. 이런 일들은 우리를 삶다운 삶과 진정한 쾌락에서 오히려 더 멀어지게 할 뿐이다.

죄로 마음을 달래서는 안 된다

자신이 '메마르게' 느껴질 때일수록 우리는 외관상 즐거워 보이는 죄의 거짓된 매혹을 더 조심해야 한다. 죄는 엉뚱한 방향으로 한 발을 내딛는 행위다. **기분상**은 그렇지 않을지라도 결과는 항상 그렇다. 존 파이퍼는 「장래의 은혜」(좋은씨앗)에서 이렇게 지혜롭게 지적했다. "죄의 위력은 거룩함이 가져다주는 행복보다 죄가 가져다주는 행복이 더 크다는 거짓된 약속에 있다. 의무감 때문에 죄를 짓는 사람은 아무도 없다. 그러므로 죄의 위력을 깨뜨리려면 참된 약속을 믿어야 한다. 죄의 쾌락은 일시적이고 유해하지만 하나님의 오른쪽에는 영원한 즐거움이 있다는 약속이 참된 약속이다."3

참되고 거룩한 쾌락만 고집하고 그밖에는 **아무것도 구하지 말라**.*아무것도 구하지 말라는 말은 예로부터 기독교에 있어 온 초연함이라는 덕목에서 온 것인데 요즘은 이 덕목이 거의 경시되고 있다. 나의 책 「내어드림의 영성」(CUP) 4장에 이 덕목을 자세히 다루었다. 결혼한 사람들에게 당부하건대 모든 종류의 성적인 유혹을 자신의 배우자와 더 친밀해져야 한다는 신호로 보기 바란다. 친밀하다고 해서 꼭 '성적인' 의미만은 아니다. 하나님은 모든 호르몬을 지으셨으며, 따라서 호르몬이 유난히 살아서 날뛴다면 하나님이 우리에게 결혼생활을 **모든 차원에서 가꾸어야 함을** 그런 방식으로 말씀하시는 것이다.

"지금 나에게 성적인 유혹이 느껴진다. 요즘 나는 배우자와 어떻게 지내고 있는가?"

이렇게 배우자에게 새롭게 주목하기로 헌신하는 것만이 성적인 유혹에 거룩하게 반응하는 유일한 길이다. 사탄은 섹스로 우리를 해치고 가정을 허물려 하지만 하나님은 그것을 선으로 바꾸어 오히려 우리의 가정을 세워주신다. 성적인 유혹을 부부관계를 평가하고 개선하라는 신호로 삼는다면 당신의 삶과 결혼생활은 눈에 띄게 달라질 것이다. **유혹을 오히려 자신을 평가하고 영적으로 반추하는 기회로 삼으라** 또 하나 조심할 것이 있다. 유혹은 당신이 배우자를 향해서만 아니라 하나님을 향해서도 냉랭해지고 있다는 신호일 수 있다.

당신이 독신이라면 성적인 유혹을 계기로 오히려 결혼을 전제로 한 건강하고 거룩한 관계를 가꾸어나가기 바란다. 컴퓨터 화면으로 달려가거나 당장의 '부킹'에 매달리는 것은 훌륭한 배우자감을 찾는 데 도움이 되지 않는다. 그런 활동은 오히려 결혼 후보감으로서 당신의 **가치를 떨어뜨릴** 뿐이다. 장래의 결혼에 방해가 될 만한 일을 하지 말라. 하나님을 영화롭게 하는 건강하고 생산적인 관계만을 고집하라.

당신이 외로움을 달래려고 카지노에 다니거나 감자칩을 먹어댄다면 그런 선택은 당신에게서 장래의 결혼이라는 즐거움을 오히려 몰아낸다. 재정적인 문제나 망가진 몸 때문에 배우자감으로서 당신의 매력은 반감될 것이고 그리하여 외로움은 더해질 것이다.

유혹이 솔깃해 보일 때일수록 자신이 선택할 쾌락들을 정밀한 여과기로 걸러 엄격히 평가해야 한다. 무턱대고 들이마시기 전에 오염물질이 없는지 확인해야 한다. 실망이나 결핍이나 상처를 당장의 유혹으로 달래는 것은 마치 살을 빼려고 담배를 피우는 것과 같다. 그것은 한동안은 통하는 것 같지만 장기적으로는 오히려 더 큰 문제가 발생한다.

섬김을 멈추어서는 안 된다

나이가 들수록 나는 사역을 더 중시하게 된다. "**행위**보다 **존재**가 더 중요하다"는 개념을 나도 이해하지만 이 둘을 대립관계에 둔다면 자칫 오류에 빠질 수 있다. 건강한 삶에서 그 둘은 서로 경쟁관계가 아니라 협력관계에 있다. 나의 하루하루는 하나님을 높이고 영화롭게 하는 데서 의미를 얻으며, 그것이 곧 나의 **존재**다. 예수님은 그것을 이렇게 말씀하셨다.

"아버지께서 내게 하라고 주신 일을 내가 이루어 아버지를 이 세상에서 영화롭게 하였사오니" 요 17:4.

마귀는 우리가 실망 때문에 자아에 함몰되기를 원한다. 자기연민에 빠져 자기밖에 모르고 자아에 집중하기를 원한다. 하지만 예수님은 그 무엇보다도 사역이 우리에게 힘을 그리고 결국은 즐거움을 준다고 말씀하신다. 그분은 제자들에게 "내게는 너희가 알지 못하는 먹을 양식이 있느니라 … 나의 양식은 나를 보내신 이의 뜻을 행하며 그의 일을 온전히 이루는 이것이니라"고 말씀하셨다요 4:32, 34.

관계는 우리에게 큰 만족을 줄 수 있지만 죄는 모든 인간관계에 흠집을 낸다. 그래서 관계 자체는 우리를 영영 채워줄 수 없다. 우리를 지으신 하나님께 순종할 때, 그리고 그분이 두신 삶의 자리에서 그분께 쓰임 받을 때 우리는 영적인 힘과 생명을 얻는다.

여러모로 사역의 기쁨은 삶의 가장 귀한 기쁨 중의 하나다. 하나님 나라가 확장되는 것을 목격할 때, 그리고 그 신성한 한 치의 영토를 얻는 데 **당신이** 쓰였음을 알 때 무엇에도 비할 수 없는 기쁨이 거기서 온다. 세월이 가면서 우리는 비록 내가 직접 관여된 일이 아니어도 하나님이 역사하시는 것을 보면 감격하게 된다. 전에 나는 트리시아 로즈의 「거룩한 혼돈」그루터기하우스과 케이 워렌의 「위험한 순종」국제제자훈련원을 연달아 읽은 적이 있다.[4] 이 두 여인은 "나라가 임하시오며 뜻이 하늘에서 이루어진 것 같이 땅에서도 이루어지이다"라는 영광스런 기도 속에 살아가는 사람들이며, 이 두 책은 하나님이 그 경건한 여인들을 통하여 행하신 일을 세세히 간증한 놀라운 책이다.

두 책을 읽고 나서 나는 주체할 수 없는 마음으로 이런 기도를 드렸다. "주님, 수많은 사람들을 감화하셔서 이렇게 깊이 남을 돌보게 하시니 감사합니다. 주님은 자기밖에 모르는 우리를 취하여 남을 돌볼 줄 아는 긍휼에 찬 자녀들로 변화시켜 주십니다."

그렇게 앉아 기도하며 하나님이 그분의 사람들을 쓰시는 방식을 묵상하노라니 걷잡을 수 없는 기쁨이 밀려왔다. 하나님이 우리를 그분의 형상대로 변화시키심으로 세상에 자신을 계시하신다는 사실이 내게 기쁨을 주었다. 하나님이 우리의 아름다운 사랑과 이타적인 섬김을 통하여 이 세상의 외로움과 추함을 어느 정도 몰아내신다는 사실이 내게 기쁨을 주었다. 하나님이 언제나 역사하실 것이라는 희망이 내게 기쁨을 주었다.

물론 사람들은 여전히 암에 걸리고, 직장을 잃고, 사랑하는 사람들을 사별한다. 타락한 세상에서 그것은 우리의 영혼을 뒤흔들어 놓는 현실이다. 하지만 하나님은 **항상** 역사하고 계신다! 몇 달 전까지만 해도 철없이 자기밖에 모르던 십대 아이들이 십자가를 지고 능동적인 변화의 주역이 된다. 이혼하기 직전이던 부부들이 사랑을 배우고 살아있는 간증이 되어, 마음과 마음을 화해시키는 하나님의 능력을 보여준다. 오랜 세월 쓰라린 낭패감과 절망감에 빠져 있던 중독자들이 이제 승리의 기쁨과 복된 희망 속에 살아간다. 오, 하나님이 역사하시는 일은 얼마나 아름답고 신기하고 영광스러운가!

인간은 괴로운 시련에 부딪치면 본능적으로 자아에 집중하기 마련이다. 그러나 하나님이 항상 역사하고 계시다는 이 만고의 진리에서 희망과 목적을 얻으면 그런 이기적인 본성을 물리칠 수 있다. 당신의 자녀가 병원에 입원해 있다면 병실에 드나드는 간호사들과 의사들을 위하여 계속 기도하라. 당신이 직장을 잃었거나 여태 첫 직장을 구하는 중이라면 그 과정에서 꼭 만나게 되는 사람들을 어떻게 섬길 수 있는지 하나님께 기도로 여쭈어 보라.

설령 당신이 질병, 고통, 실직, 이혼, 배우자의 사별, 독신 생활의 좌절, 중독, 탈진 등을 겪고 있다 해도 당신이 하나님을 아는 사람이라면 그분을 모르는 사람들이 당신보다 더 절박한 필요를 안고 있다. 그들에게 다가가라. 그 암담한 상황 속에서도 하나님 나라가 확장되는 것을 보는 기쁨을 누리라. 그것이 당신에게 다른 무엇으로도 얻을 수 없는 양식이 되어줄 것이고 당신의 삶에 더 깊은 차원의 쾌락을 가져다줄 것이다. 그런 쾌락은 이런 메마른 계절을 통과하지 않고는 얻기 힘들다.

자기연민에 빠져서는 안 된다

우리는 모두 '실수가 많은' 약 3:2 사람들을 상대하며 살아가기 때문에 누구나 정당한 불만이 있다. 불만의 원인은 당신의 부모일 수도 있고 자녀이거나 배우자일 수도 있다. 그런데 자기연민은 문제를 해결하는 데 아무런 도움이 되지 않는다. 오히려 답을 찾는 데 써야 할 에너지를 다 소진시켜 버린다.

나는 치매에 걸린 아내를 돌보는 남편들, 건강상의 문제로 신체적인 친밀함을 충분히 표현할 수 없는 남편을 둔 아내들, 정서적으로나 영적으로 의미 있는 관계를 맺을 만한 건강이 안 되는 부모 때문에 아파하는 자녀들을 만나 보았다. 잃어버린 부분에 집착할 것이 아니라 지금 있는 부분과 노력할 수 있는 부분을 인하여 감사할 때, 그제야 비로소 그들은 참된 기쁨과 지속적인 즐거움을 얻을 수 있다.

최근에 나는 브라이언이라는 경건한 젊은이와 대화를 나누었다. 그는 10년도 더 전에 산업재해로 몸에 중화상을 입어 피부의 90퍼센트와 시력을 잃고 양쪽 팔과 한쪽 다리를 절단했다. 대화중에 나는 자기연민이 조금도 없는 그의 모습에 놀랐다. 오히려 그는 하나님이 부상을 통하여 자신의 신앙을 더 굳게 해주셔서 무척 감사하다고 했다. 그는 남들이 힘들 때 의지할 수 있는 사람이 되어 있었다. 아내와의 관계를 말할 때는 그런 참담한 부상에도 불구하고 두 사람이 모든 차원에서 친밀한 사이임이 똑똑히 드러나서 나를 놀라게 했다. 사실 브라이언은 내게 이런 말까지 했다.

"안 좋은 날들이 사고 전보다 사고 후에 더 적어졌습니다."

그리스도를 닮은 그의 정신이, 조깅하다 다쳐서 몇 주만 쉬어야 해도 투덜거리는 내 모습과 비교되어 저절로 한숨이 나왔다. 타락한 세상을 향하여 우리는 전혀 비현실적인 기대를 품을 수 있다. 어느 중증 장애인은 이런 말을 했다.

"전신마비가 된 사람이 하반신마비가 된 사람을 보면 '저 사람은 좋겠다!' 라는 생각이 든다!"

자기연민에 빠져 있으면 가능한 해결책을 찾기가 더 어려워진다. 현 상태에서 가능한 즐거움을 얻으려면 긍정적인 태도가 필요한데 자기연민은 그런 태도를 갉아먹는다.

브라이언은 아내를 볼 수도 없고 껴안을 수도 없지만 아내와 대화할 수 있다. 아내와 함께, 그리고 아내를 위하여 기도할 수 있다. 사랑과 관심과 배려가 담긴 지혜로운 말로 아내를 위로해줄 수 있다. 최근에는 인터넷을 통하여 아내 몰래 아내에게 선물을 사주는 방법까지 알아냈다고 한다.

때로 하나님의 섭리 가운데 우리는 어떤 쾌락들을 누리지 못하게 될 수 있다. 하나님은 사실상 "이것은 네 몫이 아니다. 적어도 지금은 아니다"라고 말씀하신다. 그럴 때 우리는 그분이 다른 쾌락들어쩌면 전혀 다른 종류의 쾌락들을 주셔서 시련 중에 우리를 붙들어주실 것을 신뢰해야 한다.

권리의식은 분노를 낳지만 감사하는 마음은 영혼을 벅차게 하고 과분함에 겨워 눈물을 흘리게 한다. 하나님께 감사하면 아직 내게 주어진 쾌락들을 인정할 수 있을 뿐 아니라 그만큼 즐거움도 더 **커진다**.

쾌락을 처방하라

기쁘지 않은 상황에서 늘 충만한 신앙으로 기쁨을 유지하려면 힘써 자신에게 가능한 쾌락을 찾아야 한다.

나는 남편에게 버림받은 여자들과 대화할 기회가 많이 있다. 그들은 화해를 위해 노력하고 기도하는 중에 어떻게 살아야 할지 궁금해 한다. 편모로서 삶을 즐길 방도를 알아내는 것이 중요하다고 내가 말해주면 그들은 곧잘 충격 받은 표정이 되곤 한다. 나는 그들에게 이렇게 말해준다. "새로운 쾌락들을 찾으십시오. 웃음을 되찾으십시오. 동성 간의 우정을 가꾸십시오. 남자의 마음을 끄는 최선의 방법은 돌아오라고 바가지를 긁거나 자녀를 이용하여 죄책감을 유발하는 것이 아니라 남자가 다시 돌아오고 싶을 만한 삶을 가꾸는 것입니다."

당신의 자녀가 반항하고 있거나 당신이 실직을 앞두고 있거나 당신의 교회가 무너지고 있거나 당신의 건강이 나빠지고 있다면, 그 어떤 상황에서든 **뭔가** 쾌락을 찾아내 잘 가꾸어 나가라. 열심히 노력하여 적절한 우물에서 물을 길으라. 당신에게 닫힌 우물들도 있지만 하나님은 반드시 다른 우물들을 열어주신다. 예컨대 하나님과 동행하는 삶을 즐기다보면 한때 단조롭게 느껴지던 찬양 연습이 새로운 차원을 띠면서 더 풍성해질 수 있다. 그런가 하면 그리스도를 위하여 '약한 것들과 능욕과 궁핍과 박해와 곤고'가 처음으로 당신에게 기쁨으로 다가올 수도 있다고후 12:10.

만성 질환이나 기타 장기적인 스트레스를 겪고 있는 사람들의 고충을 다룬 기사가 〈USA 투데이〉지에 실린 적이 있다. 그들이 자신에게 영적인 치유 효과가 있다고 말한 것을 몇 가지 소개하면 다음과 같다. 내용이 매우 다양하다는 점에 주목하기 바란다.

- 중증 척추측만증과 중증 관절염과 '머리가 멍해지는' 만성 통증이 있는 한 여자는 이렇게 말했다. "매일 오후에 한 시간쯤 시간을 내서 아일랜드 차를 끓여 크림과 설탕을 넣고 마신다. 내 영혼을 회복시켜 주는 이 오후의 의식이 못 견디게 기다려지는 날도 있다."
- 선천적으로 심장에 결함이 있어 평생 심장질환으로 고생한 한 중년 여성은 이렇게 말했다. "기운을 차려야 할 때면 나는 책역사 소설도 읽고, 촛불을 켜놓고 거품 목욕도 하고, 그냥 가족들과 함께 시간을 보내기도 한다."
- 전립선암과 우울증을 앓고 있는 한 남자는 이렇게 말했다. "집 밖으로 나가 아무하고나 말을 주고받으면 금세 기분이 회복된다."
- 다음은 여러 가지 일로 스트레스가 많은 한 여자의 말이다. "나는 계

절이나 날씨와 관계없이 들판으로 말을 데리고 나가 말이 만족스럽
게 풀을 뜯는 모습을 바라본다."
- 최근에 가족을 둘이나 사별한데다 아들마저 전투 지역에 주둔하고
있는 한 여자는 켈트 음악과 옛 컨트리 음악을 듣고, '퍼니스트 홈
비디오' America's Funniest Home Videos라는 텔레비전 프로그램을 보고,
고양이 한두 마리와 함께 안락의자에 앉아 있는다. "고양이들의 털
을 쓰다듬어 주면서 고양이들이 가르랑거리는 소리를 듣고 있노라
면 늘 다시 기운이 난다."5

당신도 힘든 길을 걸을 때 잊지 말아야 할 것이 있다. 용사들도 먹어
야 하고 웃어야 하고 결국은 쉬어야 한다는 사실이다. 하나님이 당신
을 용사의 믿음으로 부르셨다면 당신 자신에게 꼭 필요한 쾌락을 처방
하여 든든히 서야 한다. 그래야 당신이 고갈되지 않아 하나님이 계속
당신을 쓰실 수 있다.

우리의 천국은 예수님이시다

14세기에 유럽에서 흑사병으로 수많은 사람들이 죽어나갈 때 노르
위치의 줄리안도 병상에 누워 자신이 죽는 줄로 알았다. 희망은 가물
가물하고 두려움만 넘쳐나던 그 시기에 이 놀라운 여인은 이런 글을
남겼다.

"이 모든 고난과 슬픔의 시기에도 나는 예수님의 은혜로 말미암아

예수님을 나의 천국으로 택했다. 그것이 내게 늘 위로가 되었다. 그것은 또한 내게 교훈을 주었다. 좋을 때든 궂을 때든 앞으로도 영원히 예수님만을 나의 천국으로 택해야 한다는 교훈이다."6

예수님이 우리의 천국이시다. 이 말이 정말 좋지 않은가? 우리나 주변 세상에 무슨 일이 벌어지든 예수님이 우리의 천국이시라면 우리의 천국과 쾌락은 그분 안에 확실히 보장되어 있다. 줄리안은 그 무서운 역병 속에서도 당당히 거기서 위로를 얻었다.

잘 알려져 있다시피 C. S. 루이스는 지상의 쾌락이 아무리 짜릿해도 결코 영원하지 않음을 보여주는 것이 쾌락의 목적 중의 하나라고 지적했다. 아울러 그것은 우리를 기다리고 있는 쾌락이 영원하다는 증거이기도 하다. 이 세상은 그 영원한 쾌락을 가리켜 보일 뿐이지 결코 거기에 상대가 되지 않는다.7

우리의 가장 큰 즐거움이 그리스도를 아는 것이라면 하나님은 우리에게 그보다 더 큰 즐거움은 없게 하셨다. 쾌락의 여왕이요 쾌락 중의 쾌락인 그리스도는 상황과 관계없이 **항상 우리와 함께 있다.** 자크 엘룰이 그것을 인상 깊게 잘 표현했다.

"예수 그리스도라는 소망은 결코 후추나 겨자를 살짝 뿌리는 정도가 아니다. 그것은 빵과 포도주이며 필수적인 기초식량 자체다."8

젊은 대학생 시절에 나는 예수님을 향한 바울의 순수한 열정에 크게 감동했는데, 빌립보서에 잘 표현되어 있다. 바울은 **그리스도 예수의 종**빌 1:1으로서 **그리스도 예수** 안에 있는 성도들에게빌 1:1 편지를 쓰면서 **주 예수 그리스도로**부터 오는 은혜와 평강빌 1:2을 빌고 있다. 두 구절

안에 예수님의 이름이 세 번이나 나온다.

바울은 **그리스도 예수**의 날에 대한 확신을 가지고 빌립보 교인들을 권면하고빌 1:6, **그리스도 예수**의 애정으로 그들을 한없이 사랑한다고 고백하고빌 1:8, **예수 그리스도**로 말미암아 그들에게 의의 열매가 가득할 것을 기뻐한다빌 1:11. 그는 또 자신이 **그리스도**를 위하여 사슬에 매여 있으나빌 1:13 **예수 그리스도**의 성령께서 도우실 것을 확신한다고 말한다빌 1:19. 그의 간절한 기도는 '지금도 전과 같이' 자신의 몸에서 **그리스도**가 존귀하게 되는 것이다빌 1:20. 바울에게는 "사는 것이 **그리스도**니 죽는 것도 유익"하다빌 1:21.

믿지 않는 사람들은 죽으면 모든 쾌락과 즐거움이 끝난다. 그런데 바울은 이생보다 오히려 죽기를 더 원했다. 죽음은 자신의 궁극의 즐거움인 예수님을 대면하여 뵐 수 있는 관문이기 때문이다.

내가 하나님을 기뻐하도록 훈련되어 있다면매일의 노을을 그분이 만드신 작품으로 받고, 내 아내의 아름다운 모습을 사랑이신 그분의 형상으로 보고, 어린 아기의 웃음소리를 그분이 기뻐하시는 소리로 듣고, 웅장한 산을 광대하신 그분의 자취로 보고, 찬란한 노래를 그분의 화음으로 듣는다면, 그렇다면 나는 죽을 때도 감격에 겨울 것이다. 이 모든 쾌락들이 마침내 한 날 한 곳에서 놀랍게도 한 분 예수님 안에 전부 수렴되어 절정에 달할 것이기 때문이다.

어느 날 아이팟으로 키스 그린의 '아름다우신 주'를 들으며 조깅을 하다가 퍼뜩 이런 생각이 떠올랐다. 어떤 의미에서 나에게 완전한 지옥이란 있을 수 없겠다는 생각이었다. 이단처럼 들려서는 안 되겠지만, 설령 내가 지옥에 있다 해도 하나님이 마침내 합당한 대우를 받으시게 되었다는 사실그분이 하나님이심을 만인이 알게 되었고, 그분이 이미 세상과 화목해지셔서 예배를 받고 계시고, 그분이 죄와 사망을 완전히 멸하셨고, 드디어 만물이 그분께 복종하게 되었다는 사실을 생각하면 내게 한없는 기쁨이 솟구칠 것이다. 그래서 나는 지옥의 비참한 상태가 잘 상상이 되지 않는다. 물론 이런 마음 자체도 하나님이 나를 은혜로 구속해 주셨기에 가능하다모든 사람이 그럴 거라는 말이 아니다. 하나님이 장차 전 우주적으로 왕과 통치자로 인정받으시고 예배 받으실 것을 생각하니 나에게 그 미래의 기쁨이 내다보였고, 그러자 나는 그 차고 넘치는 즐거움 속에서 도저히 자신을 주체하기가 힘들어졌다.

내가 스타벅스에서만 기쁨을 얻는다면 내 운명은 언제 망할지 모르는 한 회사에 달려 있고, 내가 섹스에서만 쾌락을 구한다면 노쇠해 가는 육체와 배우자의 반응이 나를 좌우하게 되며, 내 쾌락이 사업에 있다면 소비자들의 유행이 나를 결정지을 것이다. 하지만 내 삶이 항상 하나님으로 만족하는 일편단심의 여정이라면, 그리하여 이 땅의 모든 쾌락을 그분의 자비와 선하심과 사랑의 반사체로 본다면, 그렇다면 내 궁극의 쾌락은 이 세상이 줄 수 있는 그 무엇보다도 확고부동하다.

지금 아무리 힘든 역경 속에 있더라도 말이다.

★ 생각해 보기

1. 당신의 삶을 돌아볼 때 지금까지 가장 힘들었던 시기는 언제인가? 그때 당신이 견뎌내는 데 도움이 되었던 단순한 즐거움이 있었는가? 만일 있었다면 무엇인가?

2. 중병, 이혼 소송, 실직, 자녀의 반항 등 역경 중에 있는 사람에게 당신은 어떻게 그 속에서도 작은 쾌락들을 의지적으로 가꾸어 가라고 조언해 주겠는가?

3. 저자는 역경에 부딪쳤을 때 해서는 안 될 일을 '죄로 마음을 달래서는 안 된다, 섬김을 멈추어서는 안 된다, 자기연민에 빠져서는 안 된다' 등과 같이 몇 가지 경고를 했다. 우리가 실망하거나 낙심한 상태일 때 왜 이런 것들이 특히 솔깃한 유혹이 되는지 토의해 보라.

4. 다른 것들이 다 아주 실망스러울 때 그리스도인들이 '예수님을 천국으로 삼는' 실제적인 방법들은 무엇인가?

13. 하나님이 웃으시기에 우리도 웃는다

마음의 즐거움은 얼굴을 빛나게 하여도 마음의 근심은 심령을 상하게 하느니라 … 고난 받는 자는 그 날이 다 험악하나 마음이 즐거운 자는 항상 잔치하느니라. 잠언 15:13, 15

떠들썩한 춤판을 벌이는 관습이 없는 문명은 인간적인 관점에서만 보면 결함이 있는 문명이다. 우스꽝스러운 생각을 하는 습관이 없는 마음은 인간적인 관점에서만 보면 결함이 있는 마음이다. 유머가 없는 인간은 미완성이다. G. K. 체스터튼

웃음으로 압력 밸브를 열지 못하면 우리는 폭발할지도 모른다. 그러니 웃든지 죽든지 둘 중 하나를 하라. 당신에게 달려 있다. 케빈 하니

유머를 듣고 웃다가 자아를 발견하게 된다면 유머에는 구속의 힘이 있다. 엘튼 트루블러드

"어이, 다들 좀 밝아지라고!"

목사 청빙위원회에서 섬길 때 나는 전국 각지의 목사들이 보내온 설교를 몇 시간이고 들었다. 한 진지한 젊은 목사는 분명히 목표를 죄를 깨우치는 데 두었다. 그의 이력서가 우리의 기준에 부합되었기에, 나는 그의 설교를 열심히 들었다. 첫 설교는 아주 무거웠지만 성금요일에 한 설교였으니 그럴 만도 했다. 하지만 다른 설교를 들어도 똑같이 무거웠다. 세 번째에 이어 네 번째 설교의 서두까지 들으면서도 나는 그의 사역을 우리 교회의 교인들을 위한 것으로 받아들이고 싶었다. 하지만 도저히 그럴 수가 없었다.

청빙위원들은 그의 설교를 듣고 의논하면서 그가 우리 교회의 교인들에게 잘 맞지 않는다는 데 의견을 같이했다. 우리의 미온적인 마음을 마지막으로 내가 이렇게 표현했다.

"그의 삶에 과연 기쁨이 있을까 싶습니다. 그리스도 안에서 사는 기쁨은 어디 있습니까? 하나님과 관계 맺고 그분을 예배하며 사는 만족감은 어디 있습니까?"

그의 설교는 죄를 깨우치고 책임과 의무와 본분을 일깨우는 면에서는 좋았다. 하지만 매력적인 삶의 본보기가 된다는 면에서는 10점 만점에 높아봐야 2~3점밖에 되지 않았다. 그렇게 엄숙하다 못해 거의 음울하기까지 한 사람을 누가 따르고 싶겠는가?

아빌라의 테레사는 규율이 느슨하던 카르멜 수녀원에 훈련과 금욕을 도입하려다 당대에 우려와 논란과 심지어 **미움**의 대상이 되었지만 그런 그녀도 이렇게 말한 적이 있다.

"오 주여, 죽을상을 한 성도들과 어이없는 신앙에서 우리를 건져주소서."[1]

그녀는 절제와 자기부인을 믿었다. 하지만 기쁨과 쾌락이 없는 절제와 자기부인은 금방 뒤틀린 벽이 된다. 시간이 지나면 갈라진 틈새로 빗물이 스며들어 결국 건물 전체가 위험해진다. 테레사는 하나님이 주시는 단순한 쾌락들을 수용하면 금욕적인 자기부인을 감당해낼 준비가 된다고 수녀들에게 가르쳤다.

잊지 말아야 할 사실이 있다. 기쁨은 없고 훈련만 있으면 결국 우리의 마음이 냉혹해지고 교만해져 다른 사람들을 정죄하게 된다. 이것은 생명의 길이 아니라 자신의 행위를 내보이려 몸부림치는 막다른 골목이다. 삶을 수용하고 삶에 뛰어들라고 사람들을 초대하기는커녕 오히려 사람들을 자기혐오와 불행에 빠뜨리게 된다. 심지어 어떤 때는 그 불행을 **자랑으로** 여기게 만들기도 한다.

예수께서 제자들에게 금식 중에 '슬픈 기색' 또는 '음울한 기색'[RSV]을 보이지 말라고 하신 데는 그런 이유도 있을 것이다[마 6:16]. 물론 이 말씀의 요지는 남에게 보이려고 금식해서는 안 된다는 경고다. 너무 슬픈 기색을 띠면 남의 눈에 띌 것은 당연하지 않은가. 하지만 동시에 예수님은 근엄함을 경건함으로 혼동하는 무리에게 자신의 일행이 근엄해 보이기를 원하지 않으셨는지도 모른다. 어떤 의미에서 그분의 말씀은 이런 것일 수 있다.

"어이, 다들 좀 **밝아지라고**!"

그분이 금식 중인 우리에게 그렇게 말씀하실 수 있다면 삶 전반에 대해서는 뭐라고 하시겠는가?

강단의 유머

언젠가 설교하러 일어서기 전에 기도하고 있는데 하나님이 이런 말씀으로 나를 놀라게 하셨다.

"너는 이 일을 즐겨야 한다."

이 일을 즐기다니? 나에게 설교는 일이고 노동이고 각고의 노력이었다. 사실 나는 설교에 유머를 사용하는 일에 의문이 들던 차였다. 어쩌면 설교에는 유머가 어울리지 않을지도 몰랐다. 우리의 영원한 운명보다 더 심각한 내용이 무엇이겠는가? 내 유머 때문에 정작 전해야 할 내용이 약해지는 것은 아닐까? 나는 웃기는 강사라는 평보다는 통찰력 있는 강사라는 평을 훨씬 더 듣고 싶다.

그렇다 해도 종종 웃음은 진리를 방해하기보다 오히려 진리를 보조할 수 있다. 내가 이 말을 하는 이유는 우리가 강단을 보는 관점이(실제로 당신이 강단에서 설교를 하는 사람이든 아니든) 그리스도인의 삶을 보는 관점과 정확히 일맥상통하기 때문이다.

전에 나는 엄청난 스트레스를 받고 있는 한 남자를 정기적으로 만난 적이 있다. 마음이 약한 사람 같았으면 신경쇠약을 일으킬 만한 스트레스였다. 그는 영적인 위기, 관계의 위기, 직장의 위기를 동시에 견뎌 내야 했다. 어느 날 저녁에 우리가 소그룹에 함께 앉아 있는데 누가 아주 웃기는 이야기를 해서 다들 옆구리가 아프도록 웃었다. 이어서 다른 사람이 똑같이 재미난 이야기를 했고 그렇게 족히 45분은 계속되었다. 나중에는 하도 웃어서 다들 횡경막이 아플 정도였다.

나는 이런 생각이 들었다. '모임이 내 통제를 벗어나 버렸구나. 이 사람을 위하여 기도하고 조언해 주었어야 할 시간에 이렇게 웃고 있었다니!'

그런데 그 사람이 벌떡 일어나 우리를 보며 말했다.

"오늘밤 이 시간이 나에게 얼마나 도움이 되었는지 여러분은 모를 겁니다."

도움이 되었다고? **웃음**이? 사실인즉 그는 정확히 자신에게 필요한 것을 얻었다.

진지한 조언과 간절한 기도도 물론 필요하다. 하지만 마음이 아픈 사람들에게는 그냥 웃음이 필요할 때도 있다. 어느 시점에 무엇이 가장 적절한지를 분간하는 사역이 효과적인 사역이다.

분명히 말해 두지만, 영적인 통찰력과 갈고닦은 지혜가 없이 유머로 대충 때우려는 사람이 있다면 그것은 사이비 '사역'이다. 웃음은 어디까지나 진리를 예증하고 떠받치고 가리켜 보이는 것일 뿐 웃음이 진리를 대신해서는 안 된다. 하지만 유머가 그리스도의 일을 거들 수 있다면 사람들을 끌어들이고, 무거운 짐을 가볍게 하고, 죄를 지적하기 전에 마음속에 작은 '쉼'을 가져다준다면 유머는 하나님의 종이 된다.

결국 웃음도 하나님이 창조하신 것이다. 그분의 메시지를 전달하는 데 도움이 되라고 그분이 창조하신 유머를 왜 우리는 그분과 함께 즐길 수 없는가? **웃는 동물이 인간밖에 없다는 사실에는 깊은 의미가 있다.** 이런 의미에서 웃음은 우리가 하나님의 형상대로 지음 받은 존재임을 영광스럽게 보여준다.

예수님의 유머에 놀라다

몇 년 전에 나는 내가 좋아하는 작가인 엘튼 트루블러드에게서 도전을 받았다. 한 번은 그가 네 살 된 자기 아들에게 아주 진지하게 성경을 읽어주고 있는데 아들이 웃음을 터뜨렸다고 한다. 무슨 본문이기에 웃겼던 것일까? 자기 눈에 들보가 있는데 다른 사람의 눈에서 티를 빼내려 한 사람에 대한 예수님의 말씀이었다.마 7:3-5.

트루블러드의 아들에게는 그것이 정말 웃겨 보였다. 코미디 영화 '바보 삼총사'처럼 웃겼다. 명망 있는 철학자이자 아버지인 트루블러드는 이 경험을 통하여 예수님의 나머지 말씀을 전혀 새로운 관점에서 보게 되었다. 그는 이렇게 썼다.

> 우선 그리스도를 도무지 웃지 않으신 분으로 보는 통념에 이의를 제기해야 한다. … 성경에 기록된 예수님의 가르침 중에는 진지한 산문으로서는 아주 난해하지만 그리스도께서 농담을 하신 적이 없다는 근거 없는 통념에서 벗어나서 보면 당장 뜻이 명백해지는 본문들이 많이 있다. 그런 경우에는 유머를 인정하는 것이 진정한 해결책이다.[2]

트루블러드는 계속해서 이렇게 경고한다.

"그리스도의 위트와 유머가 명백한데도 그것을 인정하면 왠지 약간 신성모독이 될 것 같은 두려움이 우리에게 있다. 이 두려움은 잘못된 경건함에서 온 것이다. 우리에게는 종교란 진지한 일이며 진지한 일은 농담과 양립할 수 없다는 생각이 있다."3

거짓된 경건함이나 근엄함에 구애받지 않고 성경을 잘 생각하면서 읽으면 예수님의 유머가 보인다. 예를 들어 예수께서 사람이 등불을 켜서 등경 위에 두지 않고 말 아래나 평상 아래에 두겠느냐고 물으셨을 때 그 자리에서 듣고 있던 사람들은 웃었을 것이다. 그때만 해도 등불은 지금처럼 전구가 아니었고 그냥 **불꽃**이었다. 그것을 염두에 두고 다시 읽으면 그 자리에 있던 사람들에게 그 말이 어떻게 들렸을지 이해가 될 것이다. 당신이라면 타오르는 불꽃을 밀을 담는 말 속에나 밀짚을 넣은 침상 밑에 '감추어' 두겠는가? 말도 안 되는 소리다! 워낙 어이가 없으니까 유머가 되는 것이다. 이 말씀을 1세기의 정황에서 읽는다면 사람들이 예수님의 창의적인 풍자를 듣고 웃는 소리가 들릴 것이다. *트루블러드는 「그리스도의 유머」 The Humor of Christ라는 책에 이 본문을 그분의 유머의 한 예로 제시했다.

동료 작가인 데이브 모어가 내게 19세기의 위대한 침례교 설교자인 찰스 스펄전이 한 도발적인 말을 알려주었다. 스펄전은 강단에서 활용하는 웃음의 위력을 존중했던 것 같다.

> 고백컨대 나는 사람들이 하나님의 집에서 잠든 모습을 보기보다는 그

들의 웃음소리를 듣고 싶다. 진리가 소홀히 취급되거나 사람들이 진리를 받지 않아 망하는 것보다는 비웃음이라는 매체를 통하여 진리가 그들 속에 들어갔으면 좋겠다. 웃음에도 울음 못지않게 깊은 거룩함이 있을 수 있으며 때로는 그 둘 중에 웃음이 더 낫다고 나는 진심으로 믿는다. 나는 울고 애통하고 불만을 토로하며 하나님에 대하여 온갖 모진 생각들을 할 수도 있다. 하지만 다른 때는 죄를 향하여 빈정대는 웃음을 날릴 수도 있다. … 사탄은 비웃음을 무기로 삼아 우리를 대적한다. 왜 이 무기를 사탄에게 넘겨주고 우리는 그것을 사탄을 대적하는 무기로 쓰면 안 되는지 모르겠다.[4]

웃음은 오아시스다

성경에 심심찮게 유머가 나옴에도 불구하고 아직도 신앙 공동체 내에는 모든 '진정한' 사역은 엄숙해야 한다거나, 가장 진지한 사람이 또한 '가장 거룩한' 사람이라고 생각하는 부류가 있다. 물론 경망스럽다시피 도에 지나친 '가벼움'은 영적인 결점이 될 수 있고 삶을 직면하기보다 오히려 도피하는 수단이 될 수 있다. 그러나 반대로 유머 감각이 없는 상태도 하나님의 형상을 잘 대변해주지 못한다. 하나님은 친히 웃으시는 분이고 웃음을 창조하신 분이다.

우리는 예수님의 모본에서 배워야 한다. 그리하여 유머와 진지함이 서로 동지가 아니라 적이라는 집요한 착각을 단호히 거부해야 한다. 아주 진지한 요점을 아주 웃기는 이야기로 전달할 수도 있다. 웃기는 순간들은 대개 진지한 사역에 도움이 된다.

케빈 하니는 「내면에서 시작되는 리더십」*Leadership from the Inside Out*이라는 훌륭한 책에서 이렇게 말했다.

> 나는 더 자주 웃을 필요가 있다. 이번 주만 하더라도 내가 상담한 한 여성의 남편이 자기 나이의 절반밖에 안 되는 여자와 '아주' 달아나 버렸다. 나는 이야기를 들어주고 기도했지만 그녀의 깊은 고통을 덜어 주기에는 역부족이었다. 나는 또 당회에서 훌륭한 지도자들과 씨름을 벌였다. 그들은 중대한 문제에 해결점을 찾지 못하고 있었다. 그런가 하면 나는 백혈병으로 몸이 망가진 일곱 살 소년의 장례식도 집전해야 했고, 도무지 섬기는 일이 맞지 않는 어느 자원봉사자와 함께 사역의 문제들도 처리해야 했다. 당신은 혹시 자원봉사자를 해고해야 했던 적이 있는가? 한 주가 끝날 무렵이면 나와 함께 대화하고 웃고 코미디 영화를 보러 가줄 친구가 정말 그리워진다. 간혹 나는 웃지 않으면 미쳐버릴 것 같다. 그런데 웃을 일이 별로 없는 날들도 있다.[5]

당신은 결혼생활이 힘든가? 또는 결혼생활이 힘든 다른 사람을 돕는 중인가? 반항하는 자녀 때문에 속이 타 들어가는가? 당신의 직장 상사 때문에 걱정근심이 많은가? 취직이 되지 않아 스트레스가 쌓이는가? 젊은이로서 세상을 헤쳐 나가야 하는데 달랑 혼자인 것 같고 때로는 길을 잃은 심정인가? 연이은 실망으로 당신의 가슴이 만 갈래로 찢어지는가?

우리는 신이 아니라 인간이므로 막중한 책임만 있고 웃음과 쾌락이 없으면 자칫 쓰러질 수 있다.[6] 그래서 하나님은 웃음이라는 치료제를 만드셨다. 영적으로 웃음은 우리를 일으켜 세워주고 삶의 심각한 도전들에 맞설 힘을 준다.

한 번은 유월 중순에 마라톤에 참여한 적이 있는데 하필 그날은 '까만 풍선'이 내걸린 날이었다. 대회 주최측에서 까만 풍선을 달아 온도와 습도가 높다는 경고를 보낸 것이다. 전체 주자들에게 속도를 늦추라는 신호이자 건강상의 문제가 있는 사람들에게는 중간에 그만 뛰는 것이 좋다는 권유이기도 했다.

벌써 수십 년째 나는 북서부의 시애틀 지방에 살고 있다. 여기도 1년에 몇 번은 기온이 섭씨 20도 대 후반으로 올라갈 때가 있지만 대개 90분만 지나면 다시 20도 대 초반으로 떨어진다. 습도가 있긴 해도 몸으로 잘 느껴지지는 않는다. 아무튼 다른 데처럼 숨이 턱 막힐 정도는 아니다. 한마디로 마라톤 출발 시간인 오전 7시의 미네소타 주 덜러스 Duluth가 한낮의 우리 동네보다 더 덥고 습했다.

적당한 속도로 20킬로미터쯤 달리고 나서부터 나는 앞길이 순탄치 않으리라는 것을 알았다. 그곳의 날씨는 내 몸에 익숙한 날씨가 아니었다. 마라톤 경주를 하는 것이 아니라 중간중간 물을 주는 곳만 기다려졌다. 3.2킬로미터 간격으로 배치된 그곳이 꼭 오아시스처럼 느껴졌다. 자원봉사자들이 우리에게 시원한 젖은 스펀지며 얼음 조각들과 물을 뿌려 주었다. 나는 결승선일랑 잊어버린 채 오직 다음번 오아시스까지 가는 데만 집중했다.

웃음을 무더운 날씨에 마라톤을 하다 만나는 그런 오아시스로 생각해 보라. 오아시스와 오아시스 사이에는 고된 일이 있다. 그런데 웃음이 우리에게 정신적, 영적, 정서적, 심지어 신체적 휴식을 주어 앞길의 도전에 맞서게 해준다. 상황이 심각하고 일이 힘들수록 그만큼 더 당신에게 웃음이 필요하다. 시원한 시애틀에서 마라톤을 달릴 때면 나는 물을 주는 곳들을 그냥 지나치곤 했고 보스턴에서도 마찬가지였다. 그러나 덜러스에서는 단 한 곳도 그냥 지나치지 않았다.

지금부터 거룩한 웃음을 가꾸는 법을 아주 실제적으로 살펴볼 텐데, 그전에 한 가지 중요하게 짚어둘 것이 있다.

진지함과 즐거움으로 예배하라

많은 사람들이 유머를 잘 받아들이지 못하는 데는 이유가 있다. 우리가 성경에 순종하려면 서로 상반되어 보이는 두 가지 세력에 동시에 충실해야 하기 때문이다. 그 두 가지 세력이란 바로 진지함과 즐거움이다.

복음은 당연히 예수님의 십자가로 이어진다. 복음에는 영원한 저주, 구원의 희망, 예수께서 갈보리에서 치르신 무시무시한 대가 등 **무거운 진리들**이 들어 있다. 그래서 십자가의 고난에서 출발하여 복음서 전체를 거꾸로 읽어도 의미가 통한다. 예수님의 모든 말씀은 십자가를 통하여 의미가 밝혀진다.

하지만 다른 각도에서 보면 하나님이 우리의 죄에 대한 진노를 자기

아들의 몸에 쏟으셨다는 **바로 그 사실 때문에 웃음이 가능해진다.** 우리의 죄 값이 그렇게 혹독하다는 사실은 언제나 우리를 숙연하고 겸허하게 하지만, 하나님이 그토록 값진 희생을 기꺼이 치르시고 우리를 악한 반항자에서 하나님 나라에 입양된 귀한 아들딸로 바꾸어주신 데 대한 기쁨은 정확히 거기에 비례한다. 예수님은 우리를 불행하게 만들려고 죽으신 것이 아니라 **우리를 다시 살리려고 죽으셨다.**

한편에는 진지함, 의무, 책임이 있고, 한편에는 즐거움, 웃음, 재미가 있다. 양쪽의 긴장을 유지하면서 그 둘을 다 품으려면 우리의 생각이 아주 넓어져야 한다. 지나치게 진지한 사람들은 다음과 같은 말씀 몇 마디만으로도 내게 치명타를 날릴 수 있다. "**날마다** 네 십자가를 지라. **항상** 깨어 있으라. 원수 마귀가 너를 유혹하여 멸망시킬 길을 찾아 두루 다니고 있으니 조심하라."

이런 소중한 진리들은 인생을 뒤바꾸어 놓는 결단을 요구한다. 하지만 예수께서 말씀하시고 삶으로 보여주신 진리들은 **그것만이** 아니다. 성금요일 후에는 부활절이 온다. 예수님은 제자들에게 한적한 곳에 가서 쉬라고 하셨다. 또 그분은 결혼식 피로연에 포도주도 대셨는데, 이는 예수님이 결혼식에 포도주보다 음료수를 쓰는 것을 반드시 '더 거룩하게' 보시는 분은 아님을 확실히 보여준다. 그분은 신랑이 아직 함께 있는 동안에는 신랑의 친구들이 잔치하고 즐거워해야 한다고 말씀하셨다. 나아가 그분은 먹기를 탐하고 포도주를 즐기는 사람이라는 별명까지 얻으셨다.

금식하고 죄를 깨닫고 자신의 욕심에 대하여 죽는 것이 모두 기본 진리지만 진리의 전부는 아니다. 하나님은 우리를 지으실 때 우는 능력뿐만 아니라 웃는 능력도 주셨다. 나는 **두 가지 모두**로 하나님을 예배하고 싶다.

나는 G. K. 체스터튼이 여기에 대해서 한 말을 아주 좋아한다.

"마음을 만지는 일이 왜 항상 긍휼이나 아픔 쪽으로만 연결되어야 하는지 모르겠다. 기쁨과 승리 쪽으로도 마음을 만질 수 있고 즐거움 쪽으로도 마음을 만질 수 있다."7

성금요일이 있는데 그리스도인들이 어떻게 웃을 수 있을까? 그것은 우리가 더 멀리 부활절까지, 그보다 더 멀리 하나님이 모든 눈물을 닦아주시고 우리를 영원한 즐거움으로 맞아주실 "새 하늘과 새 땅"계 21:1-4까지 읽기 때문에 가능하다. 엘튼 트루블러드는 이렇게 썼다. "기독교는 우리를 피상적이고 불가피한 슬픔에 집중하게 하지 않고 영영 사라지지 않는 기쁨에 집중하게 한다. 그래서 기독교는 인간의 가장 깊은 필요에 꼭 맞는다. … 그리스도인들에게 잘 알려진 유머는 눈물을 부정하는 수단이 아니라 눈물보다 깊은 것을 긍정하는 수단이다."8

결국은 이것으로 귀결된다. 예수께서 유머를 쓰셨다면 당연히 **하나님**도 유머를 쓰신다는 말이 된다. 그런데 **하나님이** 유머를 쓰신다면 그분의 제자들은 왜 그럴 수 없는가? 약간의 웃음이 곁들여질 때 사람들이 특정한 요점을 더 잘 이해하고 더 쉽게 받아들일 수 있다고 예수께서 생각하셨다면, 감히 우리가 누구라고 그분의 진리를 가르치는 현대의 교사들에게 족쇄를 채워 근엄하고 너무 심각하고 유머를 모르는 부류가 되게 한단 말인가? 때로 우리 그리스도인들은 자신을 **너무 심**

각하게 대할 때가 있으며 설교자들은 더 말할 것도 없다.

어떤 사람들은 다음과 같이 이의를 제기할 수도 있다. 복음을 전하는 일에 어떻게 **너무 심각해질** 수 있단 말인가? **그 일**보다 더 심각한 일이 또 무엇이란 말인가?

다음과 같은 때에 우리는 그 일에 너무 심각해진다. 내 설교는 어디까지나 하나님이 어느 특정한 그리스도인을 성숙으로 부르시는 데 쓰시는 많은 접촉점 중 하나일 뿐이다. 그런데 내 설교가 그 그리스도인의 삶에 가장 중요한 접촉점이라고 내가 생각한다면 그것은 교만이다.

아마 하나님은 맨 처음에 인생의 어떤 사건으로 그 사람의 눈을 여실 것이다. 어떤 일이 틀어지고 누군가가 다친다. 또는 누군가의 말을 통해 그 그리스도인은 자신이 특정한 분야에서 성장해야 함을 깨닫는다. 그 다음에 하나님은 그 사람에게 도전하실 때 누구와 커피라도 한 잔 마시면서 대화를 나누도록 인도하신다. 그것을 바탕으로 다음에는 연극이나 영화를 보거나 소설을 읽다가 어떤 통찰을 얻게 하신다. 하나님은 말뜻을 분명히 전하시려고 그 사람이 경건의 시간에 특정한 성경 구절을 만나도록 섭리하신다. 그 후에야 그 가르침을 절감하게 하는 느낌표로써 내 설교를 혹 사용하실 수도 있다. 나는 거대한 기계의 톱니바퀴 중 하나일 뿐이다. 혹시 중요한 톱니바퀴일 수도 있지만 그래봐야 많은 톱니바퀴 중의 하나일 뿐이다. 내 비중을 그 이상으로 생각한다면 그것은 교만이다.

자신을 웃어넘기고 자신의 한계를 인정하는 것은 건강한 일이다. 우리 모두가 자신보다 큰 진리로 씨름하고 있음을 고백하는 것도 건강한 모습이다. 나는 모본을 보이는 일을 매주 중요하게 여긴다. 하지만 내가 보이는 모본에는 실패를 수습하고 거기에 대응하는 방식도 포함되어야 한다.

메릴랜드 주의 목사 C. J. 매허니는 심오한 진리를 설득력 있게 제시할 때가 많다. 언젠가 그는 우리의 악한 반항심이 얼마나 어이없고 우스꽝스러운 것인지를 잘 이해하게 해주는 설교를 했다. 먼저 자신의 삶에서의 아주 웃기는 일화로 설교의 흥을 돋우었다. 그는 아내를 비싼 식당에 데려가서 하필 거기서 부부 싸움을 걸었다. 아내는 싸움을 나중으로 미루자고 했지만 C. J.는 하루 종일 그 시간만 벼르던 터라 물러날 뜻이 없었다.

뒷일이 어떻게 되었을지는 경험이 있는 남편이라면 다 알 것이다. 그는 큰돈을 들인 '낭만적인' 저녁 시간을 완전히 망치고 말았다. 비참한 외식을 마치고 계산서를 받아들었을 때 C. J.는 이런 생각이 들었다고 한다. '이 바보야! 다음번에 아내와 싸우려거든 버거킹에서 해라!' 모든 남자의 심정을 대변해 주는 말이다.

일상 속에서 벌어지는 평범한 사례를 이렇게 웃어주는 일, C. J. 매허니의 죄 속에서 우리의 죄를 보며 함께 쓴웃음을 짓는 일은 건강하고 거룩한 일이다. 그 거룩한 유머 덕분에 그가 가르치려는 교훈이 내 영혼 속에 잘 심겨졌고 다른 방식으로 들었을 때보다 훨씬 오래 살아 남았다.

웃음을 가꾸는 법

강단에서 적절한 유머를 사용할 때 목사들은 교인들에게 '거룩한 웃음'의 모본을 보이는 것이다. 거룩한 웃음을 다르게 말하면 **건강에 좋은 웃음**이다. 웃음이 몸에 주는 놓치고 싶지 않은 유익을 생각해 보라. 메릴랜드 대학교 의과대학에서 실시한 연구에 따르면 웃음은 심장혈관계에 운동 못지않게 이로운 것으로 나타났다. 이 연구를 주도한 마이클 밀러 박사는 다음과 같은 결론을 내렸다.

> 우리가 관찰한 변화의 정도는 … 운동에 수반되는 통증과 근육통이 없다는 점만 빼고는 유산소 운동을 할 때 나타나는 유익과 비슷했다. … 우리의 권장 사항은 웃기만 하고 운동하지 말라는 것이 아니라 꾸준히 웃으라는 것이다. 30분씩 일주일에 3회 운동하고 하루 15분씩 웃으면 혈관계에 이롭다 할 수 있다.[9]

아울러 웃음은 스트레스를 줄이고 혈압을 낮추고 기분을 좋게 하고 면역력을 높이는 효과도 있는 것으로 나타났다. 또 중요한 것은 웃음은 긍정적인 대인관계를 촉진하는데 이는 여러 모로 우리를 더욱 건강하게 해준다.

웃음에 이렇게 막강한 힘이 있다면 의지적으로 웃음을 가꾸어야 하지 않겠는가? 어떻게 하면 우리의 삶에 거룩한 웃음이 더 많아지게 할 수 있을까?

첫째, 당신이 독신이라면 좋은 유머 감각을 배우자감에 대한 희망 사항의 맨 위쪽에 두라. 아내들이 자기 남편에 대해서 하는 말을 들어 보면 남편의 외모를 언급할 때보다 "나는 그이의 유머 감각이 참 좋아요"라고 말할 때가 훨씬 많다. 웃음을 주는 사람과 함께 살면 삶이 훨씬 더 즐거워진다. 침울한 사람과 결혼하면 삶 전체가 하나의 무거운 짐으로 보일 수 있다. 외모는 시들지만 좋은 유머는 늘 다듬어진다.

둘째, **결혼한 사람의 경우 겸손한 자세가 있으면 가정생활에 꽤 많은 유머를 들여올 수 있다.** 우리는 자신을 웃어넘길 줄 알아야 한다. 나쁜 의미로가 아니라 내 어이없는 실수를 인정하되 그것 때문에 울지 않고 웃을 수 있다는 의미에서 그렇다. 하나님의 용서와 다른 사람들의 진실한 사랑을 수용하면, 자신이 때로 바보 같은 말이나 행동을 한다는 사실을 안심하고 인정할 수 있다. 나는 내가 **정말** 미련한 짓을 하고 나면 어서 집에 가서 가족들에게 알려 다함께 웃고 싶어진다. 가족들이 나를 사랑하고 존중함을 내가 알기 때문이다. 서로를 비웃는 것이 아니라 **함께 웃으려면** 그런 안전한 분위기가 필요한데, 가정에 사랑이 없어 위협감이 들거나 자신을 너무 심각하게 대하면 그런 분위기가 조성되지 않는다. 부모들은 이 부분에서 조심해야 한다. 많은 아이들이 부모가 자기를 **비웃는다**고 느낄 때 마음에 깊은 상처를 입는다.

셋째, 유머 감각이 좋은 사람들과 친하게 지내라. 좌중의 분위기를 밝게 하는 사람들, 이야기를 즐겨하는 사람들, 자신의 밝은 성격을 남들에게까지 전염시키는 사람들을 집으로 초대하라. 당신의 가정에 재미있는 사람이 없다면 재미있는 사람을 부르면 된다. 앞에 말했듯이 우리가 아는 한 가정은 휴가를 갈 때마다 우리 딸 켈시를 '빌려서' 같이 가곤 했다. 그 이유는 켈시가 어디를 가나 재미를 주기 때문이다.

넷째, 설교자들이 할리우드 영화와 텔레비전 시청을 곧잘 비판하기는 하지만 **건전하게 웃을 수 있는 소수의 영화나 텔레비전 프로그램을 찾아보라.** 우리 아들과 나는 "오피스"를 좋아한다. 우리 딸 앨리슨은 내가 좀 더 관계를 주제로 한 "매드 어바웃 유"Mad About You라는 시트콤 재방송을 볼 때 같이 보곤 한다. 막내딸이 "길모어 걸스"를 볼 때도 나는 같이 보려면 볼 수 있다. 물론 그 드라마의 등록상표인 속사포처럼 쏘아대는 대화는 솔직히 내 머리를 약간 피곤하게 해서 한 회 분량을 처음부터 끝까지 다 보려면 좀 힘들다. 아내와 함께 영화 "댄 인 러브"Dan in Real Life를 볼 때는 어찌나 웃었던지 한 번 더 보러 오자고 했을 정도다. 아마 앞으로 언젠가 빌려다 볼 것이다. 인터넷에는 아주 웃기면서도 지극히 적절한 유머 사이트들이 있다.

유머는 아주 개인적인 것인 만큼 내가 딱히 무엇을 권하기가 망설여진다. 하지만 조금만 찾아보면 의사가 처방해준 '하루 15분'의 웃음을 얻을 좋은 방안이 나올 것이다.

당신이 문학을 좋아한다면 유머에 치중하는 소설가들과 수필가들이 많이 있고 그중에는 정말 웃긴 것들도 있다. 나는 비행기를 탈 때 어떤 책들은 가져가기가 조심스럽다. 내가 소리 내어 웃으면 주변 사람들에게 방해가 될 테니 말이다.

당신이 아는 어떤 사람이 의기소침해 있다면 재미있고 좋은 방법을 찾아 그에게 힘을 불어넣어 주라. 당신이 사소한 문제로 배우자나 룸

메이트와 티격태격하고 있다고 하자. 때로는 한바탕 실컷 웃고 나면 긴장이 풀릴 수 있다. 함께 뭔가 재미있는 일을 하여 삐걱거리는 관계의 접합부에 기름을 쳐주라.

웃음은 당신의 영광이다

사역의 전환기를 맞아 긴장이 감돌던 시기에 아주 종교적인 한 여자가 동료의 유쾌한 말에 실내의 모든 사람들처럼 웃음으로 반응했다. 그러더니 그녀는 자신을 추스르면서 큰 소리로 이렇게 말했다.

"내가 웃음의 영을 결박하노라."

나는 이렇게 소리치고 싶었다. "왜?"

웃음은 우리의 영광이다. 하나님이 웃으시기에 우리도 웃는다. 그분이 우리를 그분의 형상대로 지으셨기 때문이다. 웃음은 우리의 복이다. 우리의 영원한 운명은 예수께서 다 이루신 일로 말미암아 확실히 보장되었으며 그 속에는 웃음도 들어있다. 웃음은 우리의 특권이다. 우리는 만물을 회복하고 통치하실 그 왕의 종이다. 웃음은 우리의 생득권이다. 우리는 너그러우신 아버지께 입양된 자녀이기 때문이다. 새 예루살렘 성경 New Jerusalem Bible에는 야고보서 2장 13절이 이렇게 옮겨져 있다. "긍휼은 심판 때 웃을 수 있다."

하나님의 긍휼을 입은 우리도 **웃을** 수 있다.

종교적인 그녀가 결박해야 했던 것은 오만한 종교의 영이었다.

교회여, 웃으라. 하나님의 선하심을 즐거워하며 웃으라.

★ 생각해 보기

1. 당신이 속하여 자란 신앙의 전통은 웃음을 수용하는 곳이었는가, 아니면 웃음을 미심쩍게 보는 곳이었는가? 당신이 보기에 웃음에 대한 가장 성경적인 태도는 무엇인가? 웃음에도 한도가 있어야 한다면 그것은 무엇인가?

2. 당신은 예수께서 사역 중에 유머를 꽤 많이 쓰셨다는 엘튼 트루블러드의 말에 동의하는가? 당신의 대답을 뒷받침해 줄 사례들을 성경에서 찾아보라. 성경에서 발견한 그 내용들은 우리가 교회생활과 사회생활에서 유머의 활용을 수용하거나 또는 조심하는 데 어떤 지침이 되는가?

3. 당신의 삶에 웃음이 명약으로 밝혀진 적이 있었는가? 그때의 일을 설명해 보라.

4. 당신의 삶에 웃음이 당신에게 상처를 입혔거나 웃음이 부적절하게 쓰였다고 생각된 적이 있었는가? 웃음이 부적절하게 쓰이는 예로는 웃음으로 남에게 상처를 줄 때, 헌신이나 통찰이나 긍휼이 없는 상태를 웃음으로 얼렁뚱땅 가리려 할 때 등을 들 수 있다. 그때의 일을 설명해 보라.

5. 저자가 '두 가지 상반되는 세력'이라 표현한 것처럼 복음에는 심각하고 진지한 면도 있고 신명나고 즐거운 면도 있다. 그렇다면 그리스도인들은 친구들과 가족들을 대할 때, 그리고 비그리스도인들에게 다가갈 때 실제적으로 어떻게 그 둘 사이에 균형을 이룰 수 있겠는가?

6. 당신의 삶에 유머를 더 가꿀 필요가 있는가? 아니면 그 반대로 당신은 삶에 좀 더 진지해질 필요가 있다고 보는가? 그 부분을 보충하는 일을 앞으로 어떻게 이루어 가겠는가?

에필로그

★ 하나님이 허락하신 쾌락을 즐기라

쾌락은 우리를 하나님께로 이끈다

2008년 여름에 휴스턴의 제이침례교회는 우리 온 가족을 8월 한 달 내내 그곳으로 초대했다. 나에게 매주 토요일과 주일과 수요일의 설교를 맡아줄 것을 부탁하면서 말이다.

8월의 휴스턴이니 얼마나 덥겠는가.

하지만 우리는 참 좋은 한 달을 보냈다. 에드 영 박사와 그의 아들 벤, 그리고 하나님이 휴스턴에 세우고 계신 그 놀라운 공동체는 더할 나위 없이 귀한 사람들이다. 내게 가장 좋았던 부분은 두 자녀를 대학으로 떠나보내기 직전에 가족들과 함께 지낼 수 있었던 것이다.

다만 가족들은 학교 시작에 맞추어 나보다 두 주 먼저 휴스턴을 떠났다. 삶의 현실 때문에 가족들이 이별을 앞두고 있을 때면 식구 수가 절반으로 줄어들 때까지 몇 달, 몇 주, 며칠, 그러다 마침내 몇 시간이 남았는지 실제로 셀 수 있을 때면 하루하루에 약간의 절박함이 묻어나게 된다. 나는 달콤한 매순간을 흠뻑 들이마셨지만 약간의 쓰라린 느낌만은 어쩔 수 없었다.

가족들을 공항에 데려다 주던 날 아침, 갑자기 텅 비어버린 SUV에 올라탄 나는 큰 허전함에 가슴이 미어졌다. 그날 내가 울던 모습을 아내가 보았더라면 아마 기겁했을 것이다. 정말이지 그때까지 내가 그렇게 많이 울어본 적이 없었던 것 같다. 가까스로 콘도에 돌아오니 그동안 가족들과 함께했던 그곳에는 추억만 덩그러니 남아 있었다. 아이들이 머물던 방들, 그들이 있음으로 해서 거룩해졌던 방들에 들어가 보았다. 그날 내가 점심을 먹은 식당은 전에 그레이엄과 벤 영과 함께 식사했던 곳이었는데 나는 두 주 전에 앉았던 바로 그 좌석에 앉고 싶었다. 그날 내가 간 스타벅스는 가족들과 레이저 태그laser tag를 하고 놀기 전에 함께 앉아 차를 마시던 곳이었다. 우리 딸이 기다리면서 훑어보던 소설책이 보였다. '켈시의 손이 닿았던 책이구나' 생각하며 그 책을 손에 집어 들었다. 이상하게도 책을 놓고 싶지 않았다.

나머지 하루도 몽롱하게 지나갔다. 주말에 할 설교를 다듬은 일 말고는2만 명도 더 되는 사람들에게 설교를 하려면 잘 준비해야 한다 나는 꼭 폐인 같았다. 다행히 마침 올림픽 경기가 벌어지고 있던 중이라 내 아픔과 상실에 대한 생각에서 조금 헤어날 수 있었다.

이튿날 아침에 일찍 일어나 차 한 잔을 끓여 놓고 성경책을 폈다. 지난 몇 주 동안 가족들과 함께 즐겼던 소중한 쾌락들이 쭉 떠올랐다. 우리는 다이아몬드 등급의 관중석에 앉아 메이저리그 야구 시합도 보았고, 텍사스의 맛Taste of Texas이라는 식당에서 맛있는 점심도 먹었고, 갤버스턴 섬의 물놀이 공원에서 신나게 놀았고, 그레이엄과 벤이 아침 일찍 서핑을 하는 동안 나는 해변을 달리기도 했다. 그렇게 우리는 그냥 함께 있으면서 웃고 놀고 이야기했다. 모두가 고귀한 쾌락들이고 모두가 하나님이 주신 귀한 선물들이다. 그만큼 깊고 강렬했기에 이제 끝나고 나니 더욱 가슴이 저며 왔다.

그런데 기도하다 문득 깨달아지는 것이 있었다. 비록 내가 가족들과 이별하는 고통을 겪고 있지만 하나님과 이별하는 고통을 겪을 일은 예수 그리스도 덕분에 절대로 없을 것이다. 하나님이 떠나시는 순간이나 나의 구주께 작별인사를 해야 할 순간은 절대로 없을 것이다. 이 세상에서는 최고의 쾌락들조차도 연약하고 일시적이다. 그렇다고 해서 그런 쾌락을 무시하거나 가볍게 여겨서는 안 되겠지만, 삶과 기쁨의 기초를 그런 쾌락에 둔다면 우리는 '바보' 소리를 들어 마땅할 것이다.

쾌락과 하나님을 경쟁관계에 두거나 더 심하게 쾌락 때문에 하나님과 멀어져서는 안 된다. 오히려 쾌락은 우리를 하나님께로 이끌어주는 역할을 해야 한다. 그렇게 되면 **영원히 끝나지 않을** 최고의 쾌락에 우리의 뿌리를 두게 된다.

하나님은 그분을 추구해온 내 평생에 많은 쾌락을 허락하셨다. 오늘 모든 것이 끝난다 해도 내가 할 수 있는 고백은 이것뿐이다.

"잘 탔습니다, 주님. 정말 놀라운 롤러코스터였습니다!"

지금까지 그분은 가정과 직업과 예배라는 쾌락들로 나를 지탱시켜주셨다. 그런 심오한 기쁨들 외에도 그분은 구수한 차이 티 한 잔, 좋아하는 작가의 훌륭한 신작 소설 한 편, 가을날 오후의 조깅, 친구들과 함께 나누는 웃음 같은 자잘한 즐거움들로 내 삶에 맛을 더해 주셨다.

하나님이 우리가 얼마나 연약하고 부족한 존재인지를 아시고 특별히 그런 쾌락들을 주신 것인지도 모른다. 많은 사람들이 겪는 인생의 도전이나 심지어 비극들은 나로서는 생각만 해도 정말 아찔하다.

그렇더라도 지혜로운 사람들은 하나님에게서 최고의 쾌락을 얻는다. 이 땅의 쾌락들은 아무리 좋아도 다 일시적이며, 시작되었나 싶으면 덧없이 끝나버린다. 하지만 이 땅의 쾌락들도 우리에게 궁극의 기쁨을 가리켜 보이는 도구로 쓰이면 아주 실속 있는 친구가 될 수 있다.

당신이 이 책을 내려놓는 순간부터 하나님이 허락하신 많은 쾌락들을 마음껏 즐기기를 간절히 기도한다. 그 쾌락들을 인하여 하나님께 감사하라. 그동안 당신은 세상 무엇보다도 그리스도를 가장 즐거워하는 법을 배웠다. 참 만족을 얻은 당신의 영혼을 보면 다른 사람들의 마음도 그분께로 끌릴 것이다.

감사의 말

초고를 읽고 평을 들려준 첫 독자들에게 감사하고 싶다. 마크 그램보, 제리 토마스, 메리 케이 스미스, 레베카 윌키 박사, 리자 토마스, 브라이언 핼퍼티, 케빈 하니, 멜로디 로드 박사 등이다. 내게 시간과 재능을 베풀어준 그들의 희생에 이렇게 이름 한 번 언급하는 것으로 보답할 수는 없지만 그래도 깊은 감사를 드린다. 이 책을 통하여 이루어지는 모든 사역은 그들의 수고와 조언에 크게 힘입은 것이다.

스승인 제임스 패커 박사께도 많은 빚을 졌다. 그는 집필 과정이 절반에 이를 때까지 너그러이 나를 만나 주었고, 내 논제와 사고를 미리 구두로 들어주었고, 내가 소심해서 피하려던 방향으로 밀고 나가도록 자신감을 심어 주었다. 물론 이 책의 최종 상태는 전적으로 내 책임이며 위에 언급한 누구에게도 불명예가 돌아가서는 안 된다.

이 사역에 참으로 동역자가 되어준 내 에이전트 커티스 예이츠, 내 비서 로라 톰슨, 이미 10년 동안 내게 동역의 기쁨을 준 존더반 편집부의 존 슬로운과 더크 버스마에게도 두루 감사를 전한다.

마이크 샐리스베리, 톰 딘, 더들리 델프스, 스티브 새먼즈, 존 레이몬드 등 존더반의 영업출판부도 지원을 아끼지 않았다. 이 책이 아직 하나의 아디이어에 지나지 않았을 때부터 이 책을 믿고 투자해준 스캇 볼린더, 시작 단계에서 뒤를 받쳐준 모우 커킨즈에게도 고마운 빚을 졌다.

주

프롤로그 나는 안전지대에 있는가?

1. Karen Horney, *Neurosis and Human Growth* (1950; 재판, New York: Norton, 1991), p. 65.
2. 같은 책, 6.
3. Patrick Carnes, *Don't Call It Love* (New York: Bantam, 1991), p. 279.
4. Francois Fénelon, *Christian Perfection* (Minneapolis: Bethany House, 1975), pp. 20~21. (「그리스도인의 완전」, 브니엘)
5. A. J. Russell, *For Sinners Only* (London: Hodder & Stoughton, 1932), p. 291.
6. James Houston, *In Pursuit of Happiness: Finding Genuine Fulfillment in Life* (Colorado Springs: NavPress, 1996), p. 41. 강조 추가.

1. 신앙이 채워 주지 못하는 목마름

1. Thomas Chalmers, "The Expulsive Power of a New Affection," in *The Protestant Pulpit*, Andrew Blackwood 편찬 (1947; 재판, Grand Rapids: Baker, 1977), p. 50.
2. G. K. Chesterton, *Heretics* (1905; 재판, Nashville: Nelson, 2000), p. 10.
3. Jürgen Moltmann, *Theology and Joy* (London: SCM Press, 1973), p. 52.
4. Chalmers, "Expulsive Power," p. 52.

2. 쾌락의 자리를 확보하라

1. Douglas Weiss, *The Power of Pleasure* (Carlsbad, Calif.: Hay House, 2007), pp. 127~129.
2. 같은 책, p. 87.
3. Shauna Niequist, *Cold Tangerines: Celebrating the Extraordinary Nature of Everyday Life* (Grand Rapids: Zondervan, 2007), p. 106. (「반짝이는 날들」, 청림)
4. Francois Fénelon, *Christian Perfection* (Minneapolis: Bethany House, 1975), p. 21. (「그리스도인의 완전」, 브니엘)
5. Weiss, *Power of Pleasure*, pp. 176~177.
6. Elton Trueblood, *The Company of the Committed* (New York: Harper, 1961), p. 43.
7. Fénelon, *Christian Perfection*, p. 141.
8. 쾌락을 엄마의 심장박동에 비유한 것은 다음 책에서 따왔다. James Houston, *In Pursuit of Happiness: Finding Genuine Fulfillment in Life* (Colorado Springs: NavPress, 1996), p. 238.
9. 같은 책, p. 249.

3. 쾌락은 우리를 강하게 한다

1. Harper Lee, *To Kill a Mockingbird* (1960; 재판, New York: HarperCollins, 1999), p. 49. (「앵무새 죽이기」, 문예출판사)
2. William Banowksy, *It's a Playboy World* (Old Tappan, N.J.: Spire, 1973), p. 117.
3. Karen Horney, *Neurosis and Human Growth* (1950; 재판, New York: Norton, 1991), pp. 141~142. 이런 광범위한 인용이 일부 독자들의 인내심에 시험이 되리라는 것을 알고 있다. 카렌 호니(1885~1952)는 뜻밖의 인물일 수 있다. 그녀는 독일 태생의 유명한 심리학자로 처음에는 지그문트 프로이트의 제자였으나 나중에 몇 가지 중요한 이슈 때문에 그에게서 떨어져 나왔다. 내가 어떤 저자의 말을 인용할 때는 그 저자의 저작을 모두 인정하는 것이 아님을 이해해주기 바란다. 그냥 그 하나의 요점을 뒷받침하기 위해 그 하나의 말을 인용하는 것뿐이다.
4. D. A. Carson, *Basics for Believers: An Exposition of Philippians* (Grand Rapids: Baker 1996), p. 116.
5. Julian of Norwich, *Revelations of Divine Love*, Elizabeth Spearing 번역 (New York: Penguin, 1998), pp. 166~167.

4. 우리가 즐거우면 하나님도 즐거우시다

1. Julian of Norwich, *Revelations of Divine Love*, Elizabeth Spearing 번역 (New York: Penguin, 1998), p. 75.
2. John Lennon, "Whaterver Gets You Thru the Night," 앨범 *Walls and Bridges* (Apple Records, 1974년 10월 발매).
3. Charles Francis Adams, *Familiar Letters of John Adams and His Wife Abigail Adams* (1875; 재판, New York: Kessinger, 2007), p. 411.
4. Francois Fénelon, *Christian Perfection* (Minneapolis: Bethany House, 1975), p. 80. (「그리스도인의 완전」, 브니엘)
5. 같은 책.

5. 쾌락은 더 큰 목적을 위해 있다

1. Sam Storms, *Pleasures Evermore* (Colorado Springs: NavPress, 2000), p. 145. (「나의 행복 하나님의 기쁨」, 가이드포스트)
2. Douglas Weiss, *The Power of Pleasure* (Carlsbad, Calif.: Hay House, 2007), p. 52.
3. 같은 책, p. 53.
4. 같은 책.
5. Heather Louise Earnshaw, "An Ethic of Enjoyment," (Regent College 석사학위 논문, 1990년 12월), p. 69.

6. James Houston, *In Pursuit of Happiness: Finding Genuine Fulfillment in Life* (Colorado Springs: NavPress, 1996), p. 47.
7. William Shakespeare, "Sonnet 94," in *The Works of Shakespeare* (New York: Routeledge, 1864), p. 774.

6. 성경처럼 파티를 벌이라
1. Jürgen Moltmann, *Theology and Joy* (London: SCM Press, 1973), p. 45.
2. 같은 책, p. 53.
3. John Calvin, *Calvin's Commentaries: Philippians, Colossians, and Thessalonians* (Grand Rapids: Baker, 2003), p. 200.
4. F. F. Bruce, *The Epistles to the Colossians, to Philemon, and to the Ephesians* (New Interantional Commentary on the New Testament; Grand Rapids: Eerdmans, 1984), p. 253.
5. Randy Alcorn, *Heaven* (Wheaton, Ill.: Tyndale, 2004), p.p 297~298, 373~390. 플라톤주의에 물든 기독교에 관한 랜디의 논평은 책 전반에 걸쳐 나타난다. 아울러 그런 기독교가 품고 있는 가정들을 더 자세히 파헤친 유익한 내용이 부록A에 실려 있다. (「헤븐」, 요단)
6. Henry Drummond, *The Greatest Thing in the World: and 21 Other Addresses* (London: Collins, 1953), p. 82. (「세상에서 가장 귀한 것」, 새순출판사)
7. 같은 책, pp. 83~84.
8. C. S. Lewis, *The Screwtape Letters* (New York: Macmillan, 1951), p. 49. (「스크루테이프의 편지」, 홍성사)
9. 같은 책, p. 112.

7. 세상을 사랑하지 않으면서 누리는 법
1. Karen Horney, *Neurosis and Human Growth* (1950; 재판, New York: Norton, 1991), p. 117.
2. Frederik Buytendijk, "Les différences essentielles psychiques de l'homme et des animaux," in *Vue sur la psychologie animale* (Prais: Vrin, 1930), p. 76. 다음 책에 인용되어 있다. Elemér Hankiss, *Fear and Symbols* (Budapest: CEU Press, 2001), p. 219.
3. 요한복음 2:1~10, 마태복음 6:25~34, 마태복음 9:14~15, 요한복음 11:33~44 등을 참조하라.
4. 다음 책에 인용된 말이다. John Brant, *Duel in the Sun: Alberto Salazar, Dick Beardsley, and America's Greatest Marathon* (New York: Rodale, 2006), p. 150.

8. 당신의 쾌락은 어디서 오는가?
1. Douglas Weiss, *The Power of Pleasure* (Carlsbad, Calif.: Hay House, 2007), p. 16.
2. 같은 책, p. 16.
3. David Powlison, "Innocent Pleasures," *Journal of Biblical Counseling 23* (2005년 가을), p. 32.

9. 하나님 앞에서만 즐겨야 할 쾌락들

1. Tony Kornheiser, *I'm Back for More Cash* (New York: Villard, 2002), pp. 250~251.
2. 같은 책, p. 251.
3. Francois Fénelon, *Christian Perfection* (Minneapolis: Bethany House, 1975), p. 7. (「그리스도인의 완전」, 브니엘)
4. 이 연구와 관련된 모든 인용문은 다음 기사에서 딴 것이다. Steven Reinberg, "Drink a Little, Stay Active, Save Your Heart," 2008년 1월 9일, MyHeartCentral.com: *www.myheartcentral.com/heart-disease/news-199348-31.html* (2009년 2월 24일 접속).
5. "Heart Attack and Acute Coronary Syndrome," Walgreens Health Library: *www.walgreens.com/library/contents.html?docid=000012&doctype=10* (2009년 2월 24일 접속).
6. Mark Driscoll, *Radical Reformission: Reaching Out without Selling Out* (Grand Rapids: Zondervan, 2004), p. 146. (「새롭게 복음 전하는 교회」, 죠이선교회출판부)
7. G. K. Chesterton, *Heretics* (1905; 재판, Nashville: Nelson, 2000), p. 52.
8. David Powlison, "Innocent Pleasures," *Journal of Biblical Counseling 23* (2005년 가을), p. 25.
9. 같은 기사, p. 25.
10. 같은 기사, p. 21.
11. 같은 기사, p. 23.

10. 쾌락의 비용, 낭비가 아니다

1. John Calvin, *Institutes of the Christian Religion*, John T. McNeill 편집 (1559; 재판, Philadelphia: Westminster, 1960), 1:839. (「기독교 강요」, 기독교문사)

11. 가족들을 기쁘게 하는 종이 되라

1. Jean Vanier, *Becoming Human* (New York: Paulist, 1998), p. 21. (「인간되기」, 다른우리)
2. 같은 책, p. 26.
3. 같은 책.
4. David Powlison, "Innocent Pleasures," *Journal of Biblical Counseling 23* (2005년 가을), p. 34.

12. 역경 중에도 쾌락을 찾으라

1. Zlata Filipovie, *Zlata's Diary* (New York: Paulist, 1998), p. 21. (「즐라타의 일기」, 미래투자연구소)
2. Clarence Thomas, *My Grandfather's Son: A Memoir* (New York: HarperCollins, 2007), p. 129.
3. John Piper, *Future Grace* (Sisters, Ore.: Multnomah, 1995), p. 386. (「장래의 은혜」, 좋은씨앗)
4. Tricia Rhodes, *Sacred Chaos: Spiritual Disciplines for the Life You Have* (Downers Grove, Ill.: InterVarsity, 2008. Kay Warren, *Dangerous Surrender: What Happens When You Say Yes to*

God (Grand Rapids: Zondervan, 2007). (각각 「거룩한 혼돈」, 그루터기하우스, 「위험한 순종」, 국제제자훈련원)
5. Kim Painter, "Life's Little Pleasures Can Relieve Illness, Stress," *USA Today*, 2008년 5월 11일, D4면.
6. Julian of Norwich, *Revelations of Divine Love*, Elizabeth Spearing 번역 (New York: Penguin, 1998), p. 69.
7. 다음 책을 참조하라. C. S. Lewis, *The Weight of Gloy* (1949; 재판, New York: HarperCollins, 2001). (「영광의 무게」, 홍성사)
8. Jacques Ellul, *Hope in Time of Abandonment* (New York: Seabury, 1973), p. 201.

13. 하나님이 웃으시기에 우리도 웃는다

1. 다음 책에 인용된 말이다. Bert Ghezzi, *Mystics and Miracles: True Stories of Lives Touched by God* (Chicago: Loyola, 2004), p. 124.
2. Elton Trueblood, *The Humor of Christ* (New York: Harper & Row, 1964), p. 10.
3. 같은 책, p. 15.
4. Charles Spurgeon, *Lectures to My Students* (Grand Rapids: Zondervan, 1954), p. 389. (「목회자 후보생들에게: 스펄전 설교론」, 크리스챤다이제스트) 다음 책에 인용되어 있다. Dave Moore, *The Last Men's Book You'll Ever Need: What the Bible Says about Guy Stuff* (Nashville: Broadman & Holman, 2008), pp. 3~4.
5. Kevin Harney, *Leadership from the Inside Out: Examining the Inner Life of a Healthy Church Leader* (Grand Rapids: Zondervan, 2007), p. 135.
6. 이 생각은 다음 책에서 온 것이다. Jürgen Moltmann, *Theology and Joy* (London: SCM Press, 1973), p. 46. 이 책에 그대로 옮기기에는 원문이 너무 학적이라서 내가 풀어썼는데 원문은 다음과 같다. "인간은 신이 아니라 인간일 뿐이므로 무한한 책임은 인간을 파멸로 몰아간다. 우리가 맡은 일은 무한한데 우리의 힘은 유한하다. 나는 웃음이 그 둘 사이를 중재할 수 있다고 본다."
7. G. K. Chesterton, *Heretics* (1905; 재판, Nashville: Nelson, 2000), p. 109.
8. Trueblood, *Humor of Christ*, pp. 30, 32.
9. "University of Maryland School of Medicine Study Shows Laughter Helps Blood Vessels Function Better," University of Maryland Medical Center 보도 자료, 2005년 3월 7일, www.umm.edu/news/releases/laughter2.htm (2009년 2월 24일 접속).

DEW와 기학연이 통합하여
(사)기독교세계관학술동역회가 되었습니다

●

21세기는 바른 성경적 가치관 위에 실천적 삶을 살아가는
그리스도의 제자를 필요로 합니다!

■ 사단법인 기독교세계관학술동역회

80년대부터 기독교 세계관적인 삶과 학문을 위한 사역을 해오던 DEW(사.기독학술교육동역회)와 기학연(기독교학문연구소)이 2009년 5월 통합하였습니다. 통합과 함께 기존 사단법인의 명칭을 "사단법인 기독교세계관학술동역회"(이하 세계관동역회)로 변경하였습니다. 세계관동역회는 통합으로 인한 시너지 효과를 가지고 두 단체의 기존의 사역을 심화 확장시키게 될 것입니다.

● **세계관 운동**

삶과 학문의 모든 영역에서 예수 그리스도가 주인이심을 고백하고, 하나님의 말씀대로 생각하고 적용하며 살도록 돕기 위한 많은 연구 자료와 다양한 방식의 강의 패키지들을 준비하고 있습니다. 특히 삶의 각 영역에서 만날 수 있는 문제들에 대한 대안을 찾을 수 있도록 세계관 기초 훈련, 집중 훈련 및 다양한 강좌들을 비롯하여 〈소명캠프〉, 〈돈 걱정 없는 인생 살기〉 등 캠프와 세미나가 준비되어 있습니다.

기독미디어아카데미_ 지성과 영성을 겸비한 기독언론인 양성을 위한 전문인 양성 과정을 개설하고 있습니다.

● **기독교학문연구회**

학술대회_ 두 단체의 통합으로 명실공히 기독교의 대표적인 학회로서 기독교적 이념에 입각한 학문 연구를 심화, 활성화 시키는 것을 목표로, 매년 1~2회 학술대회를 개최합니다.

학 술 지_ 〈신앙과 학문〉: 학술진흥재단 등재지로서 연구 성과를 인정받을 수 있습니다.
〈통합연구〉: 주제별 특집으로, 시대의 이슈에 대한 기독교적인 조망을 합니다.

● VIEW 밴쿠버기독교세계관대학원

VIEW는 1998년 11월 캐나다 밴쿠버의 Trinity Western University(TWU), 캐나다연합신학대학원(ACTS)과 공동으로 기독교세계관대학원 프로그램을 개설하기로 합의하고 1999년 7월부터 정식 강의를 시작했습니다. 기독교 세계관 석사(MACS) 과정과 기독교 세계관 준석사(Diploma) 과정을 운영하고 있으며, 2006년부터는 VIEW국제센터에서 다양한 연수 프로그램(교사 창조론, 지도자세계관 학교, 청소년 캠프)을 개최하고 있습니다.

● 도서출판 CUP

"물이 바다를 덮음 같이 여호와의 영광을 인정하는 것이 세상에 가득"한 그날을 꿈꾸며, 예수님이 주인 되시는 삶과 문화를 비전으로 출판하고 있습니다.

■ 소식지 및 웹진_ 격월간으로 사회의 이슈 및 삶의 적용, 동역회 소식, 모임 안내 등 다양한 읽을거리를 제공하는 소식지 〈WORLDVIEW〉를 발간하고 있으며, 보다 긴밀한 소식을 위해 웹진을 보내드리고 있습니다. 웹진은 신청하시면 누구나 보내 드립니다.

■ 동역회에 가입하시면 삶과 학문의 전 분야에서 하나님의 주권과 그 영광을 확인하고 회복하는 일에 동참하실 수 있습니다. 후원회원이 되시면 연 4회 출판되는 학술지 〈신앙과 학문〉, 매월 발행되는 소식지 〈WORLDVIEW〉, 연1회 CUP의 신간을 받아 보실 수 있으며 홈페이지에서는 다양한 강좌와 자료들을 통해 기독교 세계관적 관점을 정립하실 수 있습니다.

■ 동역회 사역에 대한 더 자세한 정보를 원하시면
(140-909) 서울특별시 용산구 이촌2동 212-4 한강르네상스빌 A동 402호
사무국(☎. 02-754-8004)으로 연락 주시면 친절히 안내해 드립니다.
E-mail_ info@worldview.or.kr
Homepage_ www.worldview.or.kr

■ CUP 연락처_ ☎. 02)745-7231   cup21th@paran.com
(140-909) 서울특별시 용산구 이촌2동 212-4 한강르네상스빌 A동 102호

CUP는 사)기독교세계관학술동역회의 출판부입니다. CUP는 다음 분들이 돕고 있습니다.
출판국장_ 유정칠(경희대 교수)
출판위원_ 김건주(문화기획자, 전 국제제자훈련원 출판디렉터), 김승태(예영커뮤니케이션 대표), 오형국(성서유니온 총무), 최태연(백석대 교수)